R. JUSPA, SHAMMASH OF WARMAISA (WORMS)
JEWISH LIFE IN 17TH CENTURY WORMS

SHLOMO EIDELBERG

R. JUSPA, SHAMMASH
OF WARMAISA (WORMS)

Jewish Life in 17th Century Worms

THE MAGNES PRESS, THE HEBREW UNIVERSITY, JERUSALEM

Published with the assistance of

The Jesselson Foundation

Mr. and Mrs. Martin Romezorski

Rashi Association, New York

The Louis and Minna Epstein Fund
of the American Academy for Jewish Research

Distributed by The Magnes Press, P.O.B. 7695, Jerusalem 91076

ISBN 962–223–762–0
Printed in Israel
at 'Graph-Chen' Press Ltd., Jerusalem

CONTENTS

PREFACE

This work concerns the more important writings of Juspa Shammash (Joseph the Sexton, 1604–1678) of Worms. Living in the Jewish community of Worms for over half a century, Juspa's role was not only that of a sexton, but also the trustworthy recorder of community events for more than forty years. During this period, important historical events transpired, including the Thirty Years' War. Although this was a religious struggle between Catholics and Protestants, the conflict also affected Jewish communities. In his book of customs (*Minhagim*), Juspa details the suffering of his community during the war. We learn also of a paradox of that war from Juspa and other sources, that of the economic prosperity that the Thirty Years' War also brought to Germany and its Jewish communities.

Juspa also writes of other events, such as the troublesome plagues that struck Worms through the 1660s. He fails to mention, however, the false messianic movement of 1666 called the Sabbatian. Omissions such as these may have occurred to protect some names of the community from the ignominy later associated with this movement.

It is important to mention that Juspa was among the last chroniclers to collect and write about the customs of a specific Jewish community, in this case Worms. Juspa could not have known that the religious nature of the Jewish community of Worms would dwindle in a little over a hundred years with the onset of the French Revolution. This event altered the social and religious outlook in Western Europe, including the Jewish communities of the Rhine.

This work has been an outgrowth of my studies on late medieval history beginning in 1962. Following interruptions due to my teaching obligations and prior literary commitments, these efforts have finally culminated in this work.

To the following I owe a debt of gratitude for their assistance in this work at various stages of the making: Prof. H. Beinart, Prof. A. Mirsky, Ms. Jonina Shames, Mr. Robert Friedman, and my daughters, Alyssa and Daniella.

I wish to thank Mr. and Mrs. Ludwig Jesselson of the Jesselson Foundation, and my relatives Mr. and Mrs. Martin Romerovski. These patrons of Jewish scholarship not only supported the publication of this book but also took a personal interest in my work.

My gratitude extends to Professors Joseph Maier and Leon Feldman of the Rashi Association for the help they extended to me and their appreciation of my work. To Ms. K. Mitchell of N.E.H. and the American Academy for Jewish Research, I am grateful for their generosity. A special thanks to the Academic Committee of the Magnes Press, and to Mr. Dan Benovici, its Director, and his associates.

I greatly appreciate the courtesies extended to me by the staff of the Jewish National and University Library, Jerusalem, and the Curators of the Bodleian Library, Oxford. Also of assistance were the staffs of the Gottesman Library, Yeshiva University, New York, and of the libraries of the Jewish Theological Seminary and Hebrew Union College-Jewish Institute of Religion, both in New York.

In particular I would like to thank F. Reuter, Director of the Archives of the City of Worms, West Germany, for his consistent help in this work and Mr. S. Silver of the British Museum, London.

My heartfelt thanks to my family, who were of greatest support from the inception of this work until its publication. I also wish to offer my gratitude to my two friends and relatives, the late Nathan Marein Esq. and Rabbi Hyman E. Bloom, who were both very generous and helpful in all my research endeavors over the years.

INTRODUCTION

The little that is known about the life of Yiftah Joseph Juspa Halevy (1604–1678), known as Juspa Shammash, is derived mainly from his own incidental comments on his youth and adult life in Worms contained in the works: *Minhagim de K.K.* [*Kehila Kedosha*] *Warmaisa* (The Custom Book of Worms), *Ma'ase Nissim* (The Book of Wonder Stories); and the *Pinkas HaKehila* (the Ledger of Commercial Contracts).

Juspa was born in the German town of Fulda in the State of Hesse, probably to an ordinary middle class family. (Had his been a distinguished family, he most surely would have traced its roots, as was the contemporary practice.) Juspa was educated during his childhood and adolescence in the Yeshiva of Fulda, where he celebrated his *bar mitzva* on Sabbath, 13 Adar I, 5377. Together with the other students of the Yeshiva, he would occasionally meet with his teachers to study the history of the Jewish communities of Germany.

In 5383 [1623], at 19 years of age, Juspa moved to the river port town of Worms in Rhineland-Palatinate, to fulfill his desire to study at the well-known Yeshiva of Worms, headed by the famous scholar and Kabbalist Elia Loanz,[1] a descendant of the widely-known *Shtadlan* (court Jew), R. Josef of Rosheim, who was active in Germany in the time of Martin Luther. (He apparently never returned to Fulda.) The period was fraught with the danger and havoc of the Thirty Years' War,[2] and it is remarkable that a young Jew would wish to travel at a time of widespread destruction.

---

1   On the life of R. Elia Loanz, see the article by Isaiah Tishby in *Sefer Assaf*, Jerusalem 1953, pp. 515–528.

2   The Thirty Years' War (the religious wars between the Catholic and Protestant princes of Germany fought between 1618 and 1648) is mentioned several times in Juspa's work. See, for example, the following two excerpts:

> On Sunday, 11 Tammuz, 5411 [July 30, 1651], the French forces withdrew from Worms, ceding the city to the Burghers, for the government had completed their peace negotiations. This ended more than thirty years of military occupation of various German cities, including Worms. Blessed be God who has spread His

Despite the suffering, epidemics, and persecution that the Jewish community had undergone throughout the centuries — most recently the pogroms carried out against it by the Burghers and Artisans of the city in 1615, and the devastation of the war raging in the vicinity — Worms remained one of the leading Jewish communities in Germany. Its rabbis and scholars were famous throughout Europe and the great Yeshiva of Worms had a widespread reputation. The leader of the Yeshiva at the time of Juspa's arrival in 1623 was the Rabbi Elia Loanz, also known as Elia Ba'al Shem, and it was from him that Juspa learned of a legend that the ancient roots of this community stemmed back to the end of the First Jewish Commonwealth, when Jews were brought directly from the Land of Israel to the city of Worms.[3] Despite hardships, the community's daily social and general life continued with great regularity and was, for Juspa, certainly preferable to that of Fulda, even though the latter was then recognized as a thriving community.

At first Juspa befriended David Oppenheimer, a member of one of the leading families of the community. At the age of 21 Juspa married Faierchen, who was of a good Worms family. Her status undoubtedly enabled him to attain the appointment as *Shammash* (sexton) and scribe of the community,

tabernacle of peace upon us. So may He bless us forever with peace (Oxford ms., p. 2b).

On May 3, 1652, Frankenthal returned to the jurisdiction of Duke Karl Ludwig, Pfalz Graf. Prior to the Duke's rule the province was occupied by Spanish forces for more than thirty years. During the Spanish occupation, travelers ceased their voyages to Frankenthal because of their fear of the soldiers. These soldiers captured and despoiled wayfarers, beating them mercilessly and sometimes even murdering them. From the time that Frankenthal reverted to the rule of the Pfalz Graf, peace came to the land and all travelers rejoiced (Oxford ms., 2b).

In *Ma'ase Nissim* there is also a reference to the Thirty Years' War. This reference, mentioned in Story 13, happened in 1620–21 (two years prior to Juspa's arrival in Worms). The chief of the army stationed in Worms, under the influence of a Dutch supervisor, decided to build trenches through the Jewish cemetery of Worms, with the purpose of defending the city. The Jews of Worms opposed this because the community's eminent rabbis were buried in this cemetery. Only by a miracle did their plan fall through.

3   Juspa quotes his teachers stating that Jews arrived in Worms after the destruction of the First Commonwealth. See S. Eidelberg, "The Ancientness of German Jewry," in the *Newsletter of the World Union of Jewish Studies*, 17–18 (1981). Cf. S. Eidelberg, "Das Minhagbuch von Juspa Schammes," in *Der Wormgau*, Band 14, 1982–83, pp. 20–30. See also S. Eidelberg, *PAAJR*, Vol. 51, 1984, pp. 1–21. In addition, vide *Ma'ase Nissim* Story no. 1.

a position he retained for over 40 years.[4] He was pious, modest and well-liked, and completely devoted to his communal duties. It would seem that his salary was sufficient to maintain himself and his family, for there is no reference to his having engaged in any other work during his entire term of service to the Worms community. His deep involvement in daily communal life gave rise to his bearing responsibility for all the functions generally fulfilled by a *Shammash*, as well as other duties seldom entrusted to sextons in other communities.

At the time of Juspa's arrival in Worms its Yeshiva was still thriving. The energetic and diligent Jews of Worms were blessed with adequate, if not abundant, livelihoods. Their enterprises were successful and they found the means of survival in spite of the difficult times. They engaged to assist the local poor, and even managed to help their brethren in the Holy Land. Within a few years, however, the Yeshiva began to decline. Attendance at the Yeshiva dwindled, for students feared the perils of traveling during wartime. The war was responsible for the decline in the level of Torah scholarship in Worms; and this period of insecurity was also detrimental to the community's economic situation.

All these events are recorded by Juspa Shammash in his *Minhagim* which he found time to write in-between performing his manifold duties. These tasks included waking the men for prayer every morning of the year — in keeping with the prescribed manner and order that was an ancient legacy in the Worms community. He was also responsible to summon the people to participate in community meetings, ceremonies, weddings and funerals. The arrangement of the synagogue and ensuring that services were conducted at the appropriate times were his primary functions. For menial tasks, however, such as cleaning the synagogue and its courtyard, and lighting the stove for heating, Juspa had a youthful assistant.

Juspa also served as the community scribe. This position entailed the following responsibilities:

(a) recording important communal events in the *Pinkas Hakehila* (see Part III):

(b) providing services for the rabbinical court (*Shammash d'dayana*);

4   See Abraham Epstein's article "Die Wormser Minhagbücher," in the memorial book dedicated to David Kaufmann, *Gedenkbuch zur Erinnerung an David Kaufmann*. Eds. M. Brann & F. Rosenthal, Breslau 1900, pp. III–XXIX (the article will be referred to as Epstein *Minhagim* in this work).

(c) preparing various documents such as marriage contracts (*ketuba*),
     bills of divorce (*get*), declaration of *ḥalitza*;[5] and

(d) signing documents as witness to their legality.

In addition, we find that Juspa performed circumcisions and ritual
slaughtering in emergencies.

The *Minhagim* collection contains much important information regarding
the history of German Jewry and especially diverse accounts of the Jewish
communities in the Rhine region during the 17th century. Juspa mentions
that the restrictions against profitable interest on loans in general forced the
Jews to turn to additional occupations, mostly various businesses dealing in
feathers, cattle, animal hides, and wine, this last a traditionally Jewish
occupation in the Rhine region.[6] Jews also traded in wheat, barley, garlic,
vegetables and fruit, and some had their own orchards and vineyards. At that
time Worms suffered from the elements. Rain and snow ruined agricultural
crops, fields were inundated and the city streets were submerged beneath the
flood waters of the Rhine and Neckar Rivers.[7] Epidemics occurred in
Germany during the 17th century, and the plague that spread throughout
Worms and the other cities of the Rhine Valley in the summer of 1666 claimed
as victims 136 men, women, and children in Worms alone.

In the *Minhagim* is mentioned the damage that the Thirty Years' War
inflicted on both Jews and Christians, and that Jewish warriors also
participated in the wars, probably as individuals who had volunteered to
fight, as there are no references in other sources to the Jews serving in
German military units in the 17th century. An interesting statement,
corroborated by German historical records, is that even after the 1648 peace
treaty, French and Spanish soldiers who fought in the war remained in the
vicinity of Worms until about 1652, and attacked both German and Jewish

---

5   Ceremony performed to release a man from the obligation of levirate marriage to his
    deceased brother's childless widow. See *Jewish Encyclopedia*, New York 1907, 6, pp.
    170–174.

6   Regarding the different business transactions in Worms between 1656 and 1659, see the
    unpublished manuscript in the possession of the World Jewish Historical Archives of
    Jerusalem, Hebrew University #RH/WTX, 2. These transactions were recorded in a
    handwriting typical of the 16th and 17th century German Jews. The ledgers evidence better
    times and were probably compiled by Juspa Shammash, who was the communal scribe
    during the period covered by the manuscript. I was not able to determine if earlier entries
    appear in additional pages that have not yet come to light. See *Part III* of this book.

7   Oxford ms., pp. 2a, 2b

travelers, stole their money and even murdered them. Finally, the Kurfürest Karl Ludwig[8] restored order and the attacks ceased.

The Shabbtai Tzvi messianic movement in 1666 shook the Jewish world during Juspa's lifetime, but no mention is made of it in any of Juspa's works.[9] It is difficult to believe that he did not know of the movement, especially as there is evidence that the rabbis of Worms, Moses Samson Bacharach and his son Jair Ḥaim Bacharach, were aware of its spread to Germany.[10] When Moses Bacharach died in 1670, the community did not accede to his request that his son Jair Ḥaim succeed him, but appointed Aaron Teumim, originally the preacher of Prague.[11] It was only after Rabbi Aaron Teumim left Worms that Jair Bacharach was appointed rabbi, a position he held until his death in 1702.

We find that the customs Juspa describes in the *Minhagim* are a reflection of the daily life of the Worms community during the period he served as sexton, a period when the lifestyle of the Middle Ages still prevailed. The gates of the ghetto had not yet been thrown open and no change had yet occurred in the political status of the German Jews. Economically there was increasing opposition from the Burghers. The Reformation, which affected the Christian community so drastically, left Judeo-Christian relations in Germany unchanged; the turning point came with the onset of the 18th century.

The tales collected from ancient manuscripts and the oral histories of the community elders were compiled in *Ma'ase Nissim*. The transactions registered in the community ledger over a three-year period when Juspa was community scribe are contained in *Pinkas Hakehila* (community ledger). Juspa's books were not printed during his lifetime, even though Hebrew printing houses existed in 17th-century Germany. For example, Sebastian

8   Karl Ludwig is mentioned favorably by Rabbi Jair Bacharach in *Havot Jair* 136. He writes that his brother-in-law, Rabbi Isaac, Chief Rabbi of Mannheim and the State of Pfalz, occasionally held learned discussions with the "wise Duke Karl Ludwig." See also Oxford ms., p. 2b.

9   See K.A. Schaab, *Zur Geschichte der Juden zu Mainz*, Wiesbaden 1969, p. 233. Schaab relates that the messianic movement spread thoughout Germany as far as Mainz. He assumes that the false messiah was Nathan HaLevi of Gaza.

10   See G. Scholem, *Shabbtai Tzvi v'HaTenuah HaShabbtait Bimei Haiav*, Tel-Aviv 1957, section 2, p. 449. Scholem mentions Rabbi Jair Ḥaim Bacharach, his father Rabbi Moses Samson, and their relationship to the Shabbtaian movement.

11   See D. Kaufmann, *Jair Chajim Bacharach und seine Ahnen*, Trier 1894, pp. 9, 15, 16. (This work will be referred to as Kaufmann–Bacharach.)

Minster printed Maimonides' "Thirteen Principles of Faith" in the original Hebrew with a Latin translation on the press of Peter Schefer in Worms in 1529. *Ma'ase Nissim* was first printed in Amsterdam in 1696, and a facsimile of the *Minhagim* is printed in this work, although extracts have appeared in various 19th- and 20th-century works. All together these works constitute valuable historical documentation reflecting the impressive colorful, spiritual, and physical life of the Worms community in Juspa's times.

PART ONE

MINHAGIM OF THE HOLY COMMUNITY WARMAISA

The *Minhagim* (customs collection) by Juspa Shammash is a record of the customs, significant occurrences and events, and the communal rituals of the ancient German Jewish community of Worms in Juspa's day. It is, in fact, a historical record of nearly half a century, concerned with the activities of Juspa's community — activities based upon earlier traditions. Beginning with a description of daily prayers, prayers for the Sabbath and Festivals, and the protocol of *Torah* reading according to an annual cycle, the *Minhagim* gives a detailed description of the synagogue, its appurtenances, religious articles and their functions. It goes on to tell about the traditions which mark the inauguration of a new month and the special observances associated with each month.

Juspa begins the annual cycle with the month of Nissan (not Tishri) and ends with the month of Adar. He goes on to describe customs of marriage, circumcision, redemption of the first-born, and mourning. He then discusses the celebration surrounding the completion of a tractate of the *Mishna* or *Talmud*, followed by an account of the laws of divorce, the declaration of *ḥalitza*,[1] and the blessing of the New Moon. Juspa continues with matters concerning the laws for the preparation of wine, butter, and other foods. This is followed by laws relating to the selection and appointment of community functionaries: the *Shochet* (ritual slaughterer), the night watchman, honorary officers; and the collection of community dues. Although Juspa envisioned the preservation of communal customs as his primary function, his writings additionally serve to relate the contemporary lifestyle of the oldest community in Germany, a lifestyle which, as Juspa realized immediately upon arriving in Worms, differed in a number of customs and practices from the neighboring communities of Speyer, Mainz, and Frankfurt.

The arrangement and performance of services were among the primary duties of the *Shammash*. He would rise at dawn and visit designated houses to wake the men for prayer. Conducting morning rounds on the Jewish street was an ancient tradition which Juspa carried out. Using a special gavel, he would knock on those selected windows and doors that were in the center of the street so that the sound would carry to all the houses. As he knocked, he

---

1 See note 5 in the Introduction.

would call out, *"Schulen, Schulen"* (come to the synagogue). This duty was carried out faithfully in all seasons, regardless of weather conditions.

> In the morning, the *Shammash* "knocks" to wake the men for synagogue services: During the Summer, from the New Moon of Iyar to the New Moon of Elul, he commences at four-thirty in the morning. During the Winter, from Heshvan until Adar, he begins immediately at daybreak. The custom of "knocking" depends on the length of the days.
>
> First he "knocks" upon his own house, the house of the *Shammash*. He then approaches the outer building, next to the women's section of the synagogue, and "knocks" a second time. Next, he enters the synagogue and recites "Mah Tovu." He remains in his place while reciting "Ashrei." Subsequently, he proceeds to the house of the Head of the Rabbinical Court and "knocks." He then walks to the lower gate, on the east side of the street, and opens the large gate and the small doorway within it. He continues until he reaches the upper gate, on the west side of the street, visiting the designated houses and "knocking" on doors as he walks.... He also opens the upper gate (Worms ms., p. 1 and Oxford ms., p. 9b).[2]

The leader of the community was the rabbi. Juspa sets out in detail the role the rabbi played in the community as teacher in the Yeshiva and in the synagogue, spiritual mentor, and Head of the Rabbinical Court. He notes that the jurisdiction of the Rabbis of Worms in his time extended well beyond the borders of the Rhine region.

> In the morning, after the rabbi completes his prayers, he enters the

2   This is apparently a reference to the individual responsible for waking people to attend the morning services which appears in the Talmud Yerushalmi, Tractate Bezah, chapter 5, halacha 2: "Rabbi Samuel, the son of Rabbi Isaac, considered the use of a knocker in a new synagogue." Korban HaAidah ad. loc., explains Rabbi Samuel's comments as follows: "My grandfather was the cantor in a new synagogue and he would knock upon the houses, according to custom, to rouse the people to come to the synagogue."
Similar practices existed in other faiths. Sixteenth-century Christian sources mentioned the Gloeckner-Campanator that served as a resounding bell in churches to summon the people to prayer. See M. Güdemann, *Geschichte des Erziehungswesens der Juden in Deutschland,* Wien 1888, III, p. 95. A similar function is performed in the Muslim world by the Muadhdhin who summons the Muslims to prayer from the top of the mosque tower. See A.J. Wensinck & J.H. Kramers, *Handwörterbuch des Islam,* Leiden 1941. pp. 446–447. Regarding the custom of the Jews in Yemen in this matter, see *Sefer Halichot Teiman,* Jerusalem 1961, p. 264.

Yeshiva which is behind the synagogue. The teachers and students accompany him and begin to delve into the intricacies of Talmudic discourse, sharpening their intellects with dialectic. One raises a polemic question and another presents a solution. They brilliantly expound the previous day's lesson in Talmud, incorporating the commentaries of Rashi and Tosafot. The rabbi offers new insights and occasionally presents various approaches, especially at the beginning of the semester. In earlier times, the custom at the end of the semester was to honor each student and each scholarly communal member who attended the Yeshiva. Each would present his novel approach to a topic on a designated day. However, in recent times, this custom has been discontinued, and only students participate in the daily dialectics.

Another responsibiltiy of the rabbi is to provide guidance in religious and legal matters... . He declares the proper actions and forewarns against the improper. When necessary, he punishes rebels against his commands and occasionally imposes monetary fines. In accordance with the exigency of the time and the nature of the case, a proclamation may be issued in the synagogue and a ban may be pronounced upon the recalcitrant... . On the Sabbath before Passover [*Shabbat HaGadol*] and the Sabbath between New Year and the Day of Atonement [*Shabbat Tshuvah*], the rabbi is obligated to deliver a public sermon. Occasionally, he volunteers to pronounce ethical teachings and homilies on a Sabbath or a Festival. The congregation must provide him with a home. Hence, we have a house designated for the rabbi in the middle of the street known as *Zu den goldenen Ketten*. The congregation must also designate a special seat in the synagogue for the rabbi facing east on the northern side towards the *Bimah*. The rabbi is exempt from all general and property taxes... . Every community member must display great honor toward the rabbi, who also serves as Head of the community's Rabbinical Court... . His jurisdiction extends to the Jewish inhabitants of neighboring hamlets on either side of the Rhine, including Darmstadt, Speyer and its environs, Golden-Bach, Upper and Lower Alsace, the Swiss communities of the Neckar... . All are subject to the jurisdiction of our master, our rabbi, no matter who he may be... . The rabbi is obligated to visit periodically all the aforementioned communities under his jurisdiction (Oxford ms., pp. 89a–89b).

Members of the community were selected to fill lay positions, most important
of which were those of the *Parnasim* and the *Gabbaim*. Juspa devotes a full
chapter to the functions of the *Parnasim*, even though similar procedures
prevailed in the sister communities of Speyer, Worms, and Mainz. Juspa
discusses at length the duties of the "*Parnas Haḥodesh*" and the "*Parnas
HaYashish*" (the senior *Parnas*, also known as "*Hegmon Parnas*," and in
municipal documents "Episcopus Judaeorum").[3]

Juspa describes the election of the new *Parnas* to replace the one who
passed away:

> If one of the *Parnasim* dies, they gather to choose a replacement. Only
> the *Parnasim* are involved in the selection; the rabbi, the laymen, and
> the special advisory committee are not included. The selection follows
> the majority of the *Parnasim* only... and they have the authority to
> choose whomever they desire, except for a descendent of the "three
> families." They inform the Bishop [of the city] immediately: This
> *Parnas* was chosen. Then the bishop himself or his representative
> commands the page of the *Parnasim* to have all *Parnasim* gather on the
> following day, or on any other day the Bishop desires. They must
> appear on that day in the Bishop's courtyard at the appointed hour.
> The *Shammash* accompanies them, bearing the Bible. As the *Parnasim*
> walk to the Bishop's courtyard, women, young adults, and anyone else
> who wish to see the selection and the honoring [of the new *Parnas*] may
> enter. The Bishop summons all or some of the *Parnasim* and inquires
> about the appropriateness [of the new *Parnas*] in deeds, ability, and
> lineage. He ascertains that he is not from one of the three families from
> which the *Parnasim* are not chosen[4]... . After the *Parnasim* leave the

3   See A. Eckstein, *Geschichte der Juden im ehemaligen Fürstbistum Bamberg,* Bamberg
    1898, p. 64, note 1. See also H. Gugenheimer, *Sinai,* vol. 80, no. 5–6 (1977), p. 287.
4   For a hypothesis concerning the identification of these three families, see G. Wolf, *Zur
    Geschichte der Juden in Worms,* Breslau 1862, pp. 4, 5. On p. 30, Wolf includes a municipal
    document that mentions the prohibition of choosing *Parnasim* from families known as
    Kuheim, Walch, and Drisam. Wolf attempts to demonstrate a *halachic* explanation for the
    prohibition of these disqualified families. Following one scholar's theory, Wolf proposes
    that the meaning of the name Kuheim is "Shepherd of cattle (sheep)" and the meaning of
    Walch is "one who washes clothing." He does not explain the third name. Apparently, the
    legal support for this view is the Talmudic text in Talmud Bavli, *Sanhedrin,* 24–25, which
    discusses individuals who are disqualified from judging and testifying. However, the word
    that appears in *Sanhedrin* is *moḥes* (tax collector), not *kowes* (clothing cleaner). Sources
    indicate that 17th-century Jews had surnames derived from professions, cities of origin,

palace of the Bishop, they assemble in a circular arrangement, with the *Shammash* in the center. The Bishop's learned secretary [an associate who conducted the inaugural oath] enters the circle. The *Shammash* stands next to the secretary and holds the Bible open to the Ten Commandments, and the secretary reads him the words of the inaugural oath from his ecclesiastical book. The *Parnas* repeats each word until the completion of the oath. The inaugurated *Parnas,* the other *Parnasim,* and the *Shammash* [are permitted] to retain their head covering during the oath, even if the Bishop himself is present. The appointed *Parnas* now wears his best coat and a white shirt with a collar. Before approaching the Bishop's courtyard, he has donned his formal festive attire. The new *Parnas* is obligated to prepare an elaborate feast for the *Parnasim*... and they demand of him to do so (Oxford ms., pp. 19a–19b. See Worms ms., pp. 13–14).[5]

Juspa also describes the positions various *Gabbaim* filled, serving the community without thought of compensation. One such *Gabbai* was in charge of the hospice for the poor and the adjacent hospital.[6] The manner of

paternal names, and houses. Hence, the preceding names may be derived from professions. Another theory maintains that these words refer to families, and not to occupations. A family named Walch lived in Worms in 1617 (see Kaufman-Bacharach pp. 9, 15, 16.) The name Drisam is a corruption of Trevas or Trevisanus. A family named Trevas was found in Worms during Juspa's day; see Worms ms., p. 86. The name Kuheim also appears in documents as Krieheim, but its meaning remains unknown. See F. Reuter's article in *Neunhundert Jahre, Geschichte der Juden in Hessen,* Wiesbaden 1983, p. 75. Refer also to Reuter's *Warmaisa,* Worms 1984, pp. 57–84.

The question may be raised: What was the origin of the ruling regarding the three disqualified families? Was it the community leaders who then sought the enforcement of this ruling by the local bishop? Or did it originate from another source? If the community leaders issued the prohibition, we may perhaps find a *halachic* rationale in the occupations of the three disqualified families in accordance with B. *Sanhedrin* 24–25. However, from Juspa's descriptions and from the wording of the documents reprinted in Wolf's book, it appears that the bishop interrogated the *Parnasim* to ascertain that they were not of the three disqualified families. It is improbable that the bishop would insist upon the enforcement of such a Jewish *halachic* matter. Therefore, we may tentatively conclude that the ruling powers had other reasons for not choosing *Parnasim* from these three families.

5   The prohibition against selecting a *Parnas* from the "three families" is already mentioned in an agreement between Bishop Emerich and the Jews of Worms in 1312, see G. Wolf, *ibid.,* note 5. Possibly this prohibition may have existed before 1312. The involvement of the municipal bishop in the elections of *Parnasim* is discussed by H. Boos in *Geschichte der rheinischen Städtekultur...* Berlin 1897–1901, vol. III, p. 161. See F. Reuter, *ibid.,* note 4.

6   Regarding the community institutions, including a room for the sick, see Oxford ms., pp. 80–83.

selecting the *Gabbai* and collecting charity given for the Land of Israel was as follows:

> Trustworthy and pious *Gabbaim* in charge of collecting and distributing charity for the institutions in the Land of Israel are chosen by the *Parnasim*. New *Gabbaim* are not chosen every year; rather, the chosen *Gabbaim* retain their jobs for life, for they act faithfully. They supervise all matters pertaining to donations. Everything is recorded in a ledger designated for our community's affairs pertaining to the Land of Israel. The donations are sent from hand to hand until they reach the Holy Land so that they are not delayed here... Occasionally, in times of need, the *Gabbaim* themselves proceed from house to house to collect each individual's obligation to the Holy Land... An ancient custom requires that one-third of all gifts from men and women donated to the hospice for the poor is given to the needy of Israel. Additionally, every Monday and Thursday, the *Shammash* presents the *tzedaka* container to each worshipper. The individual contributions found in the *tzedaka* container are also earmarked for the Land of Israel (Worms ms., p. 159 and Oxford ms., p. 84a).[7]

Certain *Gabbaim* were also invested by the community's civil authorities with significant powers.

> *Gabbaim* [overseers] are appointed in charge of the travel permits [*Tiur*][8] which our community is obligated to redeem from the Spanish authorities.[9] The price is high, and the restriction has been imposed on other communities as well. The situation is such that no one may travel without a permit. Members of our community and its environs as well as members of distant communities must obtain travel permits. Even members of communities and settlements that are not under our jurisdiction, such as Frankfurt, Mainz, and Bing, cannot travel safely without a permit. These communities have debts and merchandise in this province, and whoever travels to this province during the year

7   Observations concerning the connection between the communities of Central Europe and the Land of Israel, and regarding funds raised for the needy in the Land of Israel in the 16th and 17th centuries may be found in Kaufmann-Bacharach, pp. 9, 15, 16.

8   On *Tiur*, see S. Eidelberg, "Idiom and Expression in the Responsa Literature," *Leshonenu La'am* 20 (1969), pp. 120–127. cf. S. Eidelberg *Der Wormsgau,* Band 14, p. 21.

9   Regarding the Spanish occupation resulting from the Thirty Years' War, see Introduction, note 1.

[must obtain a permit]... . The *Gabbaim* are charged with the control of travelers from near and far. They must exact payment from those who require travel permits. These payments may be voluntary or compulsory. The *Gabbaim* sell as many permits as possible for the benefit of the community. Each year, two different *Gabbaim* are chosen to deal with this matter. Their appointment cannot be for more than one year (Oxford ms., p. 84a).

The appointment of special assessors existed for the assessment of the goods and chattels of all members of the community, according to which they paid dues.

A date is set to assess every community member. The *Shammash* announces the assessment eleven or fourteen days in advance and reminds everyone to evaluate all his possessions, including outstanding debts, collaterals, cash, loans, silver, gold, wine, and grain. Everyone must compile a list on paper and present it to the assessors. If the assessors believe that the individual has written his true value, they will assess him according to the list he has brought them. The lists are known as balance sheets.

If the assessors do not believe his balance sheet, they assess him according to their knowledge and opinions. If the individual does not accept their assessment, he must swear concerning the truth of his balance sheet. However, he is not permitted to swear that his worth is more than originally recorded. Hence, the falsification of balance sheets is discouraged (Oxford ms., p. 79b).

A major portion of the *Minhagim* is devoted to a description of the modes of worship in the synagogue of Worms on weekdays (which were mentioned above), and on weekends. Juspa describes the special preparations and practices of Sabbath as follows:

On Friday afternoons an oven is lit in the house of the *Shammash* in which cakes and *cholent* [stew] are baked for the Sabbath. The pots used for the Sabbath are placed in the oven.

The *Shammash* replaces the weekday arkcover and table cover with the Sabbath draperies... The treasurer of the charity fund brings two wax candles to the synagogue before the Afternoon Service [*Minḥa*] on Friday. These candles are designed to burn for the entire Sabbath... .

The *Gabbai* lights the candles. He places one on the pulpit, opposite where the cantor stands, and the other on the tower-shaped platform [*Bimah*] on which the table for the Torah scroll stands. The candle is placed opposite the scroll. After the Sabbath, the remaining pieces of candle are placed in the candlestick facing the pulpit to be lit for the daily Morning and Evening Services (Oxford ms., p. 13a).

The *Parnas HaḤodesh* [*Parnas* of the month] is required to supply wine for *Kiddush*. The *Shammash* brings *Kiddush* and *Havdalah* vessels to the synagogue on Friday afternoon. After *Kiddush*, he removes the *Kiddush* vessels and conceals the *Havdalah* vessels in the synagogue to be used in the Saturday night *Havdalah* service (Oxford ms., p. 13b).

[On the Sabbath morning,] the *Shammash* attendant leaves the synagogue early, after the *Kedusha* of *Musaf* [near the conclusion of the Additional Service]. He removes the pots that had been placed on the oven before the Sabbath. The young girls fetch the pots belonging to their respective families (Oxford ms., p. 14a).

During the summer, it is customary to recite "Ethics of the Fathers" following the Afternoon Service on the Sabbath. A mourner within a week of the burial does not participate in the recitation since this would be analogous to studying Torah. Mourners are not permitted to study Torah during the week of burial. Meir Parnas and his stepsons, Isaac and Moses, did not recite the "Ethics" following the death of Meir's wife, Miriam. This was the decision of the rabbis of Frankfurt, Hammelburg and Mannheim as well as other authorities. The incident occurred in 5424 [1664] (Oxford ms., p. 14a, in margin).

Close to sunset on Saturday evening, the *Shammash* brings the wine cup and the wine for *Havdalah*. The other *Havdalah* vessels are already in the synagogue, as mentioned above. While walking in the street, the *Shammash* does not summon people to the services. Rather, he stands in the inner courtyard of the synagogue until dusk. From the courtyard entrance he cries "*Schulen, Schulen*" (come to synagogue) (Oxford ms., p. 15b).

Juspa records an event pertaining to the celebration of his *bar mitzva* as a community festival on the Sabbath that transpired during his youth in the community of Fulda and a similar occurrence in Worms:

The following incident occurred when I reached the age of thirteen on Sabbath, *Parshat Tezave*, 13 Adar I, 5377 [February 18, 1617]. I was taught to chant the Torah portion, but when the rabbi was informed of the situation, he did not permit me to read *Parshat Tezave*. Rather, he required me to read *Ki Tavo* on the following Sabbath, for they decreed that the one who chants the Torah portion must have reached the age of thirteen years and one day. This incident occurred in the community of Fulda.[10]

Similarly, I observed that the members of the Yeshiva in Worms prevented the lad Baruch ben R' Zekli Elsas from chanting the Torah on the Sabbath on which he turned thirteen. He read the portion on the following Sabbath when he had already attained the age of thirteen and one day (Oxford ms., p. 87b).

Juspa's discussions of the various festivals provide information on certain customs in Worms. In his discussion of the Festival of *Shavuot* (Feast of Weeks), most of the customs parallel practices accepted in many Jewish communities. Juspa provides us with a description of the synagogue's physical appearance, for instance, how the synagogue was decorated with herbs and flowers.

The floor and the walls of the synagogue are lined with herbs that emit pleasant fragrances. The cantor's lectern is similarly decorated. One rose is placed in the synagogue on the seat of each scholar and each communal leader, even if the latter is not a scholar. A master receives two roses, and the Head of the Rabbinical Court receives many, in accordance with the will of the *Shammash* (Worms ms., p. 30).[11]

Concerning Festival prayers, Juspa writes, "We do not say *Akdamut* here in Worms" (*ibid.*, p. 30). He does not expand on the reason for this custom, but Abraham Epstein[12] has found an explanation in the list of customs compiled

---

10   This date informs of Juspa's age.

11   In *Sefer Maharil*, "Hilchot Shavuot," there is mention of the decoration of the synagogue in preparation for the Feast of Weeks. However, Juspa's book contains a more detailed and embellished account. See *Sefer Maharil*, Lemberg 1860, p. 72. Although Jacob HaLevi Mulin (*Maharil*) drew from earlier German works, his book of customs remains an important source of German tradition. In particular, it describes the practices of the communities of "Shum" (Speyer, Worms, and Mainz), Frankfurt, and their surroundings.

12   See note 14.

by Judah Liwa Kirchheim who preceded Juspa in recording the customs of Worms.[13] In his compilation, Liwa Kirchheim relates:

> I received through the tradition the reason that we do not say *Akdamut*: Once, this sacred community Worms had a cantor who recited *Akdamut* in a pleasant voice and with great intensity. Upon completion of the prayer, the cantor's soul left him. Therefore, we do not say it [*Akdamut*]. Ironically, the author of *Akdamut*, the famous cantor Rabbi Meir bar Isaac, was himself an early scholar of Worms.[14]

The Festival of *Simḥat Torah* (Rejoicing of the Law) was an occasion for a full-day community celebration. Juspa describes the event in detail.

> On *Simḥat Torah* the *Shammash*'s assistant announces in the street: "Ḥatan, Kallah, unter das Braut Haus virn".[15] The *Ḥatan Torah*,[16] his relatives, friends and acquaintances, together with the *Ḥatan Bereishit*,[17] and his relatives, friends, and acquaintances, proceed to the *Braut Haus*, accompanied by their wives.[18] The wives bring choice fruits to grace the table and to be placed in the *Braut Haus*. The children then joyfully gather these fruits [as part of the celebration]. The two "grooms" sit at the table together with the rabbi [of the city]

13   See R. Judah Liwa Kirchheim, *Minhagei K.K. (Kehila Kedosha) Warmaisa* (ms. called Warszawa Sig. 32, ZIH), p. 150.

14   See Epstein — *Minhagim*, pp. I–XXX. See also R.A. Landshaut, *Amudei HaAvodah*, New York 1965, p. 165. Regarding the reason that Rabbi Meir composed *Akdamut* in Aramaic, see "Writings of Rabbi Dr. Joseph Seliger", Jerusalem 1930, p. 104. Kirchheim, however, notes in his book of customs (ms., p. 150), that the actual cause of the cantor's death was unknown.

15   The groom and bride were summoned to the wedding hall — the communal hall where weddings of community members were held.

16   This title, "Groom of the *Torah*," was bestowed upon the person chosen to complete the annual cycle of *Torah* reading.

17   This title, "Groom of Genesis," was given to the person chosen to begin the cycle of *Torah* reading once again.

18   The custom, apparent from Juspa's words, of seating the wives of the *Ḥatan Torah* and *Ḥatan Bereishit* together with their husbands was not perpetuated in later generations. Although the Wormesian community maintained a strict separation of men and women in the synagogue, Juspa's description of the *Simḥat Torah* celebration seems to reflect a more liberal approach towards husbands and wives sitting together at the banquet table. Nevertheless, constant adherence to *halachic* standards of modesty and separation was always maintained, as will be evident from our discussion of the *Yiddish Tür* (see Oxford ms., p. 67a).

and the other rabbis, who come to honor the Torah. Whoever has wine barrels in his storeroom brings a flask filled with wine. The "grooms" also bring wine in abundance.[19] They eat the fruits, drink, and rejoice. They kindle a great bonfire in the yard of the *Braut Haus*. When the fire is burning well, the rabbi [of the city], the other rabbis, the "grooms", and the assembled company go outside to witness the rejoicing. The community members dance around the fire and celebrate. Occasionally, the rabbi also joins the festivities around the fire in honor of the Torah. They remain until the Afternoon Service (*Minḥa*) (Oxford ms., p. 50b).[20]

An event that occurred in 1669 during the *Succot* Festival (the Feast of Tabernacles) had affected religious practice in the Worms Jewish community. After having been defeated in battle, Karl Ludwig, Duke of Pfalz, was retreating through the city of Worms on the day of the Festival of *Hoshana Rabba* (the seventh day of the Feast of Tabernacles) and, in deference to his august personality, the Jewish community of Worms refrained from carrying out their custom of lighting bonfires in the courtyard of the communal hall.

> I also witnessed the following: In 5429 [1669] a battle was fought between the Duke of Pfalz and the Prince of Lothringen. On *Hoshana Rabba* they confronted each other — camp against camp, troop against troop. They fought near the mountain known as Wingertsberg. Both sides lost many men, and the Duke himself participated in the battle. He retreated through our city, Worms, with the remnants of his troops. A great fear arose in the Duke's state, and no bonfire was kindled for many reasons. Nevertheless, the men appointed to complete and reinitiate the annual cycle of Torah reading assembled in the *Braut Haus* together with the other men who customarily entered with them. They rejoiced in the customary manner as in previous years with wine and fruits. Only the fires were not kindled so as not to appear overly joyful during the Duke's defeat (Worms ms., p. 97).

An interesting example of an unusual custom pertaining to the liturgy of *Ḥannuka* (Worms ms., p. 104), refers to one of the many oppressive decrees issued against the community of Worms. Juspa writes: "When the cantor

19   Suggesting the large wine businesses owned by the Jews of Worms.
20   For an incident that occurred on *Simḥat Torah*, see infra.

reaches the end of the prayer *Or Ḥadash* he does not start at the beginning of the next stanza, *Shnei Zeitim*. Rather, he skips to the phrase *Mamlacha Memushacha*." Juspa does not offer a reason for this custom. However, Rabbi Jair Ḥaim Bacharach (1638–1702), mentions it in his work *Ḥavot Jair* (no. 238):

> In the days of my youth, I had a discussion with an elderly scholar and *Dayan* in the sacred community of Worms. This discussion occurred because I wondered greatly about the custom of beginning on the morning of Sabbath *Ḥannuka* from *Mamlacha Memushacha,* which is in the middle of the *piyut* (liturgical poem) that opens with *Shnei Zeitim.*
>
> This elder replied that he heard directly from the elders among the communal leaders that all prayerbooks and *machzorim* were burned at the time of the evil decrees. For a great while after the fury subsided, when a smaller number returned and resettled in the community, they recited that which they found of the remaining prayers. The half of the aforementioned prayer which they discovered was treasured as a brand saved from fire. Hence, they recited only half of the prayer to avoid abandoning the custom even momentarily; later, the practice was established as a permanent custom.[21]

Purim is the most festive occassion in the cycle of the Jewish year and Juspa records the jubilant manner in which it was celebrated by the Wormesian community.

> At the time of the *Megillah* reading, everyone attends the synagogue — men, women, and children, similar to the time of the *shofar* sounding. Women about to give birth and people who are ill or otherwise unable to be in the synagogue at the time of the reading, read the *Megillah* by themselves, or have others read it for them in their homes in order to fulfill the obligation of reading the *Megillah*.
> At the beginning of the reading at night, and again during the day, the young girls parade about. The young boys and lads change their

---

21   It is difficult to determine to which evil decree the words of *Ḥavot Jair* refer. Possibilities include the decrees enacted in 1349 during the Black Plague. E. Werner presents an interesting discussion on the *piyut Shnei Zeitim* in his work, *A Voice Still Heard, The Sacred Songs of the Ashkenazic Jews*, University Park, Pa. 1976, pp. 92–93; 302, note 14.

clothing and don masks called *far shtelt* (disguises). [These boys] walk around the men's and women's sections. At night they carry torches, but during the day they do not. The young girls all wear their holiday clothing. One of them masquerades as a bride, with a crown of flowers and a colored veil on her head. She is called the queen, in commemoration of Queen Esther. In this fashion [the girls] walk around the prayer platform once. Then they go out and walk around the women's section as well. They return and walk around the platform for the second time, as at first. Then they proceed to the women's section and carry out their rounds as at first. They repeat this process a third time, but no more than three times (Oxford ms., p. 56b).

On the Sabbath following *Purim*, the young boys go to a house far removed from the synagogue. They don the Sabbath mantle, called the silk mantle, and each one wears a skullcap after this fashion. They leave the house, walking side by side with their servant boy, the teacher's assistant dancing before them and frolicking with his clothes and rolling his eyes like a fool. The *Gabbaim* walk in front of the young boys, and in the hand of each *Gabbai* is a decorated cane. In this manner, amid much rejoicing, they arrive at the synagogue and settle down on the prayer platform... . When the cantor begins to recite the blessing *Magen Avraham*, they descend and approach the seat of the Head of the Rabbinical Court. He places his hand on the head of each young boy and blesses him with the blessing for sons recited every Friday night. After this the young boys enter the women's section of the synagogue. They may enter through the *Yiddish Tür*[22] if they desire. They approach the seat of the wife of the Head of the Rabbinical Court. She places her hand on the head of each young boy and blesses him. Then the young boys encircle all the rows of the women's section. They exit and continue their rounds. The *Gabbaim* constantly enter and exit first, before the young boys (Oxford ms., p. 57a).

The *Minhagim* offers insight into the customary recitation of special supplications on fast days and memorial prayers for the deceased and testifies to the accusations, murders, and destruction endured by the Jews of Worms during the Crusades and the Black Plague, as well as during the nightmarish years of expulsion — 1615–1616.

---

22   See Oxford ms. p. 67a. See part III, notes 7, 15.

In the year 5375 [1615], the Jews were expelled from the sacred
community of Worms on the seventh day of Passover. The synagogue
was destroyed and remained desolate until 29 Av, 5380 [August 28,
1620]. On the eve of the month of Shevat, 5376 [January 9, 1616] the
Almighty, in his mercy and great kindness, returned us to our
community in peace. Each individual was fully restored to his home.
We established that day, the eve of the New Moon of Shevat, as a fast
day on which *Selichot* would be recited in the morning prayers, as
found in "Customs of the Eve of the Month of Shevat."[23]

Apparently, the Jews of Worms were not punctilious in the observance of this
fast, for Juspa subsequently writes:

In the year 5377 [1617] they strengthened the observance of this fast...
with the full force of a public fast day. This was announced publicly in
the synagogue. The Rabbi himself mentioned in his sermon that anyone
who belittled this fast day would bear his guilt. This was the revered
Rabbi Sussman, may his memory be a blessing (Worms ms., p. 23).

Good communication between the Jews of Europe and Worms made
available knowledge of the Chmielnicki massacres of 1648–1649, a revolt of
the Kossacks of the Ukraine, led by Bagdan Chmielnicki, against the Polish
rule. Rabbi Jair Ḥaim Bacharach mentions the decrees in his work *Ḥavot
Jair* no. 113: "I was asked a question by one who came from the Land of
Russia. He escaped the genocide of 1648, may Heaven spare us." Rabbi Jair
Ḥaim's father, Rabbi Moses Samson Bacharach, writes in *Ḥut-HaShani*
(Frankfurt 1679), No. 75, about a Russian Jew who converted to Christianity
and escaped to Worms, c. 1650. Juspa notes that on the Sabbath between 23
Iyar and the New Moon of Sivan, memorial prayers were recited in the
synagogue of Worms for the martyrs of the First Crusade in 1096,[24] (see
Oxford ms., p. 24).

---

23   Regarding the expulsion of the Jews in Worms in 1615, see H. Graetz, *Geschichte der
      Juden*, Vol. X, pp. 33–35. Important material about the civil war and its impact on the
      status of Jews in Worms and its environs appears in E. Merkel, "Die Wormser Juden und
      Frankenthal," *Der Wormsgau*, Band 13., Stadarchiv Worms (1979/81), pp. 94–102. The
      expulsion is mentioned by Liwa Kirchheim in his *Minhagim*, ms. pp. 121–122 and
      153–154. Cf. A. Epstein, *ibid.*, pp. iv–xii. See also F. Reuter, *Warmaisa*, pp. 84ff. For
      further elaboration on the persecutions of 1615, see *Ma'ase Nissim*, Story no. 9.
24   In *Ma'ase Nissim* Story no. 10, Juspa mentions the persecution of Rhine Jewry during the
      Black Plague, and in Story no. 12 he details at length its suffering during the First Crusade.

Juspa's text also provides information concerning the Jewish communal reaction to the natural catastrophes that occurred during his time, such as epidemics. He describes the plague which ravaged Worms and other communities on the Rhine in the summer of 1666, claiming 136 men, women, and children. He also relates how he risked contamination by volunteering to circumcise a new-born boy when all the other functionaries feared to do so.[25]

> I also saw in the year 5426 an occurrence that prevented the men from assembling in the *Braut Haus*, for the *Braut Haus* was also impure because of all the sick people who had fallen victim to the epidemic. Nevertheless, the prayer table was arranged in the inner courtyard in front of the synagogue. The table was located in the place in which the *Parnasim* sit when they gather in the courtyard. The men appointed to complete and reinitiate the annual cycle of Torah reading as well as the two *Gabbaim* assembled in the inner courtyard. On *Simhat Torah* they kindled a fire in the courtyard, and they drank and rejoiced. However, the gathering was not as large as it had been in previous years. Whoever wished to attend did so, but whoever did not wish to attend was not compelled to come. Happiness did not prevail, for the plague was still rampant (Oxford ms., p. 48b).

> On Wednesday, 4 Tammuz 5426 [July 7, 1666], Dolza, the wife of the revered Isaac Balin, gave birth to a son. The Head of the Rabbinical Court, Rabbi Samson, was chosen to perform the circumcision and his son, Abraham, was chosen as *sandek*. On Friday night, they joyfully went to the customary celebration [*Simhat Zachar*] in honor of the newborn boy. On the following Sunday, Isaac's household was stricken with the plague. The widow Voeglin and Isaac's daughter contracted the disease and both passed away... . Isaac's house was quarantined because of the danger of the epidemic spreading. The rabbi withdrew his agreement to perform the circumcision. When the other performers of circumcision saw that the rabbi refused to circumcise the child, they also refused. I, Juspa Shammash, thought to myself: Did not our rabbis, of blessed memory, teach that, "no harm will befall the one who performs a commandment?"

> Certainly [that teaching applies] to this precious commandment,

---

25   See Kaufmann-Bacharach, *ibid.*, pp. 45–47.

equivalent to the sum of all the other commandments, which supersedes the Sabbath, accepted by the Jews with happiness, and which was the first commandment. Therefore, with complete joy, I declared that I would perform the circumcision. And so, I circumcised the baby in the synagogue on the eighth day after his birth, in accordance with God's command... . The child was dressed in clean diapers. The godmother brought him from the women's section of the synagogue, in accordance with the custom, and I circumcised him in the customary manner in the men's section... . May God prolong his day, Amen. May he banish the Angel of Death and the plague from all the Children of Israel, Amen (Worms ms., p. 97).

With anguished heart, Juspa describes the catastrophes inflicted by the elements on the city of Worms — the heavy rainfall and the snow that submerged fields and ruined agricultural crops, flooded the banks of the Rhine and Neckar Rivers, and washed roads away.

On Sunday, 22 Tevet, 5411 [January 15, 1651], the waters of the Rhine rose and flooded our streets forcing us to use boats in order to enter from the lower gate. Those who wished to continue past the gate of the Rhine Fort had to use boats. They also had to use boats when coming from the Week Fort, and when using Wall, Hen, or Timish Streets, which were only accessible via the Rhine Fort. All the streets bordering the Rhine were flooded, necessitating the use of boats for passage between streets.

I, Juspa Shammash, saw with my own eyes that the water had risen until it was level with the windows of the hospice called *Zur Rosen*. Along Rhine Street, the water had risen in the wells and reached the pails, so that both the pails and the wells became completely immersed in water. All the inhabitants of Rhine Street and the aforementioned streets were forced to take their belongings, leave their homes, and seek temporary dwelling places. On the streets where houses were not flooded, cellars filled up with water, forcing us to devise strategies for preventing the barrels of wine stored in the cellars from floating away. On our street, a number of wine barrels in the houses of Isaac, *Zum Riesen,* and the *Parnas* Ansel, *Zur Wolfen,* could not even be seen because they were submerged in the water. Soon all the cellars in the street were flooded. The flood waters reached the cellar of the *Parnas*

Baruh *Zur Sonne.* All the cellars on the lower parts of the streets were flooded, but the cellars on the higher parts contained less water. On the other side of the Rhine, the flood waters covered two or three parsangs [one parsang is the equivalent of four miles], preventing pedestrians from traveling the regular paths, and forcing them to make wide detours. This flooding continued until the Rhine subsided and the waters finally drained from the streets. In the lower sections the water remained a long while before receding and continuing to hinder pedestrians. This occurred in 5411 [1651] in the month of Tevet.

On Monday, 22 Adar I, 5418 [February 25, 1658, a leap year], the waters of the Rhine rose until they overflowed their banks and flooded our city, Worms. The resulting situation was similar to that caused by the flood of Tevet, 1651. I see no reason to repeat the description since the reader will find it on the previous page. On Monday and Tuesday, 8 and 9 Adar I (prior to the flood), unusually heavy snow fell. Even the octogenarians in the community could not recall having seen such a heavy snowfall in their lifetimes. I, Juspa Shammash, witnessed members of the community removing snow with wagons to prevent a flood when the snow began to melt. However, a few days later a heat wave came, followed by heavy rain which melted the snow and caused the Rhine to overflow again, creating a situation similar to the one described above. In the winter of that year [5418–1658], the Rhine was covered so thickly with ice that loaded wagons could travel safely upon it.

In 5423, on Thursday, 28, in the month of Tammuz [August 2, 1663], the Rhine and Neckar Rivers overflowed, bringing yet another flood to our neighborhood in Worms. This catastrophe was similar to those of 1651 and 1658, and so I will not repeat the details. Interested readers may consult the previous pages. However, this flood occurred during the harvesting season, causing inestimable damage to our crops, fruits, and pastures. Most of the crops were already harvested and many were already stored in the silos. However, the oats, barley, wheat, and spelt crops were not yet harvested. The waters rose from the Rhine and the Neckar and flooded the fields, ruining the unharvested crops and also the harvested crops that had not yet been stored in silos. A number of villages on the Rhine were flooded, and even their silos were filled with water so that their entire harvest was ruined. Fruit fell from trees prematurely and rotted; cattle suffered because their fodder had been spoiled by the flood waters. The animal provender and hay prepared for the coming winter was also destroyed. Vegetables such as garlic and cabbage used for *saurkraut* production, also rotted. Once again, pedestrians could not use our paths and were forced to detour. Even once the water level of the Rhine returned to normal, large pools remained in the fields... causing damage to seeds planted for the next season. Trees along the Rhine collapsed and were carried away by the river current.

On 16 Av, 5423 [August 19, 1663], the night following a Sabbath, a two hour lunar eclipse occurred. We pray this is a good omen for all Israel, Amen.[26]

On Wendesday and Thursday, 26 and 27 Av, 5423 [August 29, 30, 1663], yet another flood came, the likes of which no person in our generation had ever seen. The Rhine overflowed both banks, and the water reached fields and vineyards far distant from the river including places that had remained dry during the other floods. Because the flood struck suddenly, people were drowned in their homes; cattle also perished. Crops in the fields and wine stored in cellars were carried away by the strong current of the flood waters. Most wooden bridges over rivers rotted and broke down. Mills were also severely damaged by the flood, and in some places houses were uprooted and carried away by the waters. These wonders had never been seen before. This was the third flood of the year; may God save us from further disasters, Amen.

In the beginning of the month of Av, 5433 [July 14, 1673], the waters of the Rhine rose and overflowed, reaching our neighborhood in Worms, as well as some of the streets near the city wall on the Rhine and streets near the Rhine Fort. I need not describe the occurrence again, for readers may refer to the floods of 5411 [1651], 5418 [1658],[27] and 5423 [1663] mentioned above; but damage worth thousands was inflicted

---

26   The author thanks the U.S. Naval Observatory for verifying the nearly total lunar eclipse on August 18, 1663.

27   Another verification of Juspa's statements on natural events, this time a flood in 1658, is mentioned in the Archives of the City of Worms. See *Wormsgau*, vol. XIV (1982/86), 1986, p. 27.

upon the fields. Even when the Rhine receded to its usual level, water remained on the streets and prevented travelers from attending to their businesses (Oxford ms., pp. 2a–2b, 3a–3b, 4a–4b).

Juspa's recording of customs regarding the festive aspects of traditional Jewish life, such as ceremonies of betrothal, marriage, and circumcision, are fascinating not only from the societal standpoint, but also as additional testimony concerning the economic situation of Worms in Juspa's day. The sending of *syblonot,* the lavish gifts a bridegroom would send to his fiancée, demonstrates that despite the struggle for survival in the 17th century and the depressed state of the Jews, the majority of families in the community of Worms had an ample livelihood. Banquets and feasts were abundant and marriage ceremonies were lavishly held in the communal wedding hall (see Oxford ms., pp. 58a–66a).

The manufacture of wine for daily and festive use was an important aspect of life in the community of Worms, so much so that special arrangements were made during the harvest season to enable men to attend morning prayers before going out to harvest the grapes, or merchants setting out on their rounds.

> The reason we do not recite Psalms nor the daily Hymn of Unity starting from the week before the Day of Atonement until the first Sunday in Heshvan is that the harvesting of vineyard grapes occurs during that period. Many of the men of our community travel throughout the villages in the State to collect the payments of vintage wine owed them by the villagers. Since we shorten the synagogue service by omitting the recitation of Psalms and the Hymn of Unity, these merchants come to synagogue to pray before they commence their rounds. However, if we prolonged the service by including the Psalms and the Hymn, they would not come to the morning services at all, for a man is anxious regarding his money. The merchants fear that if they delay excessively, the villagers will find pretexts to exempt themselves from payment for the wine. Therefore, it is preferable to omit these sections of the service during that period. Nevertheless, we compensate for these omissions by reciting the Psalms as well as the Hymn of Unity on *Kol Nidre* night. The Psalms are also recited before daybreak on *Hoshana Rabba* (Worms ms., p. 221).

The wine is made exclusively in the Jewish section and not in gentile homes. The manufacturers purchase barrels of raisins, crushed grapes with pits, from gentiles who deliver the barrels to the Jewish section. Jews then process the wine in vats that are in their homes. Throughout the environs of Worms it is well known that Jewish wine manufactured in Worms is universally accepted as *kasher* (Oxford ms., pp. 77a–78b).

The heads of the community did not permit competition in the sale of wine imported from other communities.

> Once wine was delivered to Worms from the cities of Oppenheim and Neustadt. The wine was of much better quality than our products. The owner sold his wares by quantity as communal members did... . The rabbi and the members of the Yeshiva subsequently regretted allowing this competition... . They decided not to act similarly in the future unless they were threatened with a shortage of wine. Another time, they inquired if it were permissible to sell wine imported from Gernsheim, for Shimon Gernsheim salvaged the wine when he fled from his home because of the ravages of the war... . He attempted to sell his wine, but the head of the Rabbinical Court, Rabbi Sussman, did not permit him to do so (Oxford ms., p. 77a; see also pp. 79a–79b regarding the same topic).

The ceremony of circumcision was celebrated in the synagogue with the participation of many of the congregation's members. Most German communities in those years practiced similar customs; however, Juspa describes the Worms' custom in detail. He portrays the rejoicing in life and the spiritual delight which permeated these rituals.[28]

Juspa's *Minhagim* is the first source which mentions the Rashi Synagogue in Worms: "...in the building known as the synagogue of Rashi was his house of study." Juspa incidentally mentions that his teacher, Rabbi Elia Loanz, related to him that in earlier times *mezuzot* were affixed vertically to the doorposts of the houses and to the synagogue of Worms, corresponding to Rashi's opinion (Worms ms., pp. 165–166). However, Juspa continues, in his

28   Material on this topic can be found in H. Pollack, *Jewish Folkways in Germanic Lands (1648–1806)*, Cambridge, Ma. 1971, pp. 15–49. See also I. Holzer, "Aus dem Leben der alten Judengemeinde zu Worms," *ZGJD*, 5 (1935), pp. 169–181, and H. Schauss, "Marriage Customs" (Yiddish) in *The Jewish Review*, vol. I, no. 1 (1943) pp. 106–122. cf. I. Zimmer's article in *Sinai*, vol. 66, no. A–B (1980). cf. E. Lifschutz, "Merrymakers and Jesters Among Jews," *Yivo Annual* (1952), pp. 43–83.

day the *mezuzot* were affixed diagonally as a compromise between the ruling of Rashi and that of his grandson, Rabbi Jacob Tam, that they be affixed horizontally across the width of doorpost (*ibid*).[29]

An ordinance concerning divorce laws which Juspa discusses at length is both interesting and uncommon.

> The ordinance of Worms' early rabbis was not to issue a divorce without first consulting the holy communities of Speyer and Mainz. The *Parnasim* of these communities must agree to grant divorce. Even on a day of the gathering of the Council, when the leaders of Speyer and Mainz are assembled in Worms, and even if they consent, the divorce is not issued based on their consent. The sending of a messenger to Speyer and Mainz is obligatory. This messenger must bring back the divorce document duly signed. The individual seeking the divorce must send three old Turonesis [an ancient coin first circulated in Tours, France] to the *Parnasim* of each community. The elders among them in Speyers and Mainz share the money. On the day the divorce is granted, the individual must pay three old Turonesis to the leaders of this community [Worms] for their approval of the divorce. They also divided the three Turonesis among the three elder *Parnasim*. I, Juspa Shammash, was the scribe for the divorce writ of an *agunah* [abandoned wife] whose husband was a mercenary [for the German army]. He had left her in this state of living widowhood for eight years when suddenly he arrived here with his troops. He wanted to divorce his wife, but he did not have time to wait while requests for approval were sent [to the other communities] because his unit was moving on. It was impossible to send to Mainz, anyway, since it was under siege. The divorce was granted and the messengers were not sent [because] the authorities were lenient regarding the *agunah*. Nevertheless, three Turonesis were sent to three leaders in the communities[30] (Oxford ms. 74b).

I also wrote a divorce writ for a mercenary who abandoned his wife to

---

29 See J. Freimann (ed.) *Sefer Leket Josher*, Berlin 1903, Part II, p. 60. See also *Sefer Maharil*, "Hilchot Mezuzah," p. 82b.

30 The ordinance requiring the approval of the three sister communities of *Shum* [Speyer, Worms, and Mainz] is mentioned in *Sefer Maharil*, Lemberg 1860, p. 92b. The payment of three Turonesis and the approval of all three communities was required, according to *Sefer Maharil*, in order to extend the time and make the divorce process more difficult. These provisions were intended to facilitate the reconciliation of the couple.

living widowhood for many years. By accusing his wife of adultery, he
denied himself the right to return to her. In this case no messengers
were sent, as in the preceding case, due to lack of time. This happened
on Thursday, 20 Tevet, 5402 [December 23, 1642] (Oxford ms., p. 75b;
Worms ms., pp. 142–143).

Juspa did not ignore the rare occurrences in the community indicating that
"not all the congregation is holy." He mentions a Cohen who publicly
desecrated the Sabbath and was consequently forbidden by the rabbi to recite
the priestly benediction.

> On *Rosh HaShana*, 5436...there was a Cohen in the community who
> desecrated the Sabbath during the course of the year. He had purchased
> meat provisions in the gentile meat-market and had committed other
> similar transgressions. He carried the packages upon his shoulder for
> approximately two "Persian" miles. According to his testimony, he
> had made these purchases for his gentile master. Rabbi Aaron forbade
> him to ascend the platform to recite the priestly benediction. Even
> though he had already performed the ritual cleansing of the hands and
> ascended together with the other Cohanim, the rabbi did not permit
> him to remain, but rather forced him to descend (Oxford ms., p. 39b
> Worms ms., pp. 54, 68).[31]

On a lighter note, Juspa deals with attitudes towards certain vices which
apparently were common in his community. Although the pronouncement of
rabbinic bans was not widespread in Worms, Juspa mentions a ban
promulgated against cards and dice games. Interestingly, the rabbis permitted
the playing of chess.

> The pious Rabbi Hacohen Benjamin Katz, may the memory of the
> righteous be a blessing, who was the Head of the Rabbinical Court in
> our community, enacted a ban in the year 5398 [1638] against playing
> cards, dice, or any other type of game, except for *Shoch* [chess], which
> he permitted. However, he permitted these games during *Ḥannuka*.

---

31 In both cases this story appears in the Worms manuscript. It is written in the margin and
    not in the body of the text, but on p. 68 the date is *Yom Kippur*, 5436 [1676] (not *Rosh
    HaShana* as stated on p. 54). The story is mentioned with a few changes, in the Oxford
    version, p. 39b. Interestingly, the account also appears twice in the margins of p. 39b in the
    Oxford edition. Juspa died in 1678, two years after the date of the incident. Hence, the
    story may possibly be the later addition of a different hand.

The rest of the year he [forbade them] by virtue of the aforementioned ban. This spread into an established custom even after he returned to his former residence in Prague, where he passed away. Even after his death, as it is today, we abide by the aforementioned ban in the community regarding year-round games except for the days of *Ḥannuka* (the playing of chess was only mentioned in Worms ms., p. 103; Oxford ms., margin of p. 51b).[32]

In the *Minhagim,* Juspa lists ethical exhortations directed to all members of the community. Juspa's sentiments toward his Christian neighbors were based on toleration and were non-inflammatory. He suggested that the Jews should not adopt practices which might provoke the jealousy and hatred of Christian neighbors; similarly, he suggested that the Jews should accustom themselves to a modest lifestyle and avoid prodigality. Referring to an ordinance of the Jewish community, Juspa writes:

Upon the leaders is the responsibility to direct each man and woman in the proper and straight path: In business, they should not profane the Divine Name [through unethical practices] nor should they infringe upon the rights of their fellow man. In dress, they should not adopt the mode of the gentiles. They should not dress boastfully or immodestly, nor should they don clothing woven with silver or gold, such as golden belts or elaborate veils which attract the attention of the gentiles.[33] Jews must be wary of inciting wrongdoing or mischief which may cause

32 The game of chess among the Jews of Prague and Frankfurt in the 17th century is mentioned by Schudt, *Merckwürdigkeiten d. Juden*, II, p. 317. See I. Rivkind, *Der Kampf Gegen Azartshpielen bei Jidin*, New York 1946, pp. 33, 74, 98, 199. Compare I. Abrahams, *Jewish Life in the Middle Ages*, Philadelphia 1911, p. 388. Abrahams' claim that the sources are from the period of Rashi is exaggerated (p. 388, note 1). Also see *Sefer HaAruch*, ed. Koht, entry "Rodshir." Regarding the source for *Sefer Ḥasidim* no. 400 mentioned by Abrahams, it must be noted that the Freimann edition of *Sefer Ḥasidim*, no. 836 does not contain the words "the game of chess and similar pastimes." Apparently this phrase was a later addition. Researchers have not yet determined the meaning of the word "Ishkoki"[chess game]. See Rashi's interpretation of the word "Nidrashir"in *Ketubot*, p. 61b. It is interesting to note the theory that an early reference to the game of chess is found in Maimonides' commentary on the *Mishna*. See R.J. Kafaḥ (ed.), *Peirush HaMishnayot l'Rambam, Sanhedrin* 83, p. 108. Regarding the game of chess among Jews of Spain during the Middle Ages, see N. Davis (tr.), *Sons of Exile*, Philadelphia 1903, p. 106. One source attributes a poem honoring the game of chess to Abraham ibn-Ezra (1095–1167). If this source is credible, the Jews of Spain played chess as early as the 12th century.

33 Regarding the jewelry businesses among the Jews of Worms in Juspa's time, such as guilded silver belts, see *Pinkas Hakehila*, col. 9.

harm to the community. Jews who peddle their wares in the city [must also take heed], for they cause the gentiles to complain about competition and to cause malice. To avoid casting suspicion upon themselves, women should certainly not venture abroad in the city or the marketplace without a Jewish chaperon (Worms ms., p. 155).[34]

A curious contrast occurs with the following narration regarding Judeo-Christian relationships. Juspa writes:

A gentile woman once witnessed the rejoicing [of *Simḥat Torah*]. Before her death she commanded that her garden which was adjacent to the Jewish cemetery should be given to the Jews as a gift on the following condition: Every *Simḥat Torah* fruits from the garden would be placed on the table and consumed by the boys in their rejoicing in the *Braut Haus*. I have personally witnessed this being done, and I have eaten from these fruits.

However, the garden was destroyed recently as a result of the [Thirty Years'] War... . As the war intensified the soldiers destroyed several gardens and orchards, including the community's orchard which had been donated by the previously mentioned gentile women. For several years the garden remained desolate. In 5416 [1656] an influential Burgher...desired to renovate this garden. He sought to rent the garden from the *Parnasim,* and the proposal appealed to the community, for they did not wish to lose the garden. They rented it to him for thirty years, and he replanted it with many different kinds of seeds and many trees bearing goodly fruit. He erected a fence around it, and gave a deed to the community stating that he had rented the garden for thirty years. After this period, the document stated, possession of the garden would revert to the community. The Burgher and his heirs would be obligated to preserve its appearance and design, including the surrounding fence and all the other improvements. The deed provided that the Burgher would also be obligated to contribute the fruits of the garden annually on *Simḥat Torah* once the trees began to bear fruit. This deed is still in

34 The restrictions upon Jewish merchants in the city, and Jewish women in the marketplace are mentioned in the municipal ordinance of 1557. See G. Wolf, *ibid.*, pp. 42–43. Juspa demonstrates a knowledge of communal ordinances and warns his readers to obey them. Refer, for example, to the ordinance of 1542, in M. HaLevi Hurwitz, *Sefer Rabanei Frankfurt*, Jerusalem 1972, p. 314 and note 28.

the possession of the community for display (Oxford ms., margin p. 50a and Worms ms., p. 95).

Referring to the coronation of the Hapsburg Kaiser, Leopold I (1658–1705), Juspa expresses beneficence by blessing the young Kaiser with divinely granted length of years. Juspa makes no reference to this Kaiser's oppression of the Jews of his kingdom, including the Jews of Worms. In 1670, Leopold expelled the Jews of Vienna and permitted them to return only five years later, under favorable conditions. Leopold's imposition of special taxation during the war between Turkey and Austria added to these difficulties. Nevertheless, Juspa empathized with Leopold's plight during the Turkish invasion in 1664.

> Kaiser Leopold I (1658–1705) had his coronation on Thursday, 2 Av 5418 [August 1, 1658] in Frankfurt-am-Main at the age of eighteen. May God prolong his day in peace upon his throne, and may his glory and honor be elevated. May God cause the Children of Israel to find favor in the Kaiser's eyes so that he shall bestow his famed beneficence upon us. Just as he is known to be merciful, so may his mercies toward us increase, Amen (Oxford ms., p. 115).

> In the year 5424, a great war raged between the Kaiser and the Turks. During the war the Turks captured the city of Neustadt from the Kaiser as well as a portion of Hungarian territory. Certain Jew-hating gentiles slandered the Jews by claiming that we rejoiced in the victory of the Turks' unmentionable ways. They frightened us dreadfully, so that the congregation did not permit the *Shammash* to kindle the customary fire (for *Simhat Torah*). However, they permitted the kindling of the fire in the courtyard of the Yeshiva because they did not wish the custom to be ignored in the future. They kindled the fire in the Yeshiva courtyard only during the reading of the Torah until the congregation left the synagogue (Oxford ms., p. 48b; Worms ms., p. 97).

In examining the many customs Juspa included in his *Minhagim*, we find that his account of daily Jewish life was based not only on his own observations, but upon other sources to which he had access. Juspa spent a substantial amount of time in the Yeshivot of Fulda and Worms; nevertheless, he did not attempt to demonstrate his knowledge of Talmud and rabbinic literature in the *Minhagim,* a collection of customs, not original thoughts.

Generations before Juspa, rabbinical scholars in Austria and Germany
composed books of customs to explain the different traditions followed by
the Jewish communities of Central and Western Europe. Juspa no doubt was
aware of the book of customs compiled by Maharil (Jacob HaLevy Mulin)[35]
and edited by his disciple Zalman of St. Goar (Zalman Schutigvera). Juspa
must also have been familiar with the works of 15th-century scholars such as
Rabbi Shalom of Vienna, Abraham Klausner, and their student Isaac of
Tirno, who compiled a *Minhagim* book. It may also be assumed that Juspa
was thoroughly acquainted with and influenced by the work of Liwa
Kirchheim, who lived in Worms and died ten years after Juspa settled there.[36]

Moreover, the ancient traditions Juspa records did not originate in Worms,
but rather were brought there by various waves of Jewish immigration to the
region. Nevertheless, he does attempt to determine the source of the liturgical
poems recited before the formal prayers. He concludes, perhaps wishfully,
that Worms adapted some of the liturgy directly from the Holy Land by the
first Jewish settlers of Worms (and also interprets this as an indication that
the original settlers arrived in Worms during that era). As an example Juspa
mentions the custom in Worms not to recite the liturgical poem "Adon Olam"
in the morning prayer, but only on the eve of "Yom Kippur." But, Juspa
resolves this as follows:

> Concerning the explanation I heard for not reciting "Adon Olam" here
> in the sacred community [Worms] — there are two reasons. First,
> according to tradition, the community was founded after the
> destruction of the Temple.[37] The founding members adopted the
> customs prevalent in the Temple where morning prayers began with
> *Baruḥ ata,* etc. and not "Adon Olam." Additionally, "Adon Olam" was
> composed several years after the settlement of our community... and
> the members of the Wormesian community did not want to change
> their customs (Worms ms., p. 217; Oxford ms., p. 10a).[38]

The question arises whether or not Juspa realized that he was grouping two
different types of information under the general heading of *minhagim*

35   See note 11 above.
36   See note 13 above.
37   See *Ma'ase Nissim*, Story no. 1.
38   Juspa was unaware that the prayer *Adon Olam* was written in Spain by Solomon Ibn
     Gabirol, a Sephardic Poet, in the 12th century and did not reach Germany at that time. See
     L. Zunz, *Die Synagogale Poesie des Mittelalters*, Berlin 1855, p. 216. The Oxford ms. omits
     the reference to the Temple; the Worms ms. gives a fuller account.

(customs). In fact, only a portion of the recorded traditions falls into the category of customs with *halachic* status. The majority of the book deals with events that occurred in Worms during Juspa's day as well as during previous eras. Many of the traditions that Juspa presents as customs were actually contemporary mores of daily Jewish life. However, even these seemingly mundane matters were viewed by the community as hallowed traditions. In Juspa's introduction and in the organization of his book, we find no attempt to separate the two categories. Perhaps this hazy line between law and custom is a reflection of the reverence and affection with which Ashkenazi communities of the Middle Ages transmitted their ancient legacy. Thus, we cannot be certain as to which specific customs Juspa refers in his introduction, whether to those with a *halachic* basis, or to contemporary ordinances that had been enacted by the ancient Jewish communities in Germany and Austria.

Curiously, German rabbis of the late 17th and early 18th centuries do not refer to Juspa's *Minhagim* when they mention the customs of Worms, but rather to some tracts of Customs of the community of Worms.

Rabbi Jair Ḥaim Bacharach, a contemporary of Juspa's, in his book *Mekor Ḥaim* (no. 406) alludes to *Minhagim* of Worms, but does not specify Juspa's name. Even Jair's father, R. Samson Bacharach, who knew Juspa well, mentions him only once in his book, *Ḥut-haShani* (res. 73), in relation to his duties as *Shammash* of Worms. Moreover, Rabbi David Oppenheim, a renowned scholar and a writer of rabbinical books, born in Worms in 1664, had in his library a manuscript of Juspa's *Minhagim*, but does not refer to Juspa in his works. Rabbi Jacob Reischer, R. David Oppenheim's brother-in-law, who served as Rabbi of Worms in 1715–16, mentions the *Minhagim* of Worms in his Res. *Shevut-Ya'akov*, vol 2, no. 128, and does not ascribe the *Minhagim* to Juspa. From the above, we can conclude that Juspa's *Minhagim* was not an important book during the 17th and 18th centuries.

Two manuscripts of Juspa's *Minhagim* of Worms are extant: one at Oxford's Bodleian Library, sold by the heirs of R. David Oppenheim.[39] The second original manuscript, maintained by Worms' Jewish community until 1939, was entrusted to the care of Worms' last rabbi, Jacob ben Israel Frank, who carried it with him to the United States. Rabbi Frank presented the

---

39   A. Neubauer, *Catalogue of the Hebrew Manuscripts in the Bodleian Library,* Oxford 1886, no. Opp. 751. Throughout this work I have cited this ms. as the Oxford ms. Though this ms. is damaged, it is legible. It is written on white paper, folded octavo, consists of 114 pp., and measures 13.1 by 21.9 cm. It is in a 17th–century Ashkenazic hand.

manuscript to the city council of Worms in 1972; however, as the Jewish community of Worms was not reestablished after World War II, the manuscript was transferred to the community of Mainz. 1980 brought the completion of the Raschi-Haus, a building constructed by the Worms city council, with the support of the West German government, to house artifacts of the Wormesian Jewish community of the pre-Nazi period. The heads of the Mainz Jewish Community returned the manuscript to Worms, and it is now in the safekeeping of the Rashi-Haus.[40]

In his article,[41] *Die Wormser Minhagbücher*, Abraham Epstein claims that he possesses a third manuscript of Juspa's *Sefer Minhagim*, one in Juspa's handwriting, that he purchased in the spring of 1899 at an auction of the Lehren family library in Amsterdam. Epstein claims that the manuscript in his possession is the most complete of the three. As noted above, Epstein had accessed the Worms ms. when he went to complete the missing ten pages.[42] The only portions of the Oxford ms. Epstein ever saw were either fragments sent to him by A. Neubauer of Oxford or the excerpts found in M. Güdemann's book.[43]

Upon Epstein's death in 1918, his library holdings (including Juspa's *Minhagim* ms.) were acquired by the library of the Vienna Jewish community. As this library was destroyed during the Second World War, we have no information concerning the whereabouts of this third version of Juspa's *Minhagim*. After World War II, the Schocken Library of Jerusalem came into the possession of a photographic version of Juspa's *Minhagim*. Included is a statement by the Lehren family attesting to the ownership of the ms. It is doubtful that the manuscript to which Epstein referred is the original of the Schocken photocopy. Had the Schocken version been in Epstein's hands, he, as a manuscript collector and renowned Jewish medieval scholar, would not have been mistaken by the obvious handwriting difference between his ms. and the Wormesian version. In consideration of the internal palaeographic

---

40   I wish to express my thanks to Mr. F. Reuter, Archivdirector of the Rashi-Haus in Worms, for providing important information and for his willing assistance in obtaining the xerox copy of the Worms version of the *Minhagim*.

41   See Epstein, note 12.

42   In the Worms ms. the first ten pages are missing and were reconstructed by Abraham Epstein in November, 1900. The ms. consists of 229 pages of off–white paper, folded octavo, measuring 9.4 by 17 cm.

43   M. Güdemann, *Quellenschriften zur Geschichte des Unterrichts und der Erziehung bei dem deutschen Juden*, Berlin 1889, pp. 218–223.

evidence, and the scholarly position Epstein maintained, it is therefore reasonable to state that the Schocken ms. cannot be a copy of Juspa's original third ms. mentioned by Epstein; in addition, to posit that an unknown scribe somehow had access to the three original mss. and composed a fourth *Minhagim* book is not unreasonable. In support of this, it should be noted that Juspa's margin notes were incorporated into the text of the Schocken Library ms. photocopy. It has been suggested that the Schocken photocopy represents a copy of a ms. by Juspa's son, Eliezer Liebermann, who used his father's *Minhagim* as exemplar. When Eliezer Liebermann printed his father's *Ma'ase Nissim* in Amsterdam in 1696, he mentioned with pride that he was the son of Juspa Shammash. When he published the book, he publicized himself and his father by asking the approval of the rabbis of Amsterdam, who praised him. There is no doubt, however, that if Eliezer did the compilation of his father's *Minhagim* (the supposed Schocken photocopy) he would have mentioned this fact in his work.[44]

Epstein's mentioning that he acquired his copy from the Lehren family, and the statement on the opening page of the Schocken photocopy that the original *Minhagim* was owned by Abraham Lehren is the only linkage between these two mss. as the same book. While this connection is very curious, it does not represent proof of the original nature of this ms.

The dates of Juspa's two manuscripts are unknown. In the Worms version, however, Juspa mentions on p. 174a that in 1648, when he was a young man, he wrote an elaborate version of the *Minhagim*. We assume that this relates to the Oxford ms., although we are not sure when this ms. was completed. Adolf Neubauer's opinion (see Epstein, *Bacharach*, etc., p. xxii) was that Juspa wrote the entire Oxford ms. in 1648; however, Juspa may have appended portions as late as 1676. (See Oxford ms., p. 39.)

The date of the Worms ms. is unclear. Yet, according to the evidence above, it must have been started after 1648. As to its completion, we found that the latest date, 1676, also appears in the margin of the Worms ms. on pp. 59 and 68. It is also likely that Juspa intermittently worked on both mss. until two years before his death in 1678.

This work is based upon the Oxford ms. version, a facsimile of which is included in this book. The Worms version was used only to clarify certain ambiguities in the Oxford ms.

---

44   See I. Zimmer, *Sinai*, vol. 66, no. 1–2 (1980), pp. 14–19.

PART TWO

SEFER MA'ASE NISSIM

The Book of Wonder Stories

INTRODUCTION

The title *Ma'ase Nissim*[1] aptly describes its contents. The anthology, written by Juspa Shammash in Judeo-German, contains wondrous stories of various miracles in addition to historical accounts of incidents occurring in Worms at various periods of its history. The stories, whose heroes use witchcraft or are involved with evil spirits and demons, are replete with overtones from folklore and legends that were popular in ancient Worms, in addition to using the city of Worms and the surrounding area for their location.

Printed in Amsterdam in 1696, *Ma'ase Nissim* was known well before the *Minhagim*. Many editions were circulated throughout Germany and Holland, and probably reached the Jews of eastern Europe as well.[2] The work was influenced by many well-known Yiddish books, and in fact was brought to light by scholars of Yiddish literature, three of whom recognized the literary value of *Ma'ase Nissim*:

(1) In his monumental work on the history of Yiddish literature,[3] Israel Cinberg cites excerpts from *Ma'ase Nissim*. Although his main concern is an

---

1   *Ma'ase Nissim* was printed nine times between 1696 and 1788. For this work I have used the Fourth edition, 1767. See J.A. Ben-Jacob, *Otzar Hasefarim*, Vilna 1880, p. 356.

2   An interesting source is to be found in an article by R. Wischnitzer, "Kishutei Beit Haknesset B'Mohilev al Nehar Dnieper," *He'avar* [Hebrew], 15 (1957). pp. 251–253. The article analyzes the artisitic decorations of the synagogue in Mohilev on the Dnieper in White Russia (a wooden structure destroyed by Russian rioters). The decorations were designed in 1740 by the famous artist, Ḥaim ben Isaac Segal of Slutzk. In the domed ceiling, Segal painted a high tower surrounded by turrets, with the name "Worms" inscribed on the tower. The spelling of the name was similar to a variant found in *Ma'ase Nissim*. Segal probably knew of Juspa's anthology, for he used motifs in two of the collected stories (1, 15) relating to the early Jewish settlement of Worms and the origin of the city's name. The city is shown in the painting as cursed and isolated, for it had been captured by the Dragon (the monster *Lint Wurm*). A boat represents Ezra's summons to the Jews of Worms to return to their homeland, the Land of Israel. See also R. Wischnitzer, *The Architecture of the European Synagogue*, Philadelphia 1964, pp. 141–145.

3   Cinberg, *Di Geschichte fun der Literatur bei Yidin*, Vilna 1928–1936, vol. V, pp. 89–93, and vol. VI, pp. 226–232.

evaluation of the work's literary qualities, Cinberg discusses the realism or
lack of historical resonance in several of Juspa's stories.[4]

(2) The author Max Erik devotes several pages of his work on Yiddish
literature[5] to *Ma'ase Nissim*. Erik considers Juspa to be a talented and
imaginative provincial storyteller, perpetuating the tradition of the purveyors
of popular tales. He points out that Juspa followed the practice of disguising
well-known Christian folktales by substituting Jewish themes, and that Juspa
collected his tales without a unified intellectual goal. Erik also discusses the
question as to whether the collection was originally written in Hebrew by
Juspa and translated into Yiddish by his son, Eliezer Liebermann. In his
introduction, Liebermann describes himself as a "copyist." Erik wonders
whether the title denoted translator or scribe.

Juspa wrote *Ma'ase Nissim* for the reading pleasure of the general Jewish
public and, in my opinion, thus wrote in Judeo-German, the *lingua franca* of
Wormesian Jewry in that period. In contrast, *Sefer Haminhagim* was intended
for a more educated audience, an audience that understood Hebrew.
Nevertheless, the *Minhagim* also contains Judeo–German words and
phrases, especially those popularly expressed in this language.

(3) In his work on folklore and traditional legends, Jacob Maitlis cites the
stories in *Ma'ase Nissim* in a discussion of their shared motifs and borrowed
themes.[6] He credits *Ma'ase Nissim* with assisting in the development of a
different type of folklore presentation. Maitlis sees Juspa's work as involving
themes of basic human nobility, not simply wondrous accounts of witchcraft
and demons.

When we come to examine the contents of *Ma'ase Nissim* we observe that
Juspa focused on three subjects: the history of Wormesian Jewry; the general
history of Worms; and fictive narratives for general enjoyment. The stories
that follow have been entered in the sequence in which Juspa originally
presented them. Some of the shorter stories, and those that have been
recorded in other works, have not been included in this edition. Juspa's story
contains some autobiographical notes of his youth in Fulda, mentioning that
as a student in the Fulda Yeshiva he learned that the Jews had settled in
Worms at the end of the First Commonwealth. This information is also

---

4   Cinberg also mentions *Sefer Haminhagim*. However, his comments are restricted to the
     excerpts selected by M. Güdemann (see *Minhagim* note 43) and the article by Abraham
     Epstein.
5   M. Erik, *Di Geshichte fun der Yidishe Literatur*, Warsaw 1928, pp. 56–65.
6   J. Maitlis, *Di Shvaḥim fun R. Shmuel un R. Juda Ḥasid*, London 1961, pp. 77–78.

offered in the *Minhagim*. Rabbi Gedalia Ibn-Jichje's work *Shalshelet haKabala* offers legends and fantasies prevalent in the Middle Ages, and serves as source material for stories 8 and 17. [See *Shalshelet haKabala* (Jerusalem 1962), pp. 112, 123.] Juspa offers a ridiculing narration of a poorer member of his community in story no. 20. This man, who was of a lower class, did not pay his taxes, and the *Parnasim* believed the man should therefore leave the community. Story no. 19 describes some of the magical works of a Kabbalist who lived in Worms. Examples similar to this are contained in this text. Story no. 12 is historical, and discusses the partial demolition of a cemetery wall in 1661, so that the stones could be used for repairs of city buildings. In 1662, the city governor demanded the demolition of the remaining section of the wall. The inscription: "A man dieth for his sins" (Deuteronomy 24:16), was discovered on one of the stones. Juspa concludes that in earlier times, Jewish leaders had the authority to enact capital punishment. He also notes that at the edge of the cemetery was the "stoning ground," an area he was shown upon his arrival in 1623.[7] As to story no. 23, it is the relating of the Edict of the First Crusade, written in Hebrew by R'Eliezar bar Nathan. (Juspa abridged and translated it into Judeo-German.) The English text of Story no. 24 can be read in my book, *The Jews and the Crusaders* (Madison: UWP 1977), pp. 79–91.

Readers interested in the origins of the Jewish community of Worms are directed to stories 2, 10, and 15. Story 2 concerns the long relationship of the Dalbourg family with the community of Worms and the Holy Land; Story 10 describes the origin of a communal fast and its origin in the tale of a wondrous goose and evil decrees during the Black Plague. The origin of the city's name is offered in story 15 and involves another legendary beast, this time a huge, fire-breathing serpent. In keeping with his magical motifs, Juspa's stories 6 and 7 are based on Kabbalistic events. Story 6 is an account

---

7 From Juspa's story we may derive that in ancient times, the Worms Jewish Court had the right to pronounce a capital sentence. It is questionable whether Juspa knew of the Talmudic writing (*B. Sanhedrin*, p. 41A) of forty years before the destruction of the Second Temple, noting that the Sanhedrin were exiled (by the Romans) and ceased to apply capital punishment. The abolishment of the death sentence applied also to Jewish law in the diaspora. It is also possible that Juspa hinted that the Jews of Worms arrived prior to the disbarment of the Sanhedrin. Thus, the abolishment of the death sentence did not apply to the Jewish Court of Worms. On capital punishment in the Jewish Court in the Holy Land and the diaspora, see M. Schloessinger, *The Ritual of Eldad Ha-Dani*, New York 1908, pp. 112–113. Also cf. S. Assaf, *Ha-onshin Acharai Chatimath HaTalmud*, Jerusalem 1922, p. 59.

of Rabbi Elazar, one of the most revered men in Wormesian history; story 7 describes the arrival of the Rokeach in Spain and his efforts in ridding the community of its oppressive governor and also teaching the Ramban Kabbalah. Fantasy and eroticism combine in the rehearsing of a tale centered on Queen Sheba (no. 21), and the mystical allure of a traveling student, one who seduces an only daughter of Worms (no. 22). A different student and a different daughter of Worms are players in story no. 4, wherein a mandrake root serves as a powerful charm employed in the seduction of the young woman.

Accounts of the Black Plague, persecution, and expulsions from Worms are contained in stories 3, 5, 9, 16, 18 and 23. Story 3, "Two Unknown Persons," explains the reasons for two lighted candles in the synagogue in commemoration of two strangers who gave their lives to protect the community from a death decree. Story 5 relates violent acts by the son of the Mayor of Worms and his subsequent reversal of position. Story 9 is the retelling of how the Jews of Worms overcame their attempted expulsion in 1614. Blood libel is the basis for the plots of stories 16 and 18. In 16, a gentile, believing the Jews needed blood for the baking of *matzot*, attempts to sell his young son to a Jewish baker. With the aid of the *Parnasim*, the gentile is caught and punished by the civic authorities. Story 18 is an account of mistaken identity and deception centering on a blood libel charge by a wicked midwife of Worms. In both 16 and 18, Juspa describes an amicable relationship between the local government of Worms and the Jewish community. Story 23 is a brief tale of the mysterious disappearance of a newly married couple and their unfortunate demise at the bottom of a barrel. The barrel is the device used in the abduction of a Jewish money-changer in story 11. The money-changer, duped into a fraud by two unscrupulous tradesmen in Worms, is kidnapped, abandoned, and finally rescued by the local authorities.

Story 25, which focuses on general Wormesian history, is not included here. It was added to *Ma'ase Nissim* by Juspa's son, Eliezer Liebermann, who published the first edition of the book in 1696, and discusses the devastation of Worms during the Franco-German War of 1688–1689. This presentation, in the original sequence, allows the reader to gain a fuller understanding of Juspa's diverse talents as a chronicler of historical information and a teller of tales.

Readers who desire more information concerning these stories are directed to the notes of the Hebrew section of the *Ma'ase Nissim*.

Story No. 1
Why many bad edicts came upon Warmaisa in the past and what their sin was to deserve them

I, Juspa Shammash, when I was a young man and studied at the Yeshiva of Fulda, the renowned R' Pinchas Segal served there as rabbi. Previously, he was a judge at the Appeals Court in Prague, and from there he came to Fulda. In his old age, after serving many years as a rabbi, he returned to his old position in Prague. He was an esteemed scholar, an erudite man of rabbinical literature, and also knew the whole Talmud by heart. Upon his death, the whole Jewish community of Prague mourned him for thirty days.

In the year 5380 [1620] R' Pinchas was still in Fulda, and I (Juspa) was his pupil. At this time scholars of the Yeshiva gathered to discuss historical events that had occurred in the ancient communities of Germany. During this meeting R' Pinchas said the following:

> I have heard from our teacher, Rabbi [Joshua] Falk (may he rest in peace), who wrote the book, *Sefer Meirath Enayim*, the reason why bad edicts came upon the Jews in Worms more than any other Jewish community of Germany. He said, "As is known, Jews came to Worms at the time of the destruction of the First Temple [586 BCE]. After seventy years* had passed, the Jews were redeemed and resettled in Jerusalem and throughout the Holy Land. The Jews of Worms, however, did not return. When the community in Jerusalem wrote to them, requesting them to return and settle in the Holy Land, so that they, too, might participate in the festive pilgrimages to Jerusalem, they responded: 'You live in the great Jerusalem and we live in the lesser Jerusalem,' for they had become important in the eyes of the authorities of Worms, were well liked by the Gentiles, and were wealthy. For these reasons they did not return from the Diaspora, and were visited by harsh persecution, and other communites were punished because of Worms." All this I heard from my teacher, R' Falk.

---

* The date of the actual completion of the Second Temple was between 538 and 515 BCE.

Story No. 2

"Ma'ase fun Dalburger" traces the connection of the House of Dalbourg [or
Dalberg] with the Jews of Worms. Juspa begins the story with his arrival in
Worms in 1623, when he heard from the Rabbi, Elia the Elder (also known as
Elia Ba'al Shem), that the family of Dalbourg settled the first Jews in Worms
at the end of the First Commonwealth. The story thus stresses that the Jews
were brought directly from the Land of Israel to Worms at an early date. By
recording this fact, Juspa casts light upon the relationship of the Jews of
Worms with their neighboring gentiles, who acknowledged that the ancestors
of these Jews could not have participated in the alleged crucifixion of Jesus
(although Juspa does not state this explicitly). The incident as related by
Rabbi Elia appeared plausible, and, because of his faith in his teacher, Juspa
did not pursue the matter further.

> In Worms there lived a distinguished and official family of noblemen
> named Dalbourg. One of these noblemen had a handsome and worldly
> son who desired to travel throughout many lands and learn their
> languages. Included in the languages he wished to study was the
> Ishmaelitic language. He wandered throughout many countries until
> he reached Jerusalem in the Land of Israel. Before he was able to learn
> the local tongue, however, he exhausted his supply of money and
> contracted a fatal disease. He had no place to lodge, and he lay in the
> street and cried out: "Know who I am and who is my father! Do not
> make me suffer by lying in the street, for my father is a distinguished
> man. I am a member of the renowned Dalbourg family. My father is
> the wealthy ruler of an important province. He who helps me will be
> rewarded manifold...". His cries went unheeded, for no one understood
> his words in German. In Jerusalem, Ishmaelitic was the prevalent
> language.
>
> A Jew who understood German passed by as the nobleman lay on the
> ground. This Jew understood his words and immediately fetched a
> doctor to treat him. He took the nobleman to his house and paid the
> doctor's fee. He even gave the young man money, for he believed his
> words. The youth remained in the house of the Jew until he had
> recovered and learned Ishmaelitic. Young Dalbourg wrote his father
> about the kindness the Jerusalem Jew had extended to him. Without
> this Jew's care, he wrote, he would have died of starvation and the

illness he had contracted. His father rejoiced over the kindness of the Jew to his son and sent a great sum of money. The son repaid the Jew with manifold reciprocity.

When the father died, his son succeeded him in his distinguished position. He recorded the events that had befallen him in the chronicles of the House of Dalbourg so that descendants would know the story. (Families of nobles and officials were accustomed to record events that befell them.) The nobleman also wrote that his descendants should treat the Jews well, for the Jerusalem Jew had saved his life. This story remains in the archives of the House of Dalbourg until this very day.

As a result of this incident, a custom developed in Worms that two servants of the House of Dalbourg served as pall-bearers at every funeral. This custom is still practiced today. Similarly, at weddings, two servants bearing poles accompany the bride and groom from their house to the wedding canopy. They also escort them to their house after the wedding ceremony.

Juspa continues his story by relating how a member of the noble Dalbourg family settled the Jews in Worms.[8] Juspa's source for this second section was also Rabbi Elia Ba'al Shem.

---

8   Juspa began to recount the story of the arrival of the Jews in Worms as about the time of the destruction of the First Temple, and of the assistance of the Dalbourg family. His account concerning the House of Dalbourg is chronologically ambiguous. In the first part of the story, the young man came to the Land of Israel to study Ishmaelitic; however, the end of the First Commonwealth was not a time when Israel was under the domination of the Arabs and Turks. Juspa's description does not fit with historical reality. The second section of the story, which includes a description of the first Jewish settlement in Worms, is not clear as to when that settlement took place. Juspa claims that a son of the Nobleman of Dalbourg, in the first section, participated in a siege of Jerusalem. Here too there are no details as to the time of the siege. The time span does not fit that of either the Jewish revolt against the Romans (66–70 A.D.) or the Crusades during the Middle Ages. (In these events German soldiers participated in battles of the Holy Land.) This would be contrary to Juspa's belief that the Jews of Worms arrived at the time of the destruction of the First Commonwealth (586 B.C.). The incident that Juspa cites as proof, that the Wormesian Jews came at the destruction of the First Temple, resembles a different legend in which a Jew named Kalonymus saved the life of King Carl the Bald. As a reward, the king relocated the Jew's family to Germany and settled them in one of the cities of the Rhine region. It is also possible that Juspa heard the factual account of the privileges granted by Bishop Rüdiger of Speyer in 1084, those granting the Jews permission to establish themselves permanently in his city. Rüdiger also acknowledged the Jews as a legitimate and viable

Once, a foreign nation besieged Jerusalem and conquered the city.
Many Jews were killed, and a number were taken captive. A nobleman
of the Dalbourg family who was then leading the troops was among the
captors. Recalling the directive of his father to deal kindly with the
Jews, he brought them to his city (Worms) and granted them land on
which to settle. Enemies of the Jews arose to do them harm, but the
nobleman armed his servants with clubs and sent them to protect the
Jews. The members of the Dalbourg family continued this tradition
until Worms was burned down [in 1689].[9] The servants of the Dalbourg
family also continued to lead the wedding processions. Similarly, they
continued to accompany funeral processions to burial.

The relationship of the noble Dalbourg family to the Jews and the protection
of the Jews by the family's servants are mentioned in Wormesian archives.
Two reasons may be offered for this positive relationship which lasted until
the time of the French Revolution: (1) The Dalbourg family maintained
influence and power in Worms. Perhaps the friendship of the Jews was
beneficial to their own aims; (2) The Jews undoubtedly paid taxes and
submitted gifts to the noblemen in exchange for their friendly attitude.

Story No. 3

"Two Unknown Persons" occurred in Worms. The account also appears
both in Juspa's *Minhagim* and in Liwa Kirchheim's *Custom Book*. The
story's historical reliability is supported by the custom observed up to the last
years of the existence of the Wormesian Jewish community, that of kindling
two candles in the synagogue in memory of two strangers who gave their lives
to save the Jews of Worms from death at the hands of a gentile mob. False
accusations, such as the one recorded below, were the unhappy legacy of
German Jewry.

> Divine mercies are boundless: a miracle was performed in Worms
> through two visitors.

community in all matters. Furthermore, Juspa was probably aware of the documented
privileges granted by Henry IV to the Jews of Speyer (and according to some opinions, to
all Jewry). See S. Baron, *A Social and Religious History of the Jews*, New York 1957, vol.
IV, pp. 64–75. Juspa combined these facts with popular tales of medieval Germany to
create his own story.

9   This sentence was added by Eliezer Liebermann when he was bringing *Ma'ase Nissim* to
     print, after his father's death in 1678.

Once, Christians were passing through the Jewish section, carrying their crosses aloft. Unaware of the procession, a Jew cast his refuse water out of the window, and it landed on the cross. The Christians immediately accused the Jews of intentionally perpetrating the act, and the community was placed in great peril. The incident occurred before Passover, and the Christians decreed that if the man [who cast the refuse water] did not confess, all the local Jews would be put to death. Nevertheless, they promised not to harm the Jews if the "guilty" party would confess before the seventh day of Passover. The man, however, did not wish to admit to the "crime." On the morning of the seventh day of Passover, the gentiles, armed with swords, banded together to seek revenge against the Jews. The Jews were in grave danger. On the morning of the seventh day of Passover, the *Shammash* summoned everyone to prayer. Upon opening the gate of the Jewish section, he discovered two visitors standing before him.

"Who are you?" inquired the *Shammash*. "Why have you come here today, on the Festival? What is it that you are seeking? Because of our sins, an evil decree has been issued against our community: We are condemned to be slaughtered at the conclusion of the Festival."

The two visitors replied: "We surely know all this, and therefore we have come to nullify this evil decree. We shall stand in the town square and address the gentiles as follows: 'Dear Burghers, dear lords — do not indict the Jews, for they are guiltless. No man from the Jewish section emptied his refuse water upon the cross. Both of us were present at the incident and it is we who perpetrated this act! Therefore, we have come to prevent you from spilling innocent blood. If you intend to condemn to death the individuals who cast the container of refuse water on the cross, the two of us are guilty."

Before they had concluded their words to the Burghers, they were put to death by excruciating torture. The evil decree, therefore, was nullified, and no Jew was harmed. From that time forth, memorial prayers were recited on the seventh day of Passover for the souls of the two visitors, but their identities remain unknown. Possibly, they were two angels in human form sent by God to abolish the evil decree.[10]

10 See also S. Eidelberg, "A Historical Ballad by Saul Tchernichovski," *Bitzaron*, 25 (1963), pp. 115–116, and *Bitzaron* 27 (1966), pp. 197–199. The famous Hebrew poet was

Accusations such as these were levied during the Middle Ages, as were blood libels. We may infer from this account and the one given by Liwa that the story occurred many years before the beginning of the 17th century. No date is mentioned in the *Minhagim*.

Story No. 4

An irresponsible fellow who defiled a Jewish girl, an only daughter of Worms

There was a *Parnas*, a very rich and pious man, who had a daughter, as beautiful and chaste as could be found. They lived in the house "Zur Sonne." One day he went to a tailor and ordered a beautiful cloak for his only daughter. A lustful, idle young man came to the house of the tailor, saw the cloak, and asked to whom it belonged.

"This belongs to the beautiful Jewess from the house 'Zur Sonne'," the tailor answered.

"Take this mandrake plant," said the idle fellow. "Sew it into the cloak in such a way that it is hidden and no one will notice it." The tailor refused. "What do you care," said the young man. "I will give you a valuable Reichs Taler."

The tailor accepted the bribe and sewed the mandrake into the cloak. The mandrake had a magical power: Whoever donned the cloak would fall madly in love with the idle fellow.

The maiden went to a dance dressed in the cloak. The idle fellow came to look in on the dance. When the maiden saw him she ran to him, fell

undoubtedly influenced by Juspa's legendary/historical *Ma'ase Nissim* which he probably read during the time he was studying medicine at the University of Heidelberg. Cf. also N.H. Imber, *Treasures of Two Worlds*, Los Angeles 1910, pp. 145–146.

11   Among Juspa's wonder stories there are three of an erotic nature: nos. 4, 21, and 22. Although they are related in a most naive and folkloristic manner and involve magic, there is no doubt that the cores of the stories are true events. Juspa could not admit that a Jewish woman or man would willingly agree to have a romantic or sexual relationship with a gentile. The stories, therefore, are wrapped in a mantle of magical fantasy. The three stories incorporate sorcerers and magicians with vague pasts and unclear motivations, all involve Juspa's community, and are based in a time when magic was accepted as a substantial possibility. While not every story has a happy ending, each one certainly has a moral and closes with a blessing by Juspa.

on his neck and pleaded with him to dance with her. The young man refused and pushed her away saying, "I do not wish to dance with you."

The people who witnessed this were astonished. They knew her as a chaste young lady. Such behavior was shocking, and even more so with a villainous gentile. Nevertheless, the magical power was so strong she could not resist it.

She followed the fellow from the dance hall to his home near the gate to the Rhine River. He told her to go away, or else he would beat her. She answered, "I can't stay away from you because of my love for you."

He pushed her into his house and said, "If you really love me, go to your father's money chest and take some hundreds of Reichs Taler. Your father has enough money. When you bring me the money, I will keep you with me."

She returned to "Zur Sonne," and on the Holy Sabbath broke into her father's chest and stole three hundred Reichs Taler. The maiden returned to the home of the idle fellow with the money and wearing the beautiful cloak. He took the money, lay with her, and defiled her. When the maiden removed her cloak, however, she did not feel any love for the idle fellow. She wept and cried out, regretting her misdeeds. She was ashamed of stealing three hundred Reichs Taler from her father and violating the Sabbath.

The idle fellow said to her, "If you continue to grieve, I don't want you any longer. Go home to 'Zur Sonne'."

She stood up and put her cloak on, wanting to return home, but as soon as she put the cloak back on she felt the magical power and soon became enamored with the idle young man once again. She did not wish to depart and remained with him. After three days had passed in this manner, she reconsidered what she had done. She realized that some sorcery was at work, for once the cloak was removed she had no feeling for the young man. In fact, she began to hate him. She felt more and more sorrow concerning her misdeeds. That night, while the idle fellow was asleep, she arose from his bed, left her cloak, and escaped to her father's house.

"Dear father," she called, "open the door and let me into the house."

He did not wish to say it outright, but thought it all the same: "You are a whore. You had the idle fellow. You stole my money and desecrated the Sabbath. I don't want to have such a daughter. You can't ask forgiveness for the suffering you have caused your father and mother."

She continued to beg her father and said, "It is not my fault that I did what I did. Let me come inside and tell you what happened to me. Think, father, that I am naked in the middle of the night."

"There must be a reason for all this." The father opened the door for his daughter. She continued crying out and weeping. She grieved so that she tore the hair from her own head. Then she said, "Call the rabbi and the *Parnasim* and all the community to come to listen to what has happened to me and understand that I am not guilty of my actions."

The father went out and called the neighbors, relatives, and all the good people of the community. The girl told them what had happened was all because of the magical power in the new cloak. "As soon as I was clad in the magical cloak, I was ready to sacrifice my life for him, I would gladly let him devour me. As soon as I took off the cloak, I felt a great animosity towards him. In fact, I would kill the idle fellow if I could."

The people who listened to the maiden had mercy on her and on her father and mother, who were suffering greatly. The father succeeded in having the tailor arrested, and when the idle fellow learned of the tailor's imprisonment, he ran away from the city. The tailor told his story: "The idle fellow brought me the mandrake and ordered me to sew it into the girl's cloak. I refused, but after he gave me the Reichs Taler I was enticed to do it. I put the mandrake into the cloak. I did not know his intentions; had I known, I would have refused." The authorities fined the tailor and expelled him from the city of Worms.

The girl fully repented and returned to being a chaste woman, but her life was full of sorrow for the evil sins she had committed. Also, her parents suffered all their lives. In the end, she married an impoverished young man and subsequently both became wealthy and pious. God should prevent having similar suffering until the messiah comes and redeems us.

Story No. 5

Concerning the town mayor and his son

There lived in Worms a mayor who was beneficent to both Jews and gentiles. This mayor had a son who studied in a [theological] school, in accordance with the custom. Whenever [this son] encountered Jews on his way to school and upon his return, he would throw stones at them and shout derogatory names, such as "dog." He would also spread evil tales among the other students.

One [Jewish] homeowner was acquainted with the mayor. This Jew once encountered the mayor and said, "You are an important, God-fearing individual, and your reputation with all of the townspeople is good. However, I fear that your good reputation is becoming somewhat tarnished because of your son's *manier*..." [And so he told him all of the son's mischievous pranks.] The mayor was astounded, for he did not know about the wickedness [that his son was perpetrating against the Jews of his city.] When the Jew saw the mayor's consternation, he apologized and said, "I am not complaining against your son, and I have no desire that you punish him. He did not harm me personally, for he knows well that you are my friend. I [merely] reported the matter for the sake of your honor."

The mayor answered by saying, "I know that you have informed me [of my son's deeds] for my own benefit. I swear that I will someday repay your kindness. However, I will chastise my son to abandon such acts."

When the son returned from school, his father told him that the Jews had complained about his jibes and his relentless insults and stone-throwing. The father requested him to abandon [these deeds] for he was embarrassed to have his son torment and degrade those who had never wronged him. In a pleasant tone, [the mayor] continued to rebuke his son. Nevertheless, the boy did not leave his evil path, but rather continued to persecute the Jews. The mayor was angered, and he reported his son's embarrassing deeds to the school master. The father informed the school master of his plan: In the morning, before the son left for school, the father would give him a bundle of red straps (*nestil*) to be delivered as a present to the school master. After the son had delivered the bundle, the school master should command him to remain after the classes and to come to his chamber, as he wanted to speak to him. Once [the boy] was alone with him in the room, the school master should remove the boy's pants and beat him with the straps until his blood flowed. He should also tell the son that his father had ordained this punishment because he was tormenting the Jews and embarrassing his father with his mischief. [The school master should also tell him that] if he would not desist in his persecution of the Jews, his father would punish him even more harshly.

The school master acted in accordance with the words of the mayor. The son was enraged by the punishment he received. He told the school master that he would presently abandon his attacks on the Jews, but that he would never forget that the Jews caused him to receive these degrading lashes. He also said that once he became an adult and an important man, he would have his revenge in Jewish blood. Meanwhile, however, he would desist from stone-throwing and derogatory name-calling.

The son applied himself diligently to his studies and attained recognition as a distinctive student. One day, the students presented a very elaborate pageant of war. Over one hundred students from the school participated, and two players acted as "king" and "queen." At the head of the army marched the bearer of the beautiful flag (*faehndrich*). The "camp" also included an officer and a corporal, resembling an actual war.

The pageant was truly a spectacle, and its fame spread quickly. The mayor's son played the part of the queen. He wore a dress and a beautiful coat as befitting a queen, and he was accompanied by a large entourage. All that the "queen" commanded was done.

The "queen" said, "We will present the pageant in the Jewish street. They will certainly grace us with a substantial gift." When his plan was accepted willingly, the mayor's son summoned the flagbearer (*faehndrich*) [who marched in the lead] and said to him: "I have no intention of presenting the pageant for the enjoyment of the Jews. Rather, I am plotting to attract Jews to the presentation in order to fall upon them and kill them. We will find some pretext for the attack." The mayor's son told them what had happened to him in school a number of years earlier. He also related the insulting punishment with which the school master had afflicted him — and that everything was caused by the Jews.

At first, [the others] hesitated and did not want to participate in spilling innocent blood. However, upon [the son's] insistence, they consented on the condition that he commit the first murder. Agreeing to their condition, [the son] went to a store (*kram*) and purchased the largest, well-sharpened knife. Amid much noise and tumult, the players reached the Jewish street, grasping their spears and swords. The "queen" marched in the lead, with all the royal trappings befitting a true queen. A proclamation was issued to the Jews in the street inviting them to come and observe the pageant in Ganhibal[12] Square. The Jews who wanted to watch the play asssembled in Ganhibal, as announced. The mayor's son and his friends said. "Behold! The Jews have all congregated. Let us now extract our judgment from them!" At the moment that the son was about to draw his sword and begin the slaughter, his heart melted, and he fell ill. Repenting of the planned massacre, he recoiled from spilling innocent blood. Faintness overcame him, and he fell to the ground. When the Jews witnessed this, they hurried over to the swooning "queen" and tried to help "her." They even ran to the apothecary to fetch medicine. The Jews worriedly considered how to help the "queen" to the best of their ability — especially since he was a distinguished student and the mayor's son. When he regained his strength, he thanked the Jews, saying that he never dreamed they would be so sympathetic and so grieved by his pain. He also told them that he would remember them favorably his entire life and would always repay them with good. To his friends and his father, he related the plan to murder the Jews with the new knife that he had purchased especially for that purpose. He described to them how the Jews treated him when he felt ill, and how they came quickly to his aid. They had also honored him as though he were the Kaiser's son. He thanked the Lord for preventing him from spilling innocent blood, and [promised] to come to the aid [of the Jews] all the days of his life.

After a short while, the mayor died. His son, who was eventually

---

12   Ganhibel (community park) consists of the following two words:
Gan — Heb. garden; Hübble — Med. German small hill.

chosen as mayor, kept his promise and helped the Jews in every way possible. Behold, therefore the good men through whom the blessed Lord protects his people Israel. Let us hope that he will continue to shield us in the future, forever more.[13]

Story No. 6

Concerning Rabbi Eliezer [Elazar] ben-Juda, the author of *Sefer Rokeach*. Juspa's version of this story raises a historical question which is discussed in note 14. Juspa begins the story with biographical details concerning Rabbi Elazar and his connection to the community of Worms.

In Worms there lived a great man, learned in Torah, equalled by few others throughout the world. He composed much of the liturgical poetry recited exclusively in Worms on Festivals. His name was Rabbi Eliezer [Elazar] of Worms. Rabbi Elazar composed an important scholarly work entitled, *Sefer Rokeach*. This book has already been printed many times. It treats of the laws found in *Arbah Turim* [a legal treatise], and it also contains ethical teachings describing a man's obligations in reverence of God and Divine service. Since the work is well-known, there is no need to elaborate; readers may refer to the text for further details. Rabbi Elazar named the work *Rokeach*, corresponding to the numerical value of his name.

Rabbi Elazar's house was named *Zum Hirschen,* for a sign hanging on the door bore the insignia of a deer. The house was adjacent to the city wall. During the winter, young men would arrive at daybreak every morning to study for two or three hours. On Thursdays, these disciples would come even before daybreak to review the weekly portion of the Torah together with Rashi's commentary. Once, a band of murderous gentile students armed with bows and arrows jumped from the wall, broke into Rabbi Elazar's house, and killed his wife and children. Hearing the screams, the Rabbi and his disciples hurried to investigate. However, when Rabbi Elazar and the young men with him attempted

---

13   The plot of this story, concerning the anti-Jewish pranks of young students on their way to and from school, is historically realistic. Furthermore, good relations existed between Wormesian Jewry and the Christian mayor who, according to Juspa, esteemed and honored the Jews of his town. He even punished his son for tormenting them. The spirit in the Jewish quarter is also reflected by the fact that some Jews did not avoid the pageant presented by Christian students in their square.

to mount the steps, one of the murderers armed with a bow and arrow blocked their path and attacked the Rabbi. Although the attempted murder failed, the gentile succeeded in wounding Rabbi Elazar's shoulder. The disciples managed to run outside and cry for help. Before reinforcements arrived, however, the gentile students escaped by way of the city wall. The men who came to the rescue found only the murdered wife and children of Rabbi Elazar. May God avenge their blood.[14]

Story No. 7

Involving the author of the *Rokeach*. This story is one of the longer tales that Juspa included in his collection for popular enjoyment. Many different topics are combined in the story's intriguing and colorful plot. Although the renowned personality Rabbi Elazar Rokeach lived in Worms, his sphere of influence reached far and wide, for the incident related in this story occurred in Spain. In his opening, Juspa again praises the author of *Rokeach*. Since the plot emphasizes Rabbi Elazar's Kabbalistic studies, Juspa begins as follows:

When a God-fearing man goes to sleep, his soul ascends Heavenward and mingles with the angels. The soul of the righteous scholar, Rabbi

---

14   If we accept Juspa's story at face value, the incident must have occurred in Worms after 1201, for the author of *Rokeach* did not arrive in Worms until that year. The version of the story found in Liwa Kirchheim's *Book of Customs* (no. 71) (See Appendix A), which differs from Juspa's account, is drawn from a supposed handwritten copy of Rabbi Elazar's manuscript. The date given is 1197, implying that the attack on Rabbi Elazar's house occurred during the Third Crusade. However, in 1196–1197, Rabbi Elazar was living in Erfurt. Crusaders did not advance upon Erfurt during the Third Crusade. Nevertheless, the Rabbi's wife and children may have been killed by rioters from Erfurt who intended to join the Third Crusade. Thus, the words *studentim rotzchim* (murderous students) may be associated with *mesumanim*, i.e., those bearing the insignia (*siman*) of the cross upon their clothing, as the Crusaders did when they began their bloody quest.

Even if we accept Liwa's version, Juspa's story is still partially accurate, since Rabbi Elazar died and was buried in Worms in 1238. Additionally, in various books, the author of *Rokeach* is referred to as "Rabbi Elazar of Worms." Since much of Elazar's life story was known in Worms, Juspa drew his information from reliable sources, and not merely from his own imagination. Hence, this account is reasonable and acceptable. Unanticipated attacks were common in Worms, and the house next to the city wall was especially vulnerable. In other stories as well, Juspa mentions wild gentile students who roamed the Jewish section. In conclusion, it is unlikely that Juspa would fabricate a portion of the plot and "relocate" the murders to Worms in order to feature his esteemed city in the story.

Elazar of Germisa [Worms], who was unequalled in his generation, certainly must have ascended to Heaven.

In Rabbi Elazar's time, a scholar named Moses bar Nachman [Ramban] lived in Spain. Although he was exclusively involved in learning Torah, the Ramban encountered several insurmountable difficulties in his studies. These difficulties could only be resolved by a Kabbalistic approach, but the Ramban was not versed in Kabbalah, Spain [did not yet have] Kabbalistic books or students of Kabbalah. Therefore, the Ramban could find no solutions for his questions.

In Heaven, a proclamation rang forth: "Who is willing to go to the Ramban and teach him Kabbalah? Who is willing to kill the governor of the Ramban's province? This governor is extremely wicked and inflicts indescribable suffering upon the Jews in his territory."

At that moment, the Rokeach's soul was in Heaven. This was the night before Passover. When his soul heard the proclamation, it said: "My God, send me to the Ramban. Perhaps he will agree to learn Kabbalah from another mortal. I will also kill the wicked governor, provided I am allowed to use the *Shaimot*.[15] Through these names I can accomplish such deeds."

The Rokeach's request was granted, and he was allowed to use the names. On the morrow, the day before Passover, he rose early and baked *matzot*. Removing the *matzot* from the oven while they were still hot, he wrapped them in a woolen covering so that they would retain their warmth. He then pronounced the holy name. A cloud appeared, and he climbed upon it. This cloud carried him on the selfsame day from Worms to the Ramban's city in Spain. When Rabbi Elazar reached his destination, the time for Afternoon Service had arrived. The Rokeach wanted to be the Ramban's guest, but he did not wish to ask directions to his house. Therefore, he went directly to the synagogue and waited beside the Ramban's seat. When the Ramban arrived at the synagogue, he saw the elderly man standing beside his seat. The Ramban inquired whether he had lodgings, and the Rokeach answered that he had just arrived and did not yet have a host. The Ramban invited him to be his guest, and the Rokeach gratefully accepted the

15   *Sheimot* — a technical Kabbalistic term for Divine and angelic names.

invitation. The Ramban asked his honored guest what business he had in the city. The Rokeach answered by requesting his host to approach the heads of the community and obtain permission for him to deliver a sermon in the synagogue. The Ramban agreed to discuss the matter with the *Parnasim*.[16]

Among the participants in the Ramban's first *seder* were also learned men who engaged in dialectical discussions about the Passover *Haggadah*. The Rokeach listened to these discussions but did not participate, for he knew the Kabbalistic interpretations of the *Haggadah*. These interpretations were holy in his eye, while the dialectical approach was too simple for him. The Ramban and his wise guests, however, mistook the Rokeach's silence for ignorance. The Ramban told the scholars that he regretted inviting such an ignoramus to his home. Had he known that the man was unlearned, he said, he would never have granted him entrance.

During the *seder*, the Rokeach ate the *matzot* he had baked for himself in Worms. These *matzot* still retained their warmth. He did not participate in the *seder* meal with the other guests, for they were not versed in Kabbalah. Kabbalisitic masters have pure and holy intentions when performing the *seder* — intentions and thoughts unknown to those not learned in Kabbalah. All of the Rokeach's deeds were performed for the sake of Heaven.

The Ramban turned to the Rokeach and said: "My honored guest, please share my *matzot* and participate in my *seder*." When the Rokeach refused, the Ramban and the other guests were convinced he was an ignoramus and a fool.

Later in the evening, the Ramban showed the Rokeach where to sleep and warned him against walking alone to the synagogue the next morning. Rather, he proposed, the Rokeach should walk together with him, because on the way to the synagogue he might inadvertently wander into the street of the marketplace. It was forbidden to enter this street because this was a market of high-quality prostitutes, and only the governor and his courtiers were permitted to pass there. The wicked governor would execute any Jew discovered in this marketplace.

16   Apparently, the *Parnasim* had more decision-making power than the local rabbi.

Therefore, the Rokeach would be inviting danger by walking to the synagogue alone.

"Do not worry," replied the Rokeach. "I will not cause you any difficulties. I know what I must do. Just do me the kindness of interceding with the *Parnasim* on my behalf so that they will grant me permission to deliver a sermon in the synagogue tomorrow evening."

The Ramban turned to his scholarly guests and said: "I do not understand why this visitor is so insistent upon being permitted to deliver a sermon tomorrow in the synagogue. Perhaps he is partially demented."

In the morning, the Rokeach rose and diligently went to the street forbidden to the Jews. He was captured, and the governor was immediately informed that an elderly Jew had been caught in the prostitutes' marketplace, and they called for his death and his immolation. The governor rejoiced over these tidings and ordered that the Jew be bound. He also commanded that a great fire be kindled in a place where the flames and the burning of the Jew would be visible to other Jews on their way to the synagogue.

When the Ramban rose, he called for his guest to accompany him to the synagogue as they had arranged the previous evening. The guest, however, was gone, for he had already been captured. When the news spread, a great fear fell upon the Jews. They could not appeal to the governor, for he was extremely wicked. He had decided to attend the immolation himself in order to witness the execution. The Jews were greatly depressed, for they feared the governor's wickedness, and they hurried to the synagogue to pray.

As they were leaving the synagogue, they saw the great bonfire that had been kindled at the governor's behest. The governor stood nearby as the Rokeach was being carried to the flames.

When the Ramban walked by, the Rokeach called out that he should not rush to recite the *kiddush*. The Rokeach wished to hear the Ramban recite the blessing.

The Ramban felt bad, for he thought the man was insane. "Behold, they are carrying him to be burned, and he tells me to wait for him, for he wished to hear the recitation of the *kiddush*. He does not understand that they are going to burn him, and the entire community will mourn over the incident!"

Nearby, the governor stood and gloated that the Jew would soon be burned on Passover. The Rokeach, however, pronounced the name of the holy angel and changed the wicked governor's facial features so that he resembled the Rokeach. The guards grabbed the governor and cast him into the fire, where he was consumed by the flames. Thus, the Rokeach fulfilled his heavenly mission to kill the governor by using holy names.

The Rokeach then returned to his lodging. He arrived just as the Ramban was reciting the blessing over the wine, and the Rokeach answered "Amen." When the startled Ramban saw his guest standing next to him, he inquired how he had come to be there — had he not been cast into the fire? The Rokeach replied: "Did I not ask you earlier to wait for me so that I could hear you recite the *kiddush*? Now I will tell you what happened while you rejoice in the Festival."

As they were speaking, they heard people shouting that the governor had disappeared as he was standing beside the fire. They had searched for him in his palace, but he could not be found.

The Ramban and the other Jews began to fear the new accusations that would be levied against them. The Rokeach told those present not to worry. "Rather, you should rejoice, for I have been sent from Heaven to execute the governor. Your suffering will now end, for the new governor will be a friend of the Jews and will treat you with benevolence. My only request is that you allow me to deliver a sermon this afternoon. In the sermon I will explain what happened to the governor, and other matters of interest."

And so they ate, drank, and rejoiced. After a meal, the Ramban spoke to the *Parnasim*. Although strangers were not usually permitted to deliver sermons, the Ramban obtained permission for the Rokeach to speak.

Following the Afternoon Service, the Rokeach rose and opened his address by explaining the Ramban's difficulties. [When his soul had been in Heaven], he had learned that these explanations were eluding the Ramban. The Ramban was greatly amazed when he heard the Rokeach's words. He rejoiced in the new explanations, proclaiming that they were dearer to him than gold, silver, and worldly pleasures. When he approached the Rokeach, the latter told him that even great Torah scholars would not be able to answer his questions unless they were master Kabbalists. The Rokeach also told him that he had studied Kabbalah in Heaven, and that he had killed the governor by using the holy names he had learned. The Rokeach informed the Ramban that in the future a friendly governor would rule, and no harm would befall the Jews.

The Rokeach continued his sermon, expounding profound interpretations and commenting upon important matters that had never been heard before.

Subsequently, many scholars accompanied the Rokeach together with the Ramban to the Ramban's house. There the Rokeach told them that he had come from Worms where he had baked *matzot*. He then summoned a cloud which carried him to Spain on the same day. All these deeds were performed through Kabbalah. During the *seder*, when the other guests had been involved in dialectical analyses of the *Haggadah*, he had understood their words, but had not wished to participate, for they did not use a Kabbalistic approach.

The Rokeach remained in Spain for approximately one month and initiated the Ramban into the study of Kabbalah. The Rokeach then returned to Worms. The Ramban wrote to scholars in the Land of Israel and in other lands, telling them to purchase books of Kabbalah. The Ramban did not receive any monetary compensation for his Kabbalisitic knowledge.

My dear readers, see how scholars and righteous men experienced miracles in days of yore. Because of our sins, our generation is undeserving [of such wonders]. In the merit [of our ancestors], may God consider us worthy of this. Amen.[17]

17   In this story Juspa emphasizes the superiority of German Jews over their Spanish counterparts in the knowledge of Kabbalah. Hence, the German Rabbi Rokeach is presented as the greatest of Kabbalists and the teacher of the Ramban. Regarding the reputation of Rabbi Elazar of Worms in Narbonne and the publicizing of the wonders he performed, see Gershom G. Scholem, "Min Kabbalot Rav Yaakov V'rav Yitzhak Bnei

Story No. 9
The expulsion from Warmaisa

In the year 5375 [5374, 1614],[18] the Burghers of Frankfurt expelled all
Jews from their city. Much could be written about this expulsion, but I
will presently describe only what occurred in Worms.

After the Burghers of Frankfurt had driven out the Jews of their city,
the Wormesian Burghers plotted to follow their example. That year
[5374],[19] on the night of Tisha B'av, hordes of gentiles assembled,

Yaakov HaCohen, *Madaei HaYahadut*, Jerusalem 1927, Book 2, pp. 163–293. (Scholem
suggests that the *Kabbalot* were written at the end of the 13th century.) Also, cf. Scholem,
Major Trends in Jewish Mysticism, New York, Lectures 3 and 6. On R. Elazar Rokeach's
important place in Medieval Kabbalah see *ibid.*, pp. 103–6.
The Ramban himself cites Rabbi Elazar as his source for the secrets of Kabbalah. In his
essay in defense of Maimonides' *Moreh Nevuhim*, the Ramban mentions Rabbi Elazar of
Worms, as follows:

> And so I have seen in the work of the pious Rabbi Elazar of Worms, may his
> memory be for a blessing. Of his great book, I received the section dealing with
> secrets, Divine unity, and faith... .

See *Igeret HaRav Moshe ben Rav Naḥman L'Hitnatzlut Sefer HaMoreh V'HaMadah*,
Vilna 1821, p. 9. Cr. I. Kamelhar, *Rabbeinu Elazar MiGermaisa*, Reysha 1930, pp. 43–45.
For the tale of Rabbi Elazar Rokeach's visit to Spain in order to teach Kabbalah, see:
Gedaliah Ibn Yahia, *Shalshelet ha-Kabbalah*, Jerusalem 1962, pp. 126–7.

18 Juspa opened his story with a brief description of the expulsion from Frankfurt, which
occurred on Elul, 27, 5374 (1614). Since he attributed the expulsion from Worms to the
influence of the rebels and rioters of Frankfurt, Juspa reported the Frankfurt expulsion as
though it occurred at the same time as the Wormesian one in 5475 (1615). The expulsion
from Worms took place on the seventh day of Passover in 1615.
The story of the expulsion also appears in L. Kirchheim *Book of Customs* (ms., pp.
153–154). However, we cannot conclusively determine if Juspa read Kirchheim's version,
for details that are absent in the latter appear in Juspa's account. Juspa also elaborated
upon interesting occurrences during the expulsion. On the other hand, he did not include a
few paragraphs found in Kirchheim's version. The primary source used by Juspa and by his
son, Eliezer Liebermann, was apparently a different ms. The sentences in Juspa's story that
are written in the present tense indicate that the writer was present at the time of the events.
Throughout the story, he alternates between the past and present tenses. This demonstrates
that the composer of the original ms. must have written in the first person, as a participant
in the events. Neither Juspa nor Liwa elaborates on the expulsion from Frankfurt because
they were both primarily concerned with the history of Worms. Despite its length, Story
no. 9 is a valuable and important historical source for the events of the 1615 expulsion.

19 Although the Frankfurt expulsion did not occur until Elul of 1614, several uprisings
against the Burghers and the royalty were instigated by the laborers and the masses (led by

planning to expel the Jews. However, the gentiles who lived near the
street of the Jews cried out against the assembled mob, saying that the
Jewish street was filled with armed men. Perhaps the Jews would be
victorious and become the masters! A great fear of the Jews then fell
upon them, and [the mob] dispersed.

But, on that night, there had not been a single man in the Jewish street.
[Rather], the *Ba'al Shem* had appeared [in the form of armed warriors]
The leader of these mystics was Rabbi Gedalia.[20]

Nevertheless, the wickedness still burned within the gentiles until the
seventh day of Passover [5375, 1615]. On that morning, while the Jews,
were still in synagogue, the [evildoers] expelled all the Jews [of Worms]
— men, women, and children. A great cry arose because of the infirm
and the women in travail. The gentiles commanded all members of the
community to leave their possessions behind. The Jews feared they
would be thrown into the [Rhine] River, but [the gentiles] made them
cross over [in boats] to the other side. And there they left them.

At the time, Jews were not permitted to dwell in the province of Pfaltz,
due to the decree of the former duke. However, the [new] duke took
pity on the Jews when he learned of the Wormesian burghers' deeds.
The merciful Creator, who constantly bestows kindness upon us and
heeds our pleas, responded especially to the cries of the sickly, the
women in travail, and the children. He instilled mercy in the heart of
the duke, who allowed the refugees to settle and travel throughout his
land and to conduct business wherever they desired. The Kurfürst of
Mainz and the Landgraf of Darmstadt followed his example and

Vincent Fettmilch) in the summer of 1614, a few months before the expulsion. Among the
factors that contributed to the mounting anti-Jewish feelings were the general struggle
against the exploitation of workers and laborers by rulers and Burghers, and the resentment
of high interest rates charges by Jewish moneylenders in Frankfurt. See H. Graetz,
Geschichte der Juden, Leipzig 1869, vol X, pp. 31–36. See also *Rabanei Frankfurt* by
Mordechai HaLevi Horwitz, annotated by Rabbi Joseph Unna and translated by Dr. J.
Amir, Jerusalem 1972, pp. 35–37.

20   Regarding Rabbi Gedalia Ba'al Shem, who is described as a Kabbalist and a leader of the
generation, see Kaufmann — Bacharach, p. 20. In this case, however, the feat was not
performed by Kabbalists. Rather, armed soldiers were sent by the Kaiser to ward off the
rebels. These soldiers prevented the masses from harming the Jews. See L. Kirchheim *Book
of Customs*, p. 153, col. 1.

commanded all burghers and farmers [in the provinces] to receive the incoming Jews graciously. The Jews clearly saw [*beshainperlich*] the blessed Creator's protection over His nation. He metes out punishment with one hand, while with the other, He extends relief. And so the duke and the princes of Mainz and Darmstadt protected the Jews of Worms and Frankfurt. They provided the Jewish *Parnasim* with letters to the Kaiser, and [the Jewish representatives] found favor in his eyes. [In truth], not all of the Burghers were guilty [of persecuting the Jews]. Some attempted to hide the Jews, but the rebellious hordes prevented them.[21]

The mobs also attacked the Burghers, attempting to wrest from them their erstwhile power[22] and hostilities broke out between the Burghers and the rioters who prevailed [temporarily. Ultimately, however], the heads of the Frankfurt rioters were cut off and hung on the gates of the bridge as a permanent memorial. There they remained until this very day. One of the rebels, [Vincent Fettmilch], had two of his fingers chopped off. His house was razed, and a stone pillar was erected on its foundation [as a sign] that no other house should ever be built there. He was then hewn into four pieces which were hung along four streets.[23] The rebels of (Worms) [Frankfurt] were beaten with whips.

Now I shall record what occurred [in Worms]. Immediately after the Jews had been expelled, the rioters, together with some of the Burghers, went to the synagogue and destroyed it completely, both the men's and the women's sections, and they broke the Menora. The only remnants were the Holy Ark [which was built into the stones of the wall], the door of the men's section, and the lower portion of the wall that miraculously bent down in the time of Rabbi Judah the Pious.[24]

---

21 Compare J.J. Schudt, *Jüdishe Merckwürdigkeiten*, Frankfurt-Leipzig, 1714, vol. I, p. 419; I. Kracauer, *Die Geschichte der Juden in Frankfurt A.M.* Frankfurt, 1927, vol. I, pp. 358–398. See also, F. Reuter, *Warmaisa*, Worms, 1984, pp. 84–89.

22 Juspa characteristically finds merit for the Burghers by assuming that the majority of them would have dealt kindly with the Jews. However, their intentions were foiled by the rabble, merchants, and farmers who constituted the largest portion of the Jews' persecutors. Several of Juspa's stories emphasize the positive relationship between the Jews of Worms and their Christian neighbors.

23 See Graetz, cited in note 19 above.

24 Regarding the "wonder wall" of Worms and the miracle that happened there to the mother

I must record that while the rioters were perpetrating their violence, a number of Burghers entered the Jewish street accompanied by a certain scholar. They beseeched the rioters to abandon their destructive act, warning them that [the Kaiser] would eventually punish them for it and also for the expulsion. The mobs, however, merely mocked these words and continued their evil deeds.

The Jews then sent the *Parnas* Leib Oppenheim[25] and another *Parnas* to the Kaiser who appointed as his emmisaries the Graf [of Darmstadt] and the Bishop of Speyers led by the Duke of Pfaltz. [He sent them to Worms, with troops at their command]. They conquered the city and occupied it until they received further instructions from the Kaiser. They summoned the Burghers and recorded all the property taken from Jewish homes, such as wine, produce, and various vessels. Everything was brought to the house *Zur Sonne*, which at that time belonged to Rabbi Isaac Ginsburg.[26] [Even before the expulsion], the Jews had anticipated the attacks of the rebels and had hidden all the holy vessels and Torah scrolls of the synagogue in the [*Zur Sonne*] house, which they locked.

However, when the duke's soldiers conquered Worms, they vanquished the rebels. Our redemption came on Rosh Hodesh Shevat in that year. The refugees returned to Worms, and each man settled in his own house. Most property was intact; even the food and drink that they had left was still there. Nevertheless, certain pious Jews constrained themselves and did not partake of this food; rather, they distributed it to the poor, as a sign of rejoicing in the Divine assistance — for they were restored [to their homes] in peace.

The redemption occurred on Rosh Ḥodesh Shevat, 5376 [1616]. Our *Parnasim* and rabbis established the day preceding Rosh Ḥodesh Shevat as a public fast, and they began to fast immediately. They read

of Rabbi Judah the Ḥassid, see *Shalshelet HaKabbalah,* by Rabbi Gedalia Ibn Yahia, *ibid,* p. 123 and J. Maitlis, *Di Shwaḥim...,* London 1961, p. 141.

25   The well-known Oppenheim family produced *Parnasim*, courtiers, and rabbis. Regarding Leib Oppenheim, see Graetz, *ibid.*, p. 35. See below note 27.

26   "Zur Sonne" was a large, well-known house in the Jewish quarter, and is mentioned in Juspa's *Minhagim*. Regarding this, see the article on Juspa Shammash in *Divrei HaAcademia HaAmericait L'Madai HaYahadut* 31 (1984), p. 17.

the Torah portion for fast days, and they also recited *Selichot*. This custom was established for future generations.

The synagogue, however, had been destroyed [as related above]. Many graves in the cemetery had been desecrated. Once the community regained its strength, however, everything was rebuilt.

The wealthy *Parnas* David Oppenheim,[27] who lived at that time, was childless. With his money, he rebuilt the *bima* [prayer platform] in the synagogue. He contributed one hundred Kings' Taler [valuable currency]. He also used his money to erect the building for ritually cleansing the dead [in the entrance way of the cemetery]. He ordered that two Torah scrolls be written in his name, and he donated them to the synagogue. He also donated silver pomegranate decorations and coverings for the Torah scrolls.

The synagogue was quickly rebuilt, for every community member contributed his money. Many also participated in the physical construction. Women and girls drew water for the construction needs. Everyone enthusiastically took part in the great *mitzva* [of the rebuilding the synagogue]. On the Sabbath between Rosh HaShannah and Yom Kippur in 5380 [1620],[28] the new synagogue was used for the first time.

May the Blessed One cause us to occupy this synagogue in peace and tranquility — and may all synagogues throughout the diaspora be blessed with peace. May the Blessed One protect us from any further suffering until the coming of the redeemer, speedily in our days, Amen.[29]

---

27 If *Parnas* David Oppenheim was a close relative of the famous Oppenheim family is not known. However, he could not have been the grandfather of the more recent Rabbi David Oppenheim of Prague, for Juspa reports that the *Parnas* was childless.

28 According to Kirchheim (see note 18), the synagogue construction was completed on 29 Av, 1620. Perhaps it was used once on the Sabbath between *Rosh HaShanna* and *Yom Kippur*, as related by Kirchheim, although the prayer services were not regularly held there until the date recorded by Juspa.

29 For Kirchheim's account of this story, see Appendix B.

Story No. 10
A tale of a (certain) [bewitched] goose involved in one of the evil decrees against the Jews of Worms

In the year 5109 [1349],[30] the gentiles brought a false accusation against the Jews. Many non-Jews had died that year; however, among the Jews, there was not one death. [The gentiles], therefore, engaged false witnesses to testify that they had seen Jews leaving the [Jewish] street in the middle of the night and pour poison into the well. The [gentiles] brought other false accusations against the Jews, and issued an evil decree to annihilate them on the tenth day of Adar II. The Jews were very grieved, and they hurried to the bishop of Worms. The bishop puzzled over the matter while standing near an iron chain in the courtyard of the palace. Striking the chain with his staff, he said, "Just as this little staff in my hand has no power to break that iron chaim, so too are your enemies powerless to harm you!" To the distress of the bishop, however, the staff *did* break the chain. "It is a Divine decree," he proclaimed, "[that] such a solid and strong chain should be broken by the blow of this small stick." And he said no more to encourage or to discourage them.[31]

When the day of the decree arrived, the Jews knew they were to die horrid deaths by sword, arrow, and spear. They decided to avenge themselves against their enemies, since death seemed inevitable in any case. The *Parnasim* [of Warmaisa], twelve in number, had been ordered to appear the next day in the courthouse to hear the sentencing. Before they left, they concealed slaughter knives and small spears inside their cloaks... .

30 Apparently, the copyist erred in transcribing *Ma'ase Nissim*. Instead of 5190, the date should be 5109 (1349 C.E.), the year of the Black Plague persecutions. Subsequent details in the story clearly indicate that the Jews were accused of poisoning the wells in order to harm the gentiles. In this persecution, four hundred lives in Worms were lost in the fires that the Jews ignited in their own houses. In Warmaisa, only a few Jews escaped with their lives. They either fled or were forcibly converted to Christianity and later returned to their Jewish beliefs. Regarding this, see Graetz, *Geschichte*, VII, pp. 372–73.

31 This account of appearing before the Bishop of Warmaisa to seek protection appears logical since, at that time, the bishop was the lord of the city. Apparently, however, he was unable to save them from the clutches of the Burghers and the populace.

All of the councilmen were seated together, ready to pronounce the judgment. One of the *Parnasim* cried, "Your justice is false!" Descending upon the judges with their knives, the *Parnasim* killed them all.[32]

While the *Parnasim* were in the courtroom, ten or twenty mysterious figures armed with swords and spears surrounded the courthouse and attacked the Burghers who passed by. They ignited the storehouses of grain, causing fires that could not be extinguished. Nothing, however, averted the threat to the Jews, and almost all of them were killed.

Several Burghers took pity upon the few remaining Jews and hid them in their houses, for they knew that the accusations against the Jews were false.[33] However, [the wicked Burghers] used black magic to summon a goose that would fly to the houses in which Jews were concealed.[34] The [merciful] Burgher homeowners were forced to hand over the Jews, and because of the accursed goose, even more Jews were killed.

At that same time, a [Jewish] visitor who was an acquaintance of the local priest, arrived in Worms. This visitor was fluent in Latin, and expert in evangelical works, and well-versed in many other secular works.[35] Since the priest held [the visitor] in high esteem, he hid in his

32   There are no recorded sources describing the opposition of Wormesian Jewry against their enemies during the Black Plague. We have, however, obscure yet reasonable information concerning the resistance staged by the Jews of Mainz at that time. Perhaps Juspa was aware of this and concluded that the Jews of Worms must have acted similarly. See Graetz, *ibid.*

33   The idea of various Wormesian Burghers assisting Jews was added by Juspa. Possibly, gentiles did aid Jews in some instances, although substantiating sources are not extant.

34   The goose that could fly to the hiding places of Jews during the Black Plague is not reported in other sources. However, the following excerpt appears in the chronicles of the First Crusade written by Rabbi Solomon ben Samson, and cited in A.M. Haberman (ed.), *Sefer Gezeirot Ashkenaz V'Tzorfat*, Jerusalem 1971, p. 28: "There was a gentile woman who desired to accompany the Crusaders. She owned a goose that would follow her everywhere she went." Perhaps Juspa heard this account and combined it in his story of the persecution of 5109, a year of the Black Plague.

35   The account of the Jew learned in Latin and acquainted with a Wormesian priest is also not reported in other sources. A conciliatory tone permeates the account, reflecting the attitude that occasionally appears in Juspa's other stories. Juspa, however, did not detail the destruction of the community or the burning of Jews during the Black Plague; perhaps he was not aware of those tragedies.

house. When the matter of the goose became known, the priest was greatly frightened. Before he left to deliver his sermon in the church, the guest said, "I have an idea. Dress me in priestly garments and take me with you to the church. Introduce me as a fellow priest and bestow upon me the honor of delivering the sermon. Perhaps in this way I will be able to save myself along with the few Jews that are still hiding in Jewish homes."

The priest followed the Jew's advice, dressed him in priestly clothes, and honored him with the sermon in the church.

In his sermon, the visitor rebuked his audience for spilling Jewish blood without cause. He directed their attention to the Scriptural injunction, "Thou shalt not murder." Speaking persuasively, he told them that they had sinned by invoking the sorcery of the goose, for truth is not found in witchcraft. "I guarantee you," he added, "in a little while the goose will hover over the roof of this church where there is not even one Jew!" He asked [the congregation] to abandon their trust in the spirit which caused the loss of innocent Jewish lives. As he was speaking, a cry went up in the church that the preacher was right, for the goose had perched on the roof of the church. [The congregation] was amazed at the sight of the goose, and they regretted having placed confidence in its divination.

And so, the evil "goose" decrees were anulled. [The congregants] did not realize that there had been a Jew in the church when the goose perched on the roof — namely, the visitor who was preaching to them!

A communal custom [was established] in Worms to fast on the tenth day of Adar, just as on public fast days. In the morning and afternoon prayer services, they would chant the Torah portion for fast days and recite the special supplicatory prayers [Selichot].

O merciful Father, see our suffering! Remember not only the afflictions of Worms, but also all the other evil decrees against communities and provinces in Germany, Spain, and France — afflictions that are painful even to write. May the exalted Creator have mercy upon us and send us the righteous redeemer, Amen.

Story No. 11
A Jew in Worms who was forced into a barrel

In Worms there lived a rich, pious, and trustworthy Jew who made his living as a money changer. He always carried many Reichs Taler in his pocket to exchange [currency] with the Burghers.

One Friday, the Jewish man went to the market to buy fish for the Sabbath. While he was in the market, a gentile asked him for an exchange of a solid Reichs Taler. The Jew agreed. A wagoner overheard the conversation and approached the Jew. "I would also like to buy a Reichs Taler," he said ["but I don't have the [value] exchange with me"]

The wagoner and the Jew went to a barrel maker's cellar where the wagoner said he could make the exchange. Once in the cellar, the wagoner and the barrel maker attacked the Jew. They put a pin roller in his mouth to stop him from calling for help, and they tied his wrists and ankles, and then put him into a barrel. They took the barrel and placed it on a wagon in order to take him past the city gates. As they sped through the gates, a wagon wheel hit the side, disabling the wagon. They tried to fix the wheel, but they could not.

The watchmen of the city became suspicious when they heard sounds coming from the barrel. They asked, "What do you have in the barrel? The sounds are like a human's voice."

The barrel maker and the wagoner said simply, "We have to go to the city and find someone to fix the wheel." The watchmen allowed them to go.

Time passed and the two men did not return. They probably ran away through a different gate. One guard said to the other, "Very soon it will be night and the men have not returned. The sounds from the barrel still continue."

The guards decided to go to the city council. The watchmen told them about the wagoner and the barrel maker and the suspicious noises coming from the barrel. The mayor ordered the watchmen to bring the wagon, the horses, and the barrel to the city hall. They opened the barrel and found the Jew tied up and with a rolling pin in his mouth.

They freed the Jew. He could hardly speak because of his ordeal. When he calmed down, he told his story. The city lords listened and sent police to arrest the wagoner and the barrel maker, but they could not find them. The Jew happily returned to his family and told them what had happened to him.

If God likes someone, he saves him from his enemies, and the one whom God loves should not be afraid of anyone.

Story No. 14
A tale of imprisonment and ransom of Maharam Rothenburg

The man of God, Rabbi Meir, the son of Rabbi Baruch (the Maharam), was a great scholar equaled by few. He composed *Teshuvot Maharam* as well as other works. He was extremely righteous and pious, and he desired to go to the Land of Israel. However, an apostate informed the Holy Roman Emperor of the Maharam's plans. This traitor advised the Emperor to falsely indict and imprison the Maharam when he set out on his journey and began to travel through the State on his way to the Land of Israel. The Jews would surely not allow their leader to remain [in prison], and thus they would pay any amount demanded as ransom. From the time of the passing of Moses the Lawgiver, we Jews have not had a personage more revered, righteous, and pious than Rabbi Meir.

The Emperor accepted the informer's counsel and commanded his servants to accost the Maharam in his travels and bring the Jew before him. The servants ambushed Rabbi Meir and brought him to the gentile king who ordered him to be thrown into prison. However, the Emperor honored Rabbi Meir by allowing him the privilege of having his books brought to the prison so that he would be able to study Torah whenever he wished.

The Maharam realized that the gentiles had imprisoned him in order to extract a huge ransom of several thousand [guldens] from the Jews. The pious rabbi issued a ban effective in all communities against paying more than five-hundred guldens in ransom money. [According to Jewish law] a captive may not be ransomed for a sum greater than the legal value of his personal possessions. We do not know why the

Maharam assessed himself at five-hundred guldens, but the Emperor refused to acquiesce. Rabbi Meir passed away in the prison.

After his death, the gentiles wished to remove his body from the cell and bury him in accordance with the Emperor's command. However, when one of his men came to the prison and attempted to insert the key in the [prison] door, he collapsed and died. The Emperor, therefore, did not command that a second attempt be made, for he feared that many gentiles would die upon attempting to open the prison door.

Rabbi Meir was imprisoned for seven years and after he passed away his body remained inside the prison for a further fourteen years. The clothes on his body did not decay... .

In the community of Worms there lived a righteous man named Rabbi Alexander, the son of Rabbi Solomon. Alexander had no descendants to inherit his estate and no son to recite the *Kaddish* after he passed away. He wished to perform the righteous act of redeeming the body of the Maharam from the Emperor. Alexander reasoned that God prevented the gentiles from touching the body of this great man whose Torah knowledge and good deeds were beyond description. Nevertheless, if a Jew with pure intentions would attempt to honor the Maharam [by bringing him to proper burial], no harm would befall him. Rabbi Alexander, therefore, ransomed the body of the righteous Maharam from the Emperor. Upon accepting the money, the Emperor gave his permission to Alexander to remove [the body] from the prison and transport it to a Jewish grave.

When Alexander received the key to the prison, he readied a new wagon, a new coffin and a new sack. Accompanied by his servants, he brought shrouds from Worms [and traveled to the prison]. After ritually purifying himself, he donned shrouds underneath his garments, for he feared that he also might not merit to touch the body of the righteous man and die while attempting to open the prison door. When Alexander approached the prison, many gentiles assembled in anticipation of witnessing his sudden death. The spectacle they say, however, was a great miracle. Alexander unlocked the door, entered the prison, removed the remains of the Maharam, and placed them in the new sack. He then positioned the sack in the coffin on the wagon. Next, he went back into the prison to remove the Maharam's books and prayer stand, which he also placed on the wagon. After everything was secured on the wagon, he returned to Worms where the body of the pious Maharam was buried. A tombstone was erected on the grave, and on it was engraved the dates of the Maharam's imprisonment and death, and also the date he was redeemed and buried.

Less than a year from the time the [Maharam] was brought to burial, Rabbi Alexander also died. Before his death, he commanded that he be buried in a grave near the great Maharam. Indeed, he was buried with great honor near the Maharam, and the entire episode was engraved on his tombstone... . On the tombstone of Rabbi Alexander were recorded his deeds: how he ransomed the body of the righteous rabbi and accorded it a proper burial... . Also engraved were the year of his death, the day (which was the Day of Atonement), and the fact that he had passed away only seven months and six days [after the Maharam was buried].

I learned of the preceding incident from Rabbi Elia Ba'al Shem. Many visitors travel to Worms to visit the graves of the Maharam and the pious Alexander.[36]

Story No. 15

Why the city's coat of arms features a key. Juspa drew the following legend from among the collections of Wormesian folklore. His descriptive imagery is original, aiding his version of the story to attain an honored place in later collections of Wormesian legends. His chronology is not particularly accurate in this story; at the end, however, he uses the phrase "scholars of Germisa," which appears in ancient texts, adding proof as to the original name of the city. According to the earliest estimation, famous scholars lived in Lotair at the end of the ninth century, or perhaps even later. Christians, of course, settled in Worms hundreds of years earlier, and yet Juspa claims that the event occurred in pre-Christian Germany, when the Germans were still pagans.

Herein is explained the reason for the name Worms and why the city's coat of arms features a key.

36   On Maharam's imprisonment, see I.A. Agus, *Rabbi Meir of Rothenburg*, Philadelphia 1947, pp. 125–153.

In olden times, the following incident occurred in the great city of Worms: A fiery serpent [*lint wurm*] flew from the desert and nested near the wall of the city, causing great damage. It destroyed many houses, swallowed up men and animals, and ruined everything it touched. The *lint wurm* was frightfully huge and had two legs. From the rear, it resembled a snake-like worm, only fatter and larger. It had such enormous, fiery eyes and large teeth in its mouth that fear would envelope all who saw it. A likeness of this [serpent] was designed on the Mint in the Worms marketplace.

Arrows were ineffective against the monster. People did not yet know how to shoot with firearms, and the use of gunpowder had not yet been discovered; the Christian faith had not yet reached Worms at that time.

There was no king in Worms at that time, but a widowed queen ruled the entire country. To pacify the *lint wurm*, the residents of the city had to cast a living person over the [city] wall. The monster would cause no further damage on a day it devoured a human being. The names of all the residents were entered into a book and a lottery cast. The "winner" would be thrown to the serpent. Eventually, however, the Burghers attempted to discontinue the lottery, for they feared that they would be chosen. The queen said to them: "If you so desire, write my name, the names of my officers, and the names of the royal servants in the lottery list. If the lottery shall fall upon one of us, you need not spare us." The Burghers willingly accepted her words and continued to cast the lottery.

At that time, three brothers, as mighty as giants, lived in Worms. They were locksmiths and knife forgers, and their expertise was equalled by few. The brothers fashioned an armor with sharp, knife-like scales along its surface. They also forged iron gloves with sharp scales, equipped with joints to enable the handling of a knife. The brothers resolved that if one of them were chosen by the lottery, he would don the armor and destroy the *lint wurm*.

One day, the lottery fell upon the queen. Greatly depressed, she wept bitterly at her fate. One of the three brothers took pity on her and volunteered to take her place if she would agree to marry him upon his successful return. The queen and her princes agreed. They also promised to crown him king if he succeeded in killing the serpent. And so, the giant was cast over the wall. The serpent swallowed him, but he cut his way to freedom from inside the monster. Much rejoicing ensued, for the *lint wurm* had not only harmed people, animals, and houses, but had also prevented sowing and harvesting. The situation would have worsened until a life-threatening famine developed. The general devastation caused by the *lint wurm* is indescribable.

The queen honored her word and married the giant locksmith, who was proclaimed king as promised. Everyone was satisfied with him, especially since he had destroyed the *lint wurm*. They did not forget his great deed, and they honored him as befitting a king. To commemorate the event, the king requested that the city be named "Worms," Previously, the city's name had been "Germisa." The phrase "scholars of Germisa" appears in ancient books. Hence, the city is called Worms to this day. To preserve the fact that the king had been a locksmith, a key was imprinted on the city's coat of arms. Until this very day, a picture of the three brothers standing beside the *lint wurm* appears on the City Hall, also called the Mint, in the marketplace. The queen, wearing a crown, is shown standing next to them. This picture remains as a permanent memorial.[37]

Story No. 16
Of blood libel

A gentile once approached a Jew in Worms and declared that he had a son approximately six years of age whom he wished to sell to the Jews. He had heard that the Jews required gentile blood, and he knew that they would be able to extract a large quantity of blood from the boy. The Jew cursed the gentile as a scoundrel and a thief for bringing such a false accusation against the Jewish people, and so the gentile went on his way.

The next day, the gentile returned to the Jew and said: "Yesterday you refused my proposition and cursed me in harsh terms. I know, however, that I spoke the truth. You need not fear me. You may trust me with wholehearted confidence. I will not reveal our plan to anyone, since I must also fear that I will be exposed and accused of attempting to sell my son, allowing him to be killed in exchange for money. Therefore, do

37   See E. Kranzbueler, *Worms und die Heldensage,* Worms 1930, pp. 108–111.

not worry, but rather, offer me money." Despite the Jew's protests, the gentile refused to desist and he would give the Jew no rest.

The Jew hurried to inform the *Parnasim* of the matter, and they immediately reported the entire story to the members of the city council.

They decided that two city councilors would disguise themselves as Jewish *Parnasim* in order to determine the intentions of the gentile. Two officers would accompany them, disguised as Jewish sextons, and they would sit near the door of the Jewish community hall.

They then sent the Jew to inform the gentile that if he really desired to sell his son, he should bring the boy to the Jewish community hall.

The Jew carried out his assignment and brought the father and his son before the *Parnasim* and the two disguised city councilors. After they had bartered and settled on a price to be paid for the boy, the councilors asked the gentile to bind his son and slaughter him with his own hands. The gentile agreed to this also. They fetched a bucket for the bloodletting of the boy. The also called for the slaughtering knife and said: "Kill your son and then you will receive the money." When the gentile grasped the knife in his hand to slaughter his son, the officials signaled the two officers. The officers removed their black cloaks revealing their red uniforms, and donned their hats. Then they captured the criminal, bound him in chains, and took him to the prison of Worms.

The Jews were greatly honored for informing the authorities of the matter, the boy was placed in an orphanage, and the gentile was punished with a harsh death. Such shall be the end of the wicked, but all Israel and all righteous men will enjoy only goodness forever. May the blessed Lord keep us from all trouble and distress. Amen, Selah.[38]

---

38 The gentile described in Story no. 16 was convinced that the Jews required blood for the baking of *matzot*. It is unclear whether the incident occurred in Juspa's time, or whether it was one of the stories that circulated in Worms during the Middle Ages. Although it is difficult to determine the exact date of the incident, the story is firm testimony of the tragic ethnic accusation known as the blood libel.

Story No. 18
Another blood libel in Worms

A woman who lived in the poorhouse of Worms gave birth to twins. One of the infants died shortly after birth and was buried, not deep in the earth, but near the surface, as was the custom. A dog dug the corpse from the shallow grave and scratched its face. Gentiles passing by the grave site saw the child and thought it to be a Christian infant. The Christians believed that the Jews had stabbed the child in order to drain its blood. At that time the gentiles thought negatively of the Jews; and, on the day the corpse was found, the Christians were celebrating a holiday, one on which no Jew was allowed outside of his home. Therefore, no Jew knew of the event in the cemetery. The authorities of the city of Worms ordered that the body be brought from the Jewish cemetery in order to cleanse it and prepare a new coffin. They also gathered to consult as to how to avenge this act which they believed to have been perpetrated by the Jews.

The next day a gentile apprentice to a Jewish baker came to prepare yeast to bake bread. He said to the Jew: "Why do you want to bake bread today? Who will eat the bread?"
"Myself and my family," answered the Jew.
"You will eat very little", said the gentile, "because you are all going to pay with your lives."
The apprentice then proceeded to relate the story of the blood accusation.

When the Jews heard the story they sent two *Parnasim* to plead with the authorities. They said: "Our Lords, please do not apprehend us. The dead infant is a Jewish child. The mother is a Jewish woman who lives in the poorhouse. A Christian midwife administered the birth of the twins. The dead infant was not buried deep enough in the ground and a dog dug the body out and scratched it. You can see for yourselves that the body has not been stabbed."

The city officials sent for the midwife, but she was a wicked woman. "Yes, I oversaw the birth of the Jewish woman, but I do not believe that this is the body of one of the infants I delivered."

The city officials ordered the midwife to take the dead infant to the poorhouse to verify whether there was a resemblance between the living child and the dead twin. They put the two bodies side by side and immediately recognized them to be twins. The midwife then testified that the dead infant was indeed the twin of the living child. The decree [of death of the Jews for the murder of the infant] was then revoked.

Dear God, guard us also in the future against such accusations and redeem us from captivity.

Story No. 21

The Queen of Sheba in the house "Zur Sonne"

The house known as "Zur Sonne" is a stone edifice which stands near a synagogue. The house was formerly called the Devil's Head. There once lived a well-respected man who was very poor and did not want anyone to know of his poverty. In this large house there was a storage room in which the man would sit alone in retreat and lament his poverty. One day the Queen of Sheba came to him. He thought that in his entire life he had never seen a more beautiful woman. Her hair was sparkling gold and so long that two maid servants were needed to carry it.

She said to the man: "If you will sleep with me every day when the clock strikes twelve noon, I will make you a rich man, richer than anyone."

The man, seduced by both her beauty and her promise, agreed. Everyday at twelve noon, the Queen came to the storage room accompanied by two maid servants who carried her hair in a golden basin. When the Queen lay near the man, they put the basin beside the bed, then removed themselves from the room. An hour later, they would return and follow the Queen out of the storage room.

The Queen forbade the man to expose their relationship. If it were revealed to anyone, the man would lose his life. He did as she commanded. Every day, after the noon meal, he would retire to the storage room and lay in bed with the Queen of Sheba. The Queen kept her promise; she brought him great quantities of gold and silver.

The man became rich and his wife began to dress in expensive clothing. On holidays his wife would wear rings on her fingers and dress in elegant clothes. Although she enjoyed this new situation, at the same time she was suspicious. She asked her husband: "How did you come to all this wealth? Surely it is not from your trade."

The husband became most angry and replied: "What does it matter, as long as I have it." The wife remained silent.

One day his wife asked: "My dear husband, what do you do every day at noon in the storage room? You stay in there a long time."

The husband replied: "I have become used to a noon-time nap." The wife asked no further questions, but remained suspicious about his daily retreat to the storage room. One day she took the storage room key from her husband and ordered a duplicate from the locksmith. Once, when he was in the storage room, she opened the door with the new key and went inside. There she saw her husband lying with the Queen of Sheba. She saw the golden basin beside the bed which contained the Queen's golden hair. The wife quietly left the room. She carefully closed the door so that no one would wake and discover that someone had been in the room.

When the Queen arose, however, she told the man that he must die because he had revealed their secret; somebody had been in the room and had seen them sleeping together. The man swore that he had told no one, that he did not know what she was talking about, and begged for his life. The Queen agreed to spare his life, but told him that he would never see her again. "Your wealth will disappear and you will be poorer than before. I will kill the two children I bore you by cutting their throats. Go to the Rhine River bridge in three days time and you will see a coffin. In it will be the children. The Rhine will be their burial place."

Three days later the man went to the bridge on the Rhine and saw a casket floating in the river. A short time later he became greatly impoverished.

Therefore, no one should allow himself to be seduced by money.[39]

39   Regarding the Queen of Sheba as a sorceress, see L. Ginzberg, *The Legends of the Jews*, Philadelphia 1936, Vol. IV, p. 152 and vol. VI, p. 292. The story of the Queen of Sheba may refer to Lilith, a female demon of ancient times, who deceives men and has children by them. Infant mortality is regarded as a consequence of the union of human and devil (demon). See L. Blau's article in *The Jewish Encyclopedia*, New York, London (1904) vol. VIII, pp. 87–88.

Story No. 22
An only daughter of Worms who lived in the house "Zu dem Springbrunnen"

A good and scholarly man, who was also very rich, lived in the house
"Zu dem Springbrunnen" in Worms. He had an only daughter who was
comely and pious. One day she was standing at the entrance to the
house when a wandering student passed by and said to her: "Today, I
shall come to you and you will sleep with me. You will not be able to
guard yourself against me."

The wandering student had earlier encountered a sorcerer who had
invented a magic wheel. Ten people could stand on the wheel and form
a circle. While the wheel turned, the Magic Master would kill one of the
riders. Those who remained would possess a magical power which
would enable them to perform any magic they desired, such as the
wandering student who spoke to the maiden. Eventually, when word of
this mischief spread, the wheel was destroyed. But the wandering
students had great liberty in those days and were free to do as they
pleased.

When the girl heard the student's words she became frightened and told
her father. Her father became most upset and fearful. To protect his
daughter from the evil student he invited ten rabbis to come to his
house and study Torah through the night, and thus protect his daughter.
The daughter was placed in the middle of the quorum. When midnight
came, however, they all fell into a deep sleep — rabbis, the father, and
all the other people present in the room — but not the girl. She cried
out in a loud voice to awaken the rabbis, but could not wake them.

The student entered the room and said: "You see now that you cannot
save yourself from me; therefore, come and lie with me."

"I would rather die than sleep with you," the girl cried. The student
took her out by force, but suddenly, the girl pulled out a knife and
stabbed the student to death.

The girl ran out of the house and woke the neighbors. They came and
saw the student's body lying on the floor. They saw the rabbis sleeping,
but could not wake them. The Jews were afraid of being accused of a
blood libel because the girl had stabbed the student to death. They

screamed and yelled until the gentile neighbors came to the Jewish street to see what was happening there. Among the gentiles who came was an old witch. She said to the Jews: "Go quickly to the chimney and see if there is a light burning inside."

They went to the chimney and found wax candles burning inside. The witch told them that the student had lit the candles by magic and that he himself must extinguish them. Otherwise, the sleeping people would never wake up and would die. The people despaired because the student was dead and could not extinguish the candles.
Among the Christians was a man who pitied the Jews and revered the rabbis. He said: "I will give you an advice. Take the nude body of the student and place it near the candles. Then position the body so that the buttocks are beside the candles. Step on the belly until the student's body breaks wind. The wind will put out the candles." The Jews followed the advice and the candles were blown out. All the sleeping people woke up.

The girl was exonerated for having caused the death of the student. The Christian neighbors who heard the girl's cries for help testified to the truth of her statement. Furthermore, she was praised by the authorities and they justified her act. Thus, dear people, you see that God regards the pious and faithful for everything.

Story No. 23
The bridegroom and bride found in a barrel

A wedding was in progress in the house "Zur der Kanne." It was very festive, and as was the custom of marriage ceremonies, the bride and the bridegroom were left alone in a room to enjoy some food and drink together. While the couple was alone, preparations for the wedding feast were going on. When everything was ready, the couple was summoned from the room, but there was no answer! People went from room to room in search of the bride and groom, but no one found them. A search was conducted in the surrounding houses, but no one could find them. The party turned sorrowful and everyone left. The search went on all night for the pair, but to no avail. They were considered lost.

A day later a woman went down to the cellar to churn some butter from some of the extra milk in the house. At that time, the Jews of Worms ate butter made only by themselves. When the woman entered the cellar she noticed two people stuck in a barrel. She became terrified and ran out of the cellar. She was so scared she could hardly speak. She began to tell the people in the house what she had seen in the cellar. They hurried down and found the bride and groom dead, stuffed into a barrel. Nothing could be done. The cellar was filled with earth and remains that way to this day. It is possible that magic was the cause of this happening in the house "Zur der Kanne." God should protect us from evil, redeem us from captivity, and dismay should not come upon us.

APPENDIX A (to story No. 6)

Following is Liwa Kirchheim's version of the story in his *Book of Customs* (Ms. no. 71):

On 22 Sivan, 1197, I, the humble Eliezer, had completed expounding *Parashat VaYashev* in peace. While I was sitting at my table, two wicked men with crosses sewn to their clothing attacked us with drawn swords. They killed my pious wife Dolza. They also murdered my oldest daughter, Belat, and my other daughter, Hannah, by splitting open their heads. They wounded my son, Jacob, from his head until part of his cheek. They wounded my head and my left hand, and also my students and my teacher. The pious woman [my wife], immediately ran out of the Winter house and screamed that they were killing us. The degenerates went out and beat her from head until her shoulders and throat, from her shoulders to her waist, and across her entire back and face. This righteous woman fell down and died.

I closed the door, and we wept until the One Above sent us relief. I cried for vengeance of the righteous woman's death, and so it happened. The next week, they captured and executed the murderer who killed her and my daughters and wounded my sons and me. I was left in great poverty and suffering.

Before her death [my wife] had purchased parchments on which books could be written. Through the money she earned, she supported my

sons, daughters, and me. Because of my sins, she and my daughters
were killed, and my loss is truly bitter. She used to support me so that
my sons and I could study Torah. Woe is me — how much blood was
spilled! How she was slaughtered before my eyes! May the Omnipotent
One allow us to witness the avenging of their blood. May he have mercy
upon their souls, upon the ones who escaped, upon my sons, and upon
all Israel. Amen, Selah. (Ms. no. 71)

APPENDIX B[40] (to story No. 9)

I shall hereby record for posterity, so that future generations will
impart to their children... [what occurred] here in Worms. On the eve
of the ninth of Av, 1615, as the time approached for the evening
recitation of the Book of Lamentations, several hundred arrogant men
[Bubim][41] congregated at the large gate. Rich and poor alike, they
ground their teeth and raised false accusations, for they had come with
one purpose... to despoil and plunder all Jewish property. Rich and
poor alike, they all claimed: "The Jews and all their possessions are
ours. The Kaiser has given us their lives and money as a complete gift.
We may, therefore, treat them as we wish and no chief or ruler — not
even the Kaiser himself — can stop us. Whatever we do to them is
legally justified."[42]

As they broke down the small gate, our hearts melted. A number of
frightened people, including men, women, youths, and children, hid
themselves... . The remainder of the people bravely mustered their
courage and armed themselves with sticks, stones, and barrels which
they filled with dirt. They placed these in front of the gates so that the
enemy would not be able to enter the Jewish street. The enemy then
locked the gates on the outside with an iron chain so that not even one
could escape. They began to speak harsh, wicked words... and we were

40   Both Kirchheim and Juspa claim that the first attack took place on the eve of Tisha B'Av,
      1615, although the incident actually occurred a year earlier. According to J. Schudt, (ibid.,
      Part I, p. 419), the attack was in July, 1614; apparently, Tisha B'Av fell in July that year.
      The expulsion, according to Schudt, took place in April, 1615. This date is confirmed by L.
      Kirchheim (ms., p. 121), who specifies; "The seventh day of Passover, 1615."
41   See Epstein–Minhagim, ibid., p. xii.
42   Worms was a free city, governed by City Council authorities.

afraid.... From the smallest to the oldest, everyone cried, wept, and prayed to the Lord of heaven and earth. He harkened to our prayers and delivered us from their hands. Fear fell upon them, for in our midst was the great leader of the generation, the sage Rabbi Gedalia, who was a Kabbalist.[43] By uttering Divine names, he causes the Jewish street to be filled with soldiers marching with armor and all types of weapons. When the enemy saw these soldiers upon the wall, they became afraid. This Divine salvation protected us from becoming their prey and placed a different mind in the learned Chemnitius who was a foe to the Jews, seeking to destroy us.... Day and night, his conduct was concentrated upon killing, despoiling, and plundering.... Since he was a wealthy man, he greatly feared the Kaiser's authority, and so... he came with two witnesses into the midst of the throng and bitterly cried aloud to the arrogant mob: "My brothers, my friends. Guard your lives and your money! Do not harm the Jews either bodily or monetarily.... Do not do this evil... for there will be no means of expiation before the Kaiser for harming the Jews. However, I promise you that I shall wage a legal battle against them to insure that all their possessions shall be transferred to you and your children... but do not harm them now." As he spoke, one by one, his friends retreated and went home, for the fear of the Kaiser had fallen upon them....

Subsequently, at two hours past midnight, the rabbi of Worms, Samuel Bacharach, went with a quorum of men to the synagogue to recite the Book of Lamentations. I tired of writing the end of the matter... and the Divine salvation effected for us.... Divine mercies do not cease, nor does his compassion end.[44]

43   On Rabbi Gedalia, see Kaufmann–Bacharach, p. 20.
44   See also L. Kirchheim, ms., p. 121–122.

PART THREE

PINKAS HAKEHILA

The Ledger of Commerical Contracts, Community of Worms

A ledger (*Pinkas Hakehila*) belonging to the community of Worms covering the years 1656–1659 is preserved in the Central Archives for the History of the Jewish People, in Jerusalem. The manuscript consists of twenty pages containing thirty-eight numbered columns. It measures 2.1 by 8.5 cm. (Signature RH/WIX 2) and is written in Hebrew combined with the Judeo–German vernacular used by German Jews during that era.

Exactly when and how the *Pinkas* found its way to the archives is unknown. Since the document's binding is not original, it is impossible to determine whether the *Pinkas* is complete or whether it was in use before 1656 or after 1659. Possibly, the document represents only a fraction of the business records maintained in a special journal by the community of Worms. These records were intended to serve as permanent, written evidence of business transactions and arrangements for the benefit of the parties involved, as well as for future generations.

During the period covered in the *Pinkas*, Juspa Shammash served as sexton, scribe and communal trustee. Quite possibly, he himself recorded the entries which involve business agreements, loans and collateral arrangements as well as matters relating to travel to trade fairs. Names of merchants, *Parnasim*, and house insignia recorded in the *Pinkas* also appear in the *Minhagim* and in the stories of *Ma'ase Nissim*.

The *Pinkas* entries also provide significant insight into the life of the Wormesian Jewish community after the Thirty Years' War.[1] It gives a picture of the prosperous situation that prevailed during the mid-17th century in one of the major communities of German Jewry situated along the banks of the Rhine. Since Worms served as the commercial center for the surrounding villages and hamlets, the business transactions recorded in the *Pinkas* took place in Worms as well as its environs. The business activities of the more influential merchants extended to large cities such as Amsterdam, Prague and Vienna. In addition to the business transactions among Jews, commercial relationships existed between Jews and local Christians.

---

1   Although the Thirty Years' War inflicted much suffering upon the Jewish community of Worms, one positive result was the improved financial situation that followed in its wake. See S. Stern, *The Court Jew*, Philadelphia 1950, pp. 5, 18ff.

The *Pinkas* is also valuable because of its frequent references to well-known Jews of 17th-century Worms. Prominent among the names cited are the famous Oppenheim/Oppenheimer families. Many references appear in the *Pinkas* regarding the role of Jewish women in financial life. Women are listed as partners with their husbands, as storekeepers, and as participants in nearly all the variety of commercial transactions conducted by their husbands. They are also mentioned as recipients of the ownership transference formalities (*Kinian Sudar*[2]).

Fund transfers involving the payment of "interest" were carried out under the rabbinic *heter iskah* (business permit). This type of transaction took place mostly between investors and merchants who were in need of cash when about to travel to markets and fairs. Under the *heter iskah*, the person providing the funds and the merchant became partners in the business venture in which the money was invested.

The *Pinkas* provides information regarding Jewish occupations in 17th-century Worms. For example, Jews ran money-changing concerns, mainly involving substantial amounts of widely accepted currencies. However, trading in wine and hides were the two most prevalent Jewish pursuits. Selling jewelry and clothing was also popular. In addition, Jews were involved in agriculture, raising crops such as grains, fruit and spices. Mostly, though, Jews purchased and marketed the produce grown by local farmers. The *Pinkas* also mentions peddlers who sold their wares to Jewish and Christian households. Few references are made to Jewish laborers, since physical work was performed mainly by Christians belonging to the labor guilds. At this time Jews had not yet been admitted to workers' unions.

Sales and rentals of houses, as well as leases of stores for prescribed periods are recorded in the *Pinkas*, Unconditional leases and rentals are also discussed. Apparently, most families owned their own homes.

To cope with the overcrowding in the Jewish quarter of Worms, narrow two- or three-story houses were built, resembling those in the Frankfurt ghetto. Houses were equipped with cellars for wine production and storage. Milk for churning butter was also stored in these cellars. Building construction

---

2   *Kinian Sudar*, literally, the purchase of a garment, a method of acquisition apparently prevalent in the Jewish community in 17th-century Worms. This is one of the several methods of finalizing an acquisition. It involves grasping and exchanging an object by the parties to a sale. The biblical origin of *Kinian Sudar* is to be found in Ruth 4,7. cf. *Talmud Y*. Kidushin, Ch. I, Halacha V.

required permission of both the community and the secular authorities. Trade and commerce were similarly regulated by communal and city ordinances.

Many of the names listed in the *Pinkas* were of distinguished members of the Jewish community of Worms who are also mentioned in the *Minhagim*. Furthermore, the houses in the Jewish street had names and several of these also appear in the *Minhagim* and in *Ma'ase Nissim*.

Prominent among the merchants and members of the community mentioned in the *Pinkas* are the Oppenheim family. This family originated in the town of Oppenheim, near Worms — hence, they were known also as "Oppenheimer." Even before they settled in Worms, members of the family held influential positions in the community of Oppenheim. They also maintained friendly relations with German government officials, and were granted special privileges. Due to persecutions, expulsions, and various other reasons, branches of the Oppenheim/Oppenheimer family moved to different cities such as Frankfurt, the resettled community of Heidelberg and especially Worms. As early as the beginning of the 17th century, members of the Oppenheim/Oppenheimer family were among the distinguished members of the Frankfurt and Worms communities. However, it should be noted that some of the families bearing the name Oppenheim/Oppenheimer were unrelated.

Simon Wolf Oppenheim and his family (his sons Abraham, Samuel and Moses) lived in Worms in the 17th century and owned real estate and other property. His grandson (Abraham's son) was the famed Rabbi David Oppenheim who served as rabbi of several large communities (including Prague towards the end of his life). He wrote many important works and was a collector of rare books and manuscripts. In fact, he was the only rabbinic figure in 17th-century Europe to possess this type of collection.[3] At the end of the 17th century, Samuel Oppenheimer was renowned throughout the central European banking world as financial advisor to the Kaiser of Vienna, Leopold I. He also contributed many precious books to the collection of his nephew, Rabbi David Oppenheim. The third brother, Moses Oppenheim, became a well-known, wealthy merchant who lived in Heidelberg.[4]

It is possible that Joseph Süskind (Jud Suess) Oppenheimer was a descendant of this family. If so he would most probably have been a scion of

---

3   See J.C. Duschinsky, *Toldot... R'David Oppenheim*, Budapest 1922, pp. 3–8.
4   See M. Grunwald, *Samuel Oppenheimer und sein Kreis*, Wien–Leipzig 1923, pp. 1–35.

Moses Oppenheim. Joseph Süskind was financial advisor and patron of Prince Carl, Duke of Würtemberg. Accused of treason, Joseph Süskind Oppenheimer was sentenced to death and hanged on February 4, 1738.

The entries in the *Pinkas* provide a glimpse of the lives of Simon Wolf Oppenheim's sons before they emerged as wealthy men of renown in the Jewish world. During the period covered by the *Pinkas* they were still local merchants, involved in ordinary business transactions. Their prestige increased years after the *Pinkas* was completed. Because of his involvement in the commercial world, Samuel Oppenheimer was never able to devote as much time to scholarship as he desired. However, through his philanthropy, Samuel became the embodiment of *Torah* and greatness in coexistence. And, of course, he transmitted both love and the aptitude for learning to his children.

Following are a number of entries in the *Pinkas HaKehila* of the community of Worms translated and presented in chronological order.

Sunday, 16 Adar, 5416 (March 12, 1656)

Mrs. Johit [Joheved] and her husband Leib Honik transacted a *Kinian Sudar* to sell a seat in the men's section of the synagogue. This is the seat that is between the stone pillar and the seat in which Leib Honik sits. The Honiks sold this seat to R' Haim, including the stender [lectern] attached to the stone pillar. Also included was the right to recite the *Amidah*[5] behind the rabbi. The condition was stipulated that Leib, the members of his family, and anyone else sitting in this seat would enter and exit by way of the seat of R' Haim.[6] The parties also agreed that R' Haim would not be permitted to place a lectern beside his seat. Rather he would sit without a lectern.

(*Pinkas*, col. 38)

Sunday, 8 Nissan, 5416 (April 2, 1656)

Mrs. Sarelin [Sarah], the wife of *Parnas* Zalman Oppenheim, transacted a *Kinian Sudar* involving a fur coat decorated with stripes and a prayer book

5   *Amidah* — the recitation of eighteen benedictions said in silence while standing.
6   A reference to R' Jair Ḥaim Bacharach, later Rabbi of Worms (1699–1702).

with a silver cover. She transferred these objects to her brother, Mr. Lemil, as a complete and permanent gift. However, she stipulated that on Festivals, her brother shall be obligated to lend her the fur coat so that she may wear it in honor of the Festival. This would apply during her entire lifetime. The gift to her brother would be effective under these conditions.   (*Pinkas*, col. 36)

Thursday, 10 Iyar, 5416 (May 4, 1656)

Woeglin [Fegel] and her husband [Sinai] transacted an all inclusive *Kinian Sudar* to sell their seats in the men's and women's section of the synagogue: namely, Sinai's seat near the *Yiddish Tür*[7] and Woeglin's seat.[8] The seats were sold to Mr. Leser Walch and the sale became effective immediately. However, Leser agreed that Sinai and his wife would be permitted to occupy the seats for another year, free of charge. During that year, Sinai and his wife would have the option to repurchase the seats from Mr. Leser for twenty-four R.T. [Reichs Taler]. If they desire to do so, Leser shall be obligated to relinquish ownership of the seats. This clause shall be effective only if Sinai and his wife offer Leser twenty-four R.T. However, if they do not offer him twenty-four R.T. within this year, the seat shall become the permanent possession of Leser.

(*Pinkas*, col. 35)

Sunday, 27 Iyar, 5416 (May 21, 1656)

The following *Parnasim* transacted a *Kinian Sudar*: Aberlin, Wolf... Sanwill, Salman Issachar, Feivish Katz. By virtue of the *Kinian Sudar*, they sold to the honorable Leser Walch the house *Zum Korb* together with its land, including the yard that has always been adjacent to the house. From the depths of the earth to the heights of heaven [the entire area was sold]. Also included was all

---

7   The men's section of the Synagogue was separated from the women's section by a wall with one door. Usually, a chair was placed against this door in the men's section. On the occasion of a circumcision, however, the chair was removed and the infant was carried into the men's section through the door. Because it was the opening through which a Jewish child entered into the Covenant of Abraham, the door became known as the Jewish door (*Yiddish Tür* or *Yiddish Petaḥ*), and also as the Circumcision Door (*Petaḥ Mila*). This door was also opened on *Simḥat Torah* and *Purim* (See *Minhagim*, ms. Oxford p. 66a).

8   Sinai's seat was placed against the *Yiddish Tür* in the men's section and his wife's seat was placed against this door on the women's side of the door. Hence, the two seats were "back to back."

attached property within. The *Parnasim* took upon themselves to publicly appease all who protested against or objected to the sale, until the house would be firmly established in the possession of Leser. Through the *Kinian Sudar,* they also sold two seats in the men's section [of the synagogue] in addition to the aforementioned house. The seats were adjacent to each other and had belonged to Feivelmann during his lifetime. He also owned another seat in the women's section in which his wife sat. The *Kinian Sudar* for the seats was also transacted in the aforementioned manner and in the public forum.

(Pinkas, col. 34)

Thursday, 9 Sivan, 5416 (June 1, 1656)

Mr. Isaac Frankfurt transacted a *Kinian Sudar* to sell the loan contract of Michael Pepil Wagner, who lives on Stone Road. In the presence of the cantor and myself, Mr. Isaac Frankfurt delivered the loan contract of the aforementioned gentile of the wife of Wolf. He transferred the contract, all obligations attached to it, and all the necessary documents of sale, according to the ruling of our rabbis, of blessed memory. The sale provided that *Parnas* Wolf would pay one hundred *Zehuvim* [Gulden][9] to the City Council. The aforementioned Mr. Isaac would continue to live in the house and deduct one hundred Gulden from his City Council tax payment for a full year.

(Pinkas, col. 34)

Wednesday, 15 Sivan, 5416 (June 7, 1656)

On the wedding day of Israel Leib and the daughter of R'[Shimshon][10] the bridegroom transacted an all-inclusive *Kinian Sudar* providing that if he were found to be owing any debts before the wedding ceremony, he would pay 300 R.T. to his father-in-law, the rabbi. The rabbi would then use this money to pay as he saw fit.

(Pinkas, col. 33)

9   1½ *Zehuvim* equals 1. *Reichstaler.*
10   A reference to R' Moshe Shimshon Bacharach, Rabbi of Worms (1650–1670).

Thursday, 14 Tammuz, 5416 (July 6, 1656)

The widow of R' Aaron, Mrs. Merli summoned us. In our presence she bequeathed equal shares of her movable property to her sons and her unmarried daughter. If either of her sons should receive a permit to settle in Worms, he would inherit one fourth of the house *Zur Meise* [which otherwise would be the property of the daughter]. In exchange, he shall pay the daughter 50 *Zehuvim*. However, if neither son receives a permit to settle here, the half of the house belonging to the widow shall be inherited by her unmarried daughter. (*Pinkas*, col. 31)

Thursday, 9 Adar, 5417 (February 22, 1657)

Abraham Oppenheim transacted a *Kinian Sudar* to sell his rights to the settlement of Heidelberg to his brother, Samuel. [Abraham] guaranteed complete withdrawal: [i.e.] he would have no further claims upon the settlement of Heidelberg. He and his friend Jeḥiel would also have no further claims upon the capital or profit of Samuel in his business transactions, whether in Heidelberg or elsewhere. [The withdrawal] will become effective on the day Samuel settles in Heidelberg. (*Pinkas*, col. 25)

Thursday, 9 Adar, 5417 (February 22, 1657)

The aforementioned Jeḥiel and Samuel [Heidelberg] formed a two-year partnership by virtue of a *Kinian Sudar*. They agreed to transact their business in good faith. All their personal and household transactions shall be included in the partnership and they shall share equally. All commercial papers, contracts and debts shall bear both names. Neither of the partners may appropriate property belonging to the partnership for his personal use. In addition, the partners and their wives agree not to gossip or indulge in idle chatter about each other. Neither partner shall accept the gossip of his wife as credible, unless he knows with certainty that the matter is true. Even then, he must calmly rebuke his partner and request that she discontinue this particular behavior. If either partner undertakes a contractual obligation without the authority of the other partner, he shall pay the debt from his personal funds. The partners shall maintain a safe with two different locks and keys so that one partner will not be able to open the safe without the other partner's consent. All silver, gold, cash and revenue must be deposited directly into the safe. The partners will also maintain a separate ledger for recording their withdrawals. Individual ledger pages shall be dedicated to each partner's record, so that the accounts will not be confused. The ledger shall be examined daily to ensure that the calculations are orderly, and the ledger page shall be signed and dated after each examination. Each partner has invested three thousand R.T. in cash, in addition to debenture notes and personal property, as calculated in the documents executed on Tuesday, the first day of Adar, 5417 [February 13, 1657].   (*Pinkas*, col. 25)

Wednesday, *Rosh Ḥodesh* Adar II [1 BeAdar], 5418 (March 6, 1658)

Daniel sold a gilded silver belt to Sanwil, the son-in-law of Issachar. The weight of the belt, including the buckle, was 61 Lot.[11] [He also sold] 61 Ells[12] of Amsterdam fabric. The price for the entire sale was 30 R.T. Sanwil agreed that if Daniel desires to (resell)) [repurchase] the merchandise for 30 R.T. and 20 Batz,[13] he may do so within two months of the sale. However, he may not resell the merchandise after two months have elapsed. This was transacted by virtue of a *Kinian Sudar* on the aforementioned date.   (*Pinkas*, col. 9)

Sunday, 25 Nissan, 5418 (April 28, 1658)

Mrs. Gittel and her husband Tevlin [Tcwl] Oppenheim transacted an all inclusive *Kinian Sudar*. They sold the upper floor of their house *Zum Halben Mann*, to Leib Neiburg and his family to be used as a store. The latter is permitted to conduct his business affairs in these dwelling chambers in any manner he may wish. Leib, his wife, and his partner, may make noise in the house. Additionally, they may attract Jewish and gentile sellers and buyers. Tevlin and his wife are also permitted to make noise in the house.

Tevlin will not tolerate any damage by customers that enter the store — neither theft nor damage to the house or to any property in it belonging to Tevlin and his wife. Leib Neiburg and his partner will be required to pay restitution for any damages.   (*Pinkas*, col. 7)

[See also *Pinkas*, col. 22 and D. Kaufmann–Bacharach, p. 114]

11   Lot is an Old German weight equalling one third of a pound.
12   Ell (in German *Elle*) is a measure of length equalling 60–80 cm.
13   Batz derives from *Batzen*, an Old German coin. One hundred Batz equals approximately 4.5 R.T.

Wednesday, Evening of 29th Av [the New Moon of Elul, 5418 (August 28, 1658)

Feivish and Isaac, the butchers, obligated themselves to pay 130 R.T. to Michael Gernsheim in exchange for cattle. They have the option to pay up to one half of the debt on *Rosh Hodesh* Heshvan [the New Moon of Heshvan] and one half on *Rosh Hodesh* Kislev, 1659. Alternately, they may pay the entire sum at cash in the beginning of Kislev, 1659.

Among the cattle was one ox which escaped the notice of the butchers. Michael [later] assured them that the ox was worth 14.5 R.T. and weighed 400 lbs. If Michael's words are not substantiated, the butchers will not purchase that ox and will only pay 115.5 R.T. Both parties agreed to this condition although they did not include it in the written contract.

(*Pinkas*, col. 4)

Eve of *Rosh HaShanna*, 5418 (September 22, 1658)

Leib Oppenheim transacted a *Kinian Sudar* to sell 1.5 Fuder[14] of wine to Lesi [Leser]. He has already received payment. [Lesi] may take possession of the wine on *Rosh Hodesh* Heshvan. (*Pinkas*, col. 4)

Rosh Hodesh Heshvan, 5419 (October 27, 1658)

Abraham Oppenheim transacted a *Kinian Sudar* to pay 525 R.T. in cash to his father-in-law, David Wohl (*Parnas*) of Frankfurt. The payment is due in the month of Adar 5419 [1659]. (*Pinkas*, col. 3)

Thursday, 25 Heshvan, 5419 (November 21, 1658)

Mrs. Woeglin [Fegel] and her husband, Mr. Sinai Elsass, sold their seat in the men's section of the synagogue to Mr. Isaac Gernsheim. The parties formed a binding agreement by grasping an object in a ceremony known as *Kinian Sudar*. The seat is near the *Yiddish Tür*.[15] The adjacent seat belonged to Salman Weinschenk. [It is] presently occupied by the revered son-in-law of

---

14　*Fuder* is an Old German liquid measure equal to approximately 800–1000 liters.
15　See note 7.

the Head of the Rabbinical Court. On the other side is the seat of the *Parnas* Sanwil Neiburg... .

The sellers received 20 R.T. from the buyer in exchange for complete rights to the seat. However, the condition was stipulated that if Woeglin and Sinai decided to repurchase the seat, they might do so at the predetermined price of 20 R.T. without further negotiation.   (*Pinkas*, col. 2)

Monday, 20 Kislev, 5418 (November 26, 1658)

Abraham Oppenheim agreed to pay 400 R.T. to his brother-in-law in Hamelburg for a business transaction involving a profit of 50 *Zeuvim*. The payment is due within a year. If Abraham retains the money for more than a year, he must submit the aforementioned additional payment, which is permissible [according to Jewish law]. The year shall be calculated from the first day *Ḥannuka* [25 Kislev], 5418 [1658].   (*Pinkas*, col. 10)

Wednesday, 29 Kislev, Fourth Day *Ḥannuka*, 5418 (December 5, 1658)

Abraham Oppenheim agreed to pay his paternal uncle, Theodorus of Frankfurt, 1,200 *Zeuvim* in installments. The first installment of 50 *Zeuvim* is due in Tammuz 5418 [1658]. The second installment of 50 *Zeuvim* is due on *Rosh Ḥodesh* Tevet [the New Moon of Tevet], 5419 [1658]. Fifty *Zeuvim* will be due semi–annually until the debt is completely repaid.

In consideration of the 1,200 *Zeuvim* which Theodorus received, he sold to Abraham Oppenheim all the bills of indebtedness which he inherited from his father Leib Oppenheim, which were in Worms and in its environs.

                                                            (*Pinkas*, col. 10)

Wednesday, 15 Kislev, 5419 (December 11, 1658)

Seligmann, son of Lippmann, and Samson, son of Solomon Sacks, transacted a *Kinian Sudar*. Both parties were from Prague [apparently visiting Worms on business].

Samson entrusted a collateral to Seligmann of two short jackets — one with sleeves embroidered with silver thread, and the other with plain sleeves. The jackets were worth five *Zeuvim*. Whenever Samson should desire to redeem his collateral, Seligmann shall be required to return it to him without delay.   (*Pinkas*, col. 2)

Wednesday, 23 Kislev, 5419 (December 19, 1658)

Jeḥiel Katz transacted a *Kinian Sudar* to pay Mr. Isaac Balin 100 R.T. fifty R.T. will be paid upon sale of the hides, and 50 upon sale of the wine, even if some of the wine is not sold. (*Pinkas*, col. 2)

Sunday Night, 3 Tevet, 5419 (December 30, 1658)

The husband of Mrs. Reiz [short for Rizpa] and her brother, Moses Oppenheim, borrowed 400 R.T. from Moses' nephew, known as Leib Oppenheim of Frankfurt, in Ḥeshvan, 5419 [1658], to be repaid in one year. Mrs. Reiz established that she and her husband would be responsible for half of the debt, while her brother would be responsible for the other half. The creditor has the right to collect his debt from both parties or from either party, in accordance with his preference.

Mrs. Reiz also agreed that she would be amenable to any future transactions between her husband, Leib Leidenburg, and her brother, Moses. We will record each of these future transactions in separate documents.

(*Pinkas*, col. 2)

Monday, 11 Tevet, 5419 (January 6, 1659)

Mr. Isaac Arensheim formed a partnership with *Parnas* Issachar. Issachar entrusted 170 R.T. to Mr. Isaac who will purchase merchandise with the money in Buchen and its environs. Both partners share in the loss as well as the profit. However, Isaac took upon himself by virtue of a *Kinian Sudar* neither to sell nor purchase merchandise with this money without Issachar's permission.

Regarding the 40 R.T. owed by Isaac and Walik to Issachar, Isaac will keep the hides belonging to Walik in his house (known as Arensheim) until Issachar received full payment from both debtors.

In witness whereof, we have written this document. (*Pinkas*, col. 1)

Sunday Night, 17 Tevet 5419 (January 12, 1659)

The revered Moses Oppenheim and Zekli Elsass formed a partnership through a *Kinian Sudar*. They agreed that Moses will entrust 80 R.T. to Zekli for the purchase of feathers. The partners will share equally in the loss and profit including all expenses for the business trip. The equal distribution of loss and profit similarly applies to any other merchandise purchased by Zekli with Moses' money. Zekli is obligated to remit Moses' share of the money, 40 R.T., in two installments: 20 R.T. due eight days prior, to his trip to Frankfurt in the upcoming Nissan, 5419 [1659] and 20 R.T. due during his trip here, to Worms, in Sivan 5419 [1659].

However, after the arrival of the feathers and the other merchandise purchased by Zekli with Moses' money, if Moses wishes to sell his interest in the business to Zekli, the latter must pay 10 R.T. without delay. In addition, Zekli must refund Moses' original investment of 80 R.T. The aforementioned installment payments will then be changed to 45 R.T. before the journey in Nissan and 45 R.T. before the journey in Sivan.

Zekli formalized this agreement with Moses and his wife.

(*Pinkas*, col. 1)

Monday, 25 Tevet, 5419 (January 20, 1659)

Mrs. Woegil and her husband, Salman Segal, entered into a business arrangement [with Moses Oppenheim] in which the prohibition against interest is not applicable whereby they received 100 *Zeuvim*... for six months. The fee for the 100 *Zeuvim* was 10 *Zeuvim*.   (*Pinkas*, col. 1)

Date Not Given

Mrs. Gittlin, the wife of Tewl, informed the members of the Yeshiva that she is in possession of a wedding ring given her by Tewl. The ring weighs five Ketarim I [crowns]. In accordance with the request of the members of the Yeshiva, we have recorded [her declaration] here in the *Pinkas*.

(*Pinkas*, col. 22)

Index

כד יין ישן מוורמיישא

Old wine jug from Worms

מצבת יוזפא בבית הקברות בוורמיישא

Tombstone of Juspa Shamash in the Worms cemetary

בית יהודי בווערמיישא מהמאה הי״ז (היה שייך למשפחת אופנהיים)
17th Century Jewish house in Worms (once belonged to the Oppenheim Family)

גירוש יהודי ווערמיישא ב־1615
The expulsion of the Jewish community of Worms in 1615

גביע כסף מהמאה הי״ז של חברה קדישא דקהילת ווРמיישא
17th century silver cup belonging to the Burial Society of Worms

שמואל אופנהיים (אופנהיימר), בנקאי וחצרן של הקיסר
ליאופולד ה־1
Samuel Oppenheim/Oppenheimer, banker
and finanical advisor to Kaiser Lèopold I

בית הקברות של קהילת וורמיישא
The Jewish Cemetary of Worms

הייתי למשמלתים הראש[ן] נשתי לאסר ירד בזיהת/
ב׳ אותחר תחה לון בעבר ורשורי אמא״ן ואת
כן יה טוף בוזה הגאת זי׳ יאריך יוו פעשתיל בנעיטו
על כסא ממלבת וירום תורו וכתורו עד לעילה
וה׳ יגדל הן עשי כע ילאאו בעייני להעות עשט
כאת כבר ילא טאז שהוא בעל חסד וחסיר כן ירגב
ועצ׳ל חדרי עשע אחן:

יום א' טו'חשון לפ' עמוון ג'ולרוח ביום ההוא
שחרית טבה וו.אחר זה והאופ.
מלא מעני לרף · וגיו ב'ולרוח בשמון לשחר מנעהמריע
שיא סבב אוגונסגב אנשר הורזיות נוהד מה בתקדעוה
ומי שעני אתמת חיות אואש המלמש טבעוינה
ולר שע היד לבאר שמה בר קלעשווה סגל זל אלוה אלאחי ולרה או
תאומיים בן וגבי כאחר ..
ולר הלאש היה לורד אנרם בוק לפימעשין יי יאיריק יאיר

ילד הנימול ב׳ פעמים

ר׳ ראובן הדר בעת בכפר [illegible] וכשנולד
[illegible] אחת [illegible] דר בכפר [illegible]
של ר׳ [illegible] ראובן [illegible] והיה הילד בן י״ג [illegible] לקח את
הילד את הנער על [illegible] והלך עמו [illegible] כי לא היה
נימול [illegible] לא [illegible] ולא [illegible] מוהלים [illegible]
[illegible] כי יראו [illegible] שהוא בן י״ג [illegible]
[illegible] אותן [illegible] ולא [illegible]
[illegible] והביא המוהל את הילד [illegible]
כי היא [illegible] בת [illegible] ר׳ היר״ץ
ונימול ביום ה׳ [illegible] תקצ״ה בבית [illegible]
[illegible] והם [illegible] המילה [illegible]
המוהל [illegible] היה [illegible] הרב [illegible]
המילה גם אחר המילה היה מברך [illegible] על היין אשר
ידיד [illegible] וכן [illegible] דבר כאלו היה [illegible]
[illegible] היה [illegible] ויקרא שמו
בישראל [illegible] כי [illegible] בישראל [illegible]
[illegible] לא היה [illegible] כי היה ערל [illegible]
[illegible] מילה [illegible]
[illegible] בריתמילה והיה [illegible] בבית הרב [illegible]
[illegible] ברכת המזון [illegible] דבר [illegible]
[illegible] שהיה [illegible] בבית הכנסת [illegible]
[illegible] רק [illegible] כי היה [illegible]
[illegible]

[illegible]
[illegible]

ילד הביאו מאוהל טמא ונימול כנהוג ...
וכן היה המעשה ביום ר׳ ר׳ [illegible]
[illegible] בן זכר [illegible] ומוהל [illegible]
[illegible] אברהם [illegible]
[illegible] כנהוג [illegible] וביום [illegible] שלאחריו [illegible]
[illegible] כי [illegible] האומנת [illegible]
[illegible] וביום ב׳ [illegible] ביום
ג׳ [illegible] מסכנת [illegible]
[illegible] הרב [illegible] מוהל [illegible]
[illegible] ולא
[illegible] הוא אמרו [illegible]
[illegible] המצבה [illegible]
המצות [illegible] ישראל [illegible] בשמחה והיא [illegible]
[illegible] בשמחה [illegible] המוהל וכן היה [illegible]
[illegible] בריתמילה בבית הכנסת [illegible]
[illegible] ביום המילה [illegible] את הילד [illegible]
[illegible]
[illegible]
[illegible]
[illegible] כנהוג [illegible]
[illegible] ברית מילה [illegible] אמרתי [illegible]
[illegible] ברית מילה [illegible]
[illegible] המילה [illegible]
גם הסנדק היה [illegible] כדי [illegible]
המזון [illegible] קרובין [illegible]
[illegible] ברית [illegible] ברכת המילה
[illegible] ערב [illegible] ביום המילה [illegible]
הילד [illegible] אחרי הילד [illegible]
[illegible] בן [illegible]
[illegible] הילד [illegible]
[illegible] אמן

ברכות

ברכות

שער ברכת המזון

ברכת הזמון וברכהא

ברכות

פרשיות ד' פרשיות ושמיני

וקורין למפטיר בפרשת נאמצל שמחלת פ' כי תשא עד
לכפר על נשותיכם

מפטירין בשלשה כ כ'" ... ואחשו כן טבע טב עד ועתי יבא
ואין מפטירין הפטרת הפרשה סכת ורק כן טו שבת וקורין המ...
בפרשה זכור קורין למפטיר בפרשה כי תשא וטו את אתעצ...
עשון עד סוף הסדרא ... בן שבעת...

מפטירין בשאול א' בכ' טו' ואמתען כראשר ... עצאות פקרד
עד אמל ייי סללוו

בפרשה פרה קורין למפטיר אמהלת פרטת חקת עד תשאא
עד העם

מפטירין ביחזקאל פל/ל ויבי דבר '' אל ואמור בן אדמער כי אני יי'
... נתתל נעמל קרשי ואשפיר בתחוקא פ' ... בה כה אמר .. ואגל/
וקורי למפטיר ... עד תאכלו מצת

קריאה לתענית ציבור

סבע וחטשו ואטו טאחר פסח ואחר סוכות וכן בחנ... ... ואמ...
סבת יב' בשמנו שכ גורל/ עלמ ביצב ... אסור וגויד...
קורין שחרית וערבית ויחל - אכן המ... והוא ט' בעי ...
... עד ...
וכן ... קל המ... סבע נאמל ... קורין ...
פל/היקם ולעצב ... וכן ביה סיכן קורין טחרי...
אבל בלהמנח קהל ... בשי אובן קורין שחרי...
וערבית ויחל ... ובל עב שורין ...
הוא המ...

מפטירין בישעי' נב/נז'' עב דרש עד אקנק עלי ... עלבי
וסדר הקריאה בעיענב בפ' עב דרש עד לבן ... ...
ולוי אחון משה העמל בן כון ריד עד ומב לא ...
ורחמיין על/ ואמר '' ... אל ... פל/ל עד הר הגו
ומפטיר ... עד אשר אנו עושה עמך סוף סדר כן הקריאה //

פרשיות ליום כיפור וסוכה

ביום כיפור שחרית קורין שבה וקורין
כפרשה אחרי מות
ומתחילין ואהן ומתחיל הסדרא עד בכל ברית
שלי עד החטאת אתר לו ואולהי עד כל הדבו ישראל
ורבעי עד ובעד העם לאשל עד יבלע עליהם
לסטי עד אל הכ אח אלא ומעלה לחול ועד ומכונם
ומפטירין כסה עול ן ואתר שלו שלו עד כי מי דבר
ואמרא הוא כמה בשבת קורין ן ומברך כו
שחרית ות כיל ומתחילין ובן בחלקת הסדרא ולוי
עד לאשל ואו יעלוד / ולוי עד בברו ובעל
כהא אשלוני עד החטאת אלא לו ורבעי עד
כל הדו ישראל לאשל עד ובעד העם לסטי
עד יבער עליכם אטני עד כג יי אח אשתי
קורין ואמפיר כסה כעלבר לחול ב[כל] ומפטירין ב[כל]

ביום כיפור קורם מנחה קורין שלש
אחרי מות ואמתחיין ובן וידבר יי אל משה אחר וג
כמעלה ען אלהים עד נהי כמא אחו
ולוי עד את שם אליך אתו יי אטלשי קורין
ומפטיר עד סוף הסדרא
ומפטירין כיום של א' עד וידבר יי אל יונע עד ונכאה רבה

קריאה לסוכות

ביום ראשון של סוכות וכן בשני
שרין ה אמרה בטיין נחד עויא בפרשא אמור
שור אן כלב כאן שלרין בנום עט שופמה כאלא
המלא לעול מן ב דב לראש עאור ב
קורין כסה עט בחאשון ובומעט כפרלות פנהס
ונחאשנ עשר יום עד מנחה וספר
ומפטירין בנום ראשון בשלו כסי ה מכ אמ עוד בומגא
ומפטירין ביומעט בכומט בלכבה אל שלו וי ופכן א הפול עד עג
אם הו ימה גלם

פרשיות לשבועות

מתנת יד בשבת קין ... גברן כפרא ...

קריאה לשבועות

ביום ראשון של שבועות

וביום שני הוא מתנת יד ...

קריאה של ט' באב

פרשיות לראש השנה

ביום ראשון של ראש השנה

ביום שני של ב"ה

פרשיות לפסח

ביום שני קורין חמשי עוברין כב' אומר ואתחיל [...]
לכהן וידבר אל משה אם כסף [...] עד [...]
לבא אלהים אני יי אלי עד כל אלוהים עבודה לא תעשה [...]
לשלישי אנא יי אודיכם [...] רביעי עד תשבות בשבתם [...]
לשי' עד ראובן ועד ראון [...]
וכן קורין בראשון ועכב של סוכות בחול [...]
מפטיר כב' [...] עד [...] ומפטירין [...] עד אם כה מאמן

ביום שלישי והוא יום ראשון דחול המועד
קורין בכ' בא ואתחיל לכהן וידבר יי [...]
כסף ועד עד בחדש האביב [...] עד [...]
לשלישי עד סוף הסדרא [...] רביעי פסח טע [...]
כב' פנים והקרבתם בתוך מפטיר של האחרון עד [...]
מלאכת עבודה לא תעשו

ביום רביעי והוא יום שני דח"ה קורין בפ'
משפטים ואתחיל לכהן אם כסף תלוה עד כי חלון
אם [...] אלי עד תעווב עון [...] לשלישי עד בחדב האון
ורביעי כראשון [...] פסח טע[...]

ביום חמישי יום שלישי דח"ה קורין בפ'
כי תשא ואתחיל לכהן ויאמר יי אל משה פסל לך עד
ואתחיל [...] לוי עד מסכה לא תעשה עד לשלישי עד
לכהן אאו [...] ורביעי פסח טע[...] כראשון

ביום ששי ומ"ו יום רביעי דח"ה קורין בפ'
במדבר [...] ואתחיל לכהן [...] עד [...] אל אסף באהני סיני עד
ואצרת האון [...] לרביעי פסח טע[...] כראשון

בשבת דח"ה קורין לעולם כב' כתבא ואתחיל [...]
לכהן ויאמר [...] עד [...] עד אחר מכל על כל עד [...]
פני האדמה [...] ופני לא ראון [...]
ונאתא

ונאתא [...] לכהן עד אולי אוכנד או תעשה עד [...]
[...] עד יי אלהי ישראל [...] עד [...]
בלוב אאו [...] (ואהב הארון בחדר על הסדר קרא
בבסו בערבעא כי ככב קראו פסל
ומפטיר בפסה טע[...] כבל יום חול באו עד [...]
ומפטירין כיוונכל בפ' [...] עד ועשיתם נאמרו

שביעי של פסח קורין חמשי עוברין בפ' בשלה
[...] ואתחיל לכהן פצלהא הסדרא
עד לפא [...] אלי עד בד ראה [...] לשלישי עד ואתה
תחריטון [...] ורביעי עד עלתם לגמראלאמן
וקרין פרש בטיט לאמל עד כי אני יי רופאן
ומפטיר בפסה טע[...] כראתאנו

ומפטירין בשאול כ [...] עבד דוד עד ודוד עליעוד עד עולם
וכל טבעי אלפים **בשבת** קורין עוברין בפ' בלאת הבל
ומחאן לכהן עד גוב אתכם אלי עד לפוד בצ[...]
לשלישי עד ועלת כן לרביעי עד בד ראה [...]
עד לאתא אחריאל [...] הארון הרב לסט על בד לחדם
מערירים וקורין לאום בם טיטי לטבי עד כי אני יי רופאן
מפטיר בפסה טע[...] כראתאנו

• אחרון והוא מתנת יד קורין חמש עובר[...]
בפ' ראה אלה ואתחיל לכהן כל הבכור וכן קורין בראומד[...]
אלי בצלת ועד כל קטעות ובסוכות לבהן [...] עד לשבעא באו[...]
לשלישי עד כי אני חייך [...] עד לא תעשה מלאכת[...]
ורביעי עד החומ האלה [...] וקורין הרב לאמל עד יי כ'ין
הסדרא [...] ומפטיר בפסה טע[...] כראתאנו
מפטירין בטע[...] בפ' [...] ויל עד ג'ריב בבוב עד בקרבך קרא[...]

אותה יד בבס'

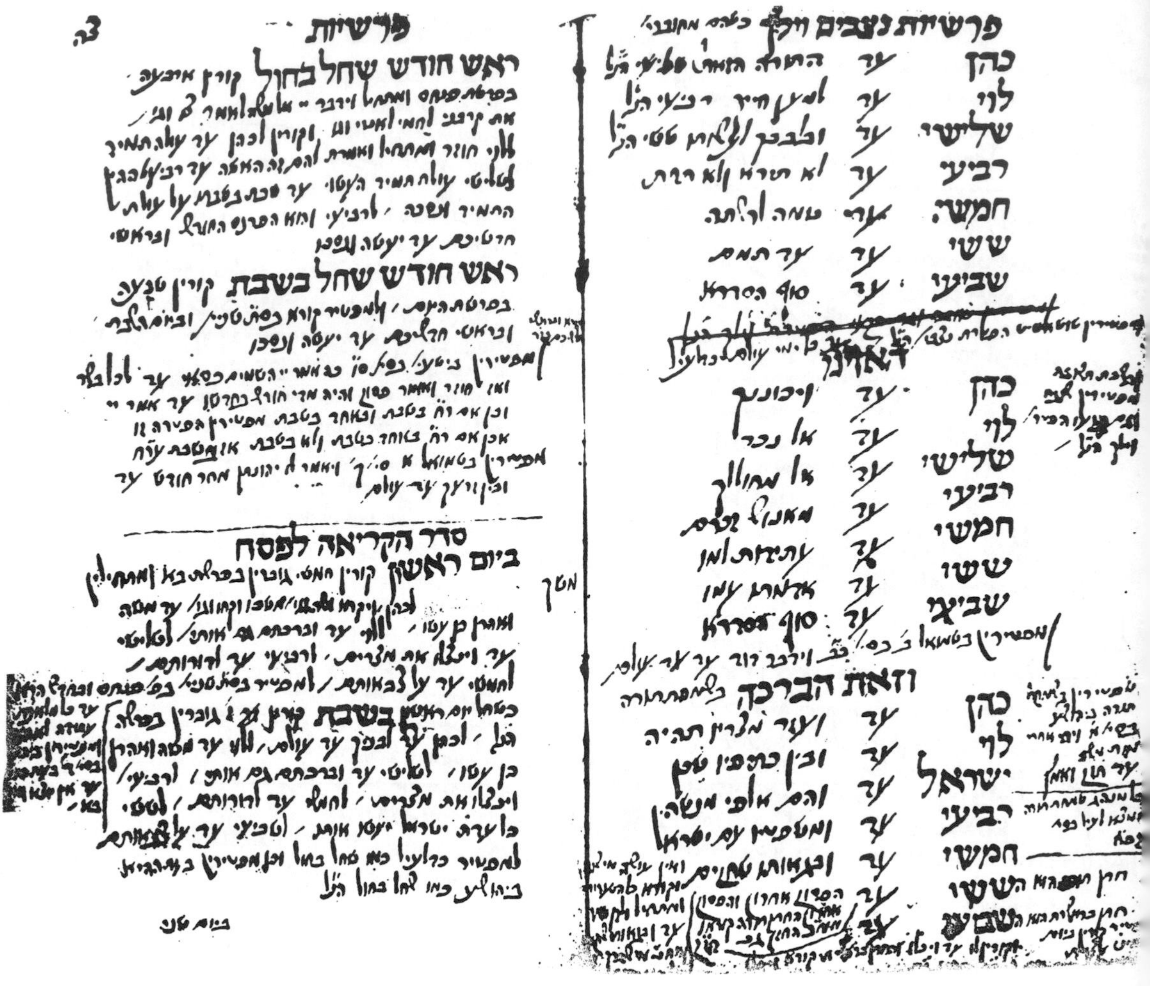

פרשיות

ראש חודש שחל בחול קורין ארבעה

בפרשת פנחס ואתחנן וידבר ~ אל משה לאמר / ו וג'
אלו קרבנ' אחד ואמ' ונ / וקרין לכהן עד עלת תמיד
אלוי חוזר ואתחיל ואמ' להם מן עד עלת תמיד
שלישי עולת תמיד הילוי / עד שבת בשבת על עולת
התמיד ונסכ' / ולרביע / והוא הפרש הרא' וראשי

ראש חודש שחל בשבת קורין שבעה

בפרשת בפ' / ולמפטיר קורא בפנח' טין / ובין הלוי
ובראשי הלאו' עד יעשה ונסכו

(handwritten text continues)

סדר הקריאה לפסח

ביום ראשון קורין חמ' גוטין בפרש' בא ואמר' לן
לכהן ויקח / ולוי עד וברכתם גם אותי / לשלישי
עד ויקרא את משים / ולרביע עד לדורות'
חמשי עד על צבאותם / לאמר' בסלטים בפ' פנחס ובה'

בשבת קורין פר' שך ג ' גוברין בפר'
אל / ובכל עד עלום / ולו עד שבת [ולוה']
כן עלו' / לשלישי / ולרביע גם אותי / לרבעי
ויקרא את משים / לחמ' עד לדורות' / לששי
בערב / לישראל יעבר אותר / לשבעי עד על צבאותם

בכ"מ שנ

פרשיית נצבים וילך

כהן	עד	התורה הזאת
לוי	עד	...
שלישי	עד	ובלבבך לעשתו
רבע	עד	לא תרדא ולא תרת
חמשה	עד	... ולפתה
ששי	עד	תתא
שביעי	עד	סוף פרשא

האזינו

כהן	עד	ויכוננך
לוי	עד	או נכר
שלישי	עד	או ממלוך
רביעי	עד	...
חמשי	עד	עתידות למו
ששו	עד	אדמת עמו
שביעי	עד	סוף פרשא

וזאת הברכה

כהן	עד	...
לוי	עד	...
ישראל	עד	...
רבעי	עד	...
חמשי	עד	...
השתי		...

פרשיות ראה
כהן	עד	ויטנתם בצע
לוי	עד	באלהיס בעיני יי אלתיך
שלישי	עד	לעולם גיש נבה יי אלתיך
רביעי	עד	כולכם האון
חמישי	עד	אעשה ירך אלד תעשה
ששי	עד	כאל אשר תעשה
שביעי	עד	סוף הסדרא

(מפטירין בטעי נבי נר עני סועיר ער כי טיק

שופטים
כהן	עד	ולא יהיה עוד
לוי	עד	בקרב סלאו
שלישי	עד	כולדיתם
רביעי	עד	עם יי אלדיך
חמישי	עד	וטוב לך
ששי	עד	בראש גים
שביעי	עד	סוף הסדרא

(מפטירין כסעיז נבי נא אנכ אנכ ער אולר יושאו

כי תצא
כהן	עד	יטמעו וראו
לוי	עד	אתרתתת ואים
שלישי	עד	ישיך ועולמ
רביעי	עד	טאכל והטתה
חמישי	עד	עם יי אלדיך
ששי	עד	בו מעשה ידך
שביעי	עד	סוף הסדרא

(מפטירין בטעי יי נב רע עוה ער אמר אורחך
כי תבא

פרשיות כי תבא
כהן	עד	ועבד אשר בקרבך
לוי	עד	נבת חוב ורטש
שלישי	עד	באשר דבב
רביעי	עד	בריד הטוב
חמישי	עד	ונצאך וישאורתם
ששי	עד	כרח אלהם בשורר
שביעי	עד	סוף הסדרא

(מפטירין בטעינבי ח קמא אורי ער בעוה אחיטע

נצבים
כהן	עד	עשהגיום
לוי	עד	עשני היום
שלישי	עד	העמדת הזאת
רביעי	עד	לאען חייר
חמישי	עד	ובט נפנך
ששי	עד	ולבבך ולעשות
שביעי	עד	סוף הסדרא

(מפטירין בטעיג כס/סב טומשיג ער בו ישי עולם

וילך
כהן	עד	כאשר דבב יי
לוי	עד	ולא יעזבך
שלישי	עד	באוטתם
רביעי	עד	סרח האהל
חמישי	עד	ער בבנ ישראו
ששי	עד	תאת
שביעי	עד	סוף הסדרא

(מפטירין כהולען יי טובה סראו ער פאי קדמ ואהב עמונ
תן על בחורל טובר טנספרית נאטנ ער יטון לעולם
האיבל

Right page (100א)

פרשית מטות

כהן	עד בנעוריה בית אביה
לוי	עד ידר ידיח
שלישי	עד הכהן כאשר צוה ... את אלע
רביעי	עד כאלה לעד ... היו... עד
חמישי	עד הירדן ... לפני ...
שישי	עד הירדן מזרחה
שביעי	עד סוף הסדרא

(מפטירין ... בס/ י' ... רברי יראו בפטחת ... לפנים הכל)

מסעי

כהן	עד אהרים ויחט שם
לוי	עד בערבות מואב
שלישי	עד קדמה מזרחה
רביעי	עד כאח פגע
חמישי	עד אערים הלוים
שישי	עד אתם כתור בני ישראל
שביעי	עד סוף הסדרא

(מפטירין ... בס/ כ' שמעו דבר י"י עד אלה נעורי אתי)

מטות מסעי כאחד ביחד מחוברים

כהן	עד בנעוריה בית אביה ...
לוי	עד אמס ... החלו ...
שלישי	עד הירדן מזרחה ... גל
רביעי	עד ויחט שם כהן גל ...
חמישי	עד כאלה פגע ... בעסע
שישי	עד בע ... אטם כאמר י...
שביעי	עד סוף הסדרא חזק

(מפטירין ... בס/ כ' שמעו ... בפטוחה ... גל ... רברים)

Left page (100ב)

פרשית דברים

כהן	עד כאשר רבר לכם
שלישי	עד ... ה' ...
שלישי	עד יש... עת את ...ישראל
רביעי	עד ... רב
חמישי	עד טוב הוא
שישי	עד הפסגה מזרחה
שביעי	עד סוף הסדרא

(מפטירין בי"ע/ בס/ א' חון י... עד ושבה בצדקה)

ואתחנן

כהן	עד ... וחדם ...
לוי	עד נדו ... וכו עשה
שלישי	עד יטען לך כי היאטר
רביעי	עד ... אשר לך עד
חמישי	עד כסח ... עך
שישי	עד כאשר צוך
שביעי	עד סוף הסדרא

(מפטירין בי"ע/ בס/ א' נחמו נחמו עד היה לא עזר)

עקב

כהן	עד יטיב האדם
לוי	עד כיוס הזה
שלישי	עד ובדירוע הטוא
רביעי	עד אטר ואהב
חמישי	עד כבוכבי השאמיסלרכ
שישי	עד וטבת חלב ודבש
שביעי	עד סוף הסדרא

(מפטירין ... בי"ע/ בס/ ... עד וקול נאמרה)

פרשיות
שלח לך

כהן עד ימי בכורי ענבים
לוי עד כי יכול נוכל לה
שלישי עד אל כל בני ישראל
רביעי עד סלחתי כדברך
חמשי עד ולגר הגר [illegible] אתכם
ששי עד כי לכל העם בשגגה
שביעי עד סוף הסדרא
מפטירין ביהושע בסי׳ ב׳ וישלח יהושע עד נמוגו כל יושבי הארץ מפנינו

קרח

כהן עד גם השתרר
לוי עד אל כל העדה
שלישי עד ביד משה לו
רביעי עד והמגפה נעצרה
חמשי עד ויקחו איש מטהו
ששי עד בתוך בני ישראל
שביעי עד סוף הסדרא
מפטירין בשמואל א׳ בסי׳ יא ויאמר שמואל עד אתכם לו לעם

חקת

כהן עד חיים אל כלי
לוי עד וירא כבוד יי אליהם
שלישי עד [illegible]
רביעי עד ויט ישראל מעליו
חמשי עד נחש הנחשת וחי
ששי עד על פני הישימון
שביעי עד סוף הסדרא
מפטירין בשופטים בסי׳ יא ויפתח הגלעדי עד מפני בני ישראל

פרשיות בלק

כהן עד כי ברוך הוא
לוי עד אותה תעשה
שלישי עד אותו אדבר
רביעי עד ותהי אחריתי כמוהו
חמשי עד רוח אלהים
ששי עד עושה חיל
שביעי עד סוף הסדרא
מפטירין במיכה סי׳ ה׳ והיה שארית יעקב עד והצנע לכת עם אלהיך

חקת בלק כשהן מחוברים

כהן עד חיים אל כלי הגל
לוי עד ויט ישראל מעליו רביעי הגל
שלישי עד על פני הישימון ששי הגל
רביעי עד כי ברוך הוא כהן דבלק הגל
חמשי עד ותהי אחריתי כמוהו רביעי דבלק הגל
ששי עד וישראל עושה חיל
שביעי עד סוף הסדרא
מפטירין במיכה סי׳ ה׳ והיה שארית הפטרת בלק הגל

פנחס

כהן עד [illegible]
לוי עד שבע מאות ושלשים
שלישי עד משכן לפני יי
רביעי עד דבר יי ביד משה
חמשי עד [illegible]
ששי עד כמשפטם וריח ניחוח [illegible]
שביעי עד סוף הסדרא
מפטירין בירמיה בסי׳ א׳ דברי ירמיהו [illegible] אלהים נאם יי
[illegible]

פרשיות אמר

כהן	עד	אפ ״ אקדשו
לוי	עד	אפ ״ אקדשם
שלישי	עד	אפ ״
רביעי	עד	אפ ״ אליכם
חמישי	עד	תשבע שבתם
ששי	עד	אל בני ישראל
שביעי	עד	סוף הסדרא

מפטירין כיחזקאל כ׳ והכהנים מאירים עד לא יאכל הכהן/

בהר

כהן	עד	אל אהרן
לוי	עד	נשאל תתן לאל
שלישי	עד	וטב לאחתא
רביעי	עד	אחות עול הוא לכם
חמישי	עד	לכם ולאחד
ששי	עד	כו בכרך
שביעי	עד	סוף הסדרא

מפטירין בירמ׳ כ׳ אב ויהיה ״ עד כ רב

בחקתי

כהן	עד	לבית כאולבם
לוי	עד	בריתי אתהכם
שלישי	עד	בד מטה
רביעי	עד	עיתבא הבטן
חמישי	עד	כן יקום
ששי	עד	תגיד אתהגת
שביעי	עד	סוף הסדרא

מפטירין בירמ׳ כ׳ ובעת עת כ׳ ברוכ הגבר אגה

במדבר

כהן	עד	ולשעבר גל
לוי	עד	וטב לאחדת טלסי דבל
שלישי	עד	וטב לאלהים כל גל
רביעי	עד	ברית אהבם עד הכ בחנוזי
חמישי	עד	בד מטה טלסי הכ בבביתא
ששי	עד	התה אחוינם טסיא הכ בבתא
שביעי	עד	סוף הסדרא חז

מפטירין כ׳ עד וישלי בעתה בחצרהגל אסליש כא
סוף פסו ויקרא
בהרבה

פרשיות במדבר

בַּמִּדְבָּר

כהן	עד	ויפקדף בזרב סיני
לוי	עד	כן עלו
שלישי	עד	בית א בותיו
רביעי	עד	יהיו אפ ״
חמישי	עד	טניו ולהרימ ואף
ששי	עד	לב ״ אף טלא
שביעי	עד	סוף הסדרא

מפטירין נטרי עד בחצא נסיא א׳ ובין מספר וידעת אתה ״

נשא

כהן	עד	איתאמר בן אהרן הכן
לוי	עד	אטר לב ״ את משא
שלישי	עד	לו יהיה
רביעי	עד	ואט אברכם
חמישי	עד	שלומיאו בן צורי טדי
ששי	עד	אחיעד בן עמו טדי
שביעי	עד	סוף הסדרא

מפטירין בשופטים כ׳ ויהי איש אחד עד ובן מטאחו

בהעלותך

כהן	עד	והיטו הנים
לוי	עד	אליה במאמרה
שלישי	עד	ולהנזרה הארן
רביעי	עד	אלוים אב ״ אלריכם
חמישי	עד	אלמ ישראו
ששי	עד	רוזו עלינם
שביעי	עד	סוף הסדרא

מפטירין בזכר׳ כ׳ רנו ושמח עד חן חן לה

פרשיות

פרשת

אחרי מות

כהן	עד
לוי	עד
שלישי	עד
רביעי	עד
חמשי	עד
ששי	עד
שביעי	עד סוף הסדרא

קדושים

כהן	עד
לוי	עד
שלישי	עד
רביעי	עד
חמשי	עד
ששי	עד
שביעי	עד סוף הסדרא

אחרי מות וקדושים

כהן	עד
לוי	עד
שלישי	עד
רביעי	עד
חמשי	עד
ששי	עד
שביעי	עד סוף הסדרא

אמור

פרשיות

תזריע

כהן	עד
לוי	עד
שלישי	עד
רביעי	עד
חמשי	עד
ששי	עד
שביעי	עד סוף הסדרא

מצורע

כהן	עד
לוי	עד
שלישי	עד
רביעי	עד
חמשד	עד
ששי	עד
שביעי	עד סוף הסדרא

תזריע ומצורע

כהן	עד
לוי	עד
שלישי	עד
רביעי	עד
חמשי	עד
ששי	עד
שביעי	עד סוף הסדרא

אחרי מות

פרשת ויקהל

כהן	עד
לוי	עד
שלישי	עד
רביעי	עד
חמשי	עד
ששי	עד
שביעי	עד
סוף הסדרא	

(מפטירין ...)

פקודי

כהן	עד
לוי	עד
ישראל	עד
רביעי	עד
חמשי	עד
ששי	עד
שביעי	עד
סוף הסדרא	

(מפטירין ...)

ויקהל ופקודי כשהן מחוברים

כהן	עד
לוי	עד
שלישי	עד
רביעי	עד
חמשי	עד
ששי	עד
שביעי	עד
סוף הסדרא	עד

(מפטירין ...)

חסלת ספר ואלה שמות

פרשת ויקרא

כהן	עד
לוי	עד
שלישי	עד
רביעי	עד
חמשי	עד
ששי	עד
שביעי	עד
סוף הסדרא	

(מפטירין ...)

צו

כהן	עד
לוי	עד
שלישי	עד
רביעי	עד
חמשי	עד
ששי	עד
שביעי	עד
סוף הסדרא	

(מפטירין ...)

שמיני

כהן	עד
לוי	עד
שלישי	עד
רביעי	עד
חמשי	עד
ששי	עד
שביעי	עד
סוף הסדרא	

(מפטירין ...)

תזריע

פרשיות
בשלח

כהן	קורין לוי הכתב
לוי	קורין לוי
שלישי	קורין לוי
רביעי	
חמשי	
ששי	
שביעי	
סוף הסדרא	

(מפטירין בשופטים פס' ד'/ ודבורה אשה נביאה עד אובל (פס')

וישמע יתרו

כהן	
לוי	
שלישי	
רביעי	
חמשי	
ששי	
שביעי	קורין לוי
סוף הסדרא	

(מפטירין בישעיה פס'/ ו' בשנת מות המלך עוזיא עד קדוש

משפטים

כהן	
לוי	
שלישי	
רביעי	
חמשי	
ששי	
שביעי	
סוף הסדרא	

(מפטירין בירמיה פס'/

תרומה

פרשיות
תרומה

כהן	
לוי	
שלישי	
רביעי	
חמשי	
ששי	
שביעי	
סוף הסדרא	

(מפטירין במלכים א' פס' ל'

תצוה

כהן	
לוי	
שלישי	
רביעי	
חמשי	
ששי	
שביעי	
סוף הסדרא	

(מפטירין ביחזקאל פס'

כי תשא

כהן	
לוי	
שלישי	
רביעי	
חמשי	
ששי	
שבת	
סוף הסדרא	

(מפטירין

ויקהל

פרשיות

מקץ

כהן	עד ויבא אל פרעה לר...
לוי	עד הראה אתי פרעה את...
שלישי	עד ויש אלהים בן
רביעי	עד כאשר עש
חמשי	עד האלהים את יראה
ששי	עד יתן כף
שביעי	עד סוף הסדרא

אמשירין כאלהים א' נס' ב' ויקן אלהי עד על טו ישראל...

ויגש

כהן	עד ויגש אליו יהודה בעבר אדני
לוי	עד לפלטה גדולה
שלישי	עד ואת אביך ואת בית אביך
רביעי	עד ותרי רוח יעקב אביהם
חמשי	עד אלהים טבעם
ששי	עד ולא אלהי פרעה
שביעי	עד סוף הסדרא

אמשירין בחנוכ נס' ... ויהי דבר יי' ועו ואחד... מן אדם עד יי' אלהי יי'

ויחי יעקב

כהן	עד ויקחמכא אלו ואתיכם
לוי	עד וידו ארוב טרף באכל
שלישי	עד בחרב וקשתי
רביעי	עד ולבן שנים מחלב
חמשי	עד ליטועתך קוית יי'
ששי	עד ובמות עם רב
שביעי	עד סוף הסדרא...

קורין לוי הממכ... לוי ... שלישי ... רביעי ... חמשי ... ששי ... שביעי (רב...)

...דאמר קורא בן... מן וחזב... גב חזן נקדו רס...
אמשירין כאלהים א' נס' ... ויקנעל יי' ...ד אשר עד
סוף ספר בראשית

ואלה שמ...

פרשיות

ואלה שמות

כהן	עד ותחיין את הילד...
לוי	עד מן החיים מטי חבגו
שלישי	עד וירע אלרים
רביעי	עד ודור דור
חמשי	עד את מצוותו
ששי	עד ויקדו וישתחוו
שביעי	עד סוף הסדרא

אמשירין בסי' נ... כה הבא... את יעקב ... עד אלר ישראל יערי...

למקום טעאר ... יסטר בתרה ... קין זאך יסבר

וארא

כהן	עד אאני אלרים
לוי	עד ברבים אל פרעה
שלשי	עד כאשר דבר
רביעי	עד כאשר דבר
חמשי	עד בקרב הארץ
ששי	עד ...
שביעי	עד לאמן ספר טמי כב נא נאמן
סוף הסדרא	

אמשירין בחנוכ... סמן כב ואתחיל בטופ האליטיו עד כו אני יי

בא

כהן	עד אאת פני פרעה
לוי	עד אור במושבותם
שלישי	עד ונעש העם
רביעי	עד כל מצבותיכם תאכלו מצות
חמשי	עד ... וכלו את מצל ...
ששי	עד ... על כאמראר
שביעי	עד סוף הסדרא

אמשירין ביראי' נס' ... או הדבר אשר דבר יי' ומא' עד וקה לו אתך בצאת

פרשיות

פרשיות ויצא

כהן	עד
לוי	עד
שלישי	עד
רביעי	עד
חמישי	עד
ששי	עד
שביעי	עד
סוף הסדרא	עד

מפטירין

וישלח

כהן	עד
לוי	עד
שלישי	עד
רביעי	עד
חמישי	עד
ששי	עד
שביעי	עד
סוף הסדרא	עד

מפטירין

וישב

כהן	עד
לוי	עד
שלישי	עד
רביעי	עד
חמישי	עד
ששי	עד
שביעי	עד
סוף הסדרא	עד

מפטירין

פרשיות

וירא

כהן	עד
לוי	עד
שלישי	עד
רביעי	עד
חמישי	עד
ששי	עד
שביעי	עד
סוף הסדרא	עד

מפטירין

חיי שרה

כהן	עד
לוי	עד
שלישי	עד
רביעי	עד
חמישי	עד
ששי	עד
שביעי	עד
סוף הסדרא	עד

מפטירין

תולדות יצחק

כהן	עד
לוי	עד
שלישי	עד
רביעי	עד
חמישי	עד
ששי	עד
שביעי	עד
סוף הסדרא	עד

מפטירין

סדר הפרשיות   כב

בראשית

כהן

לוי

שלישי - ברא אורי/לעשות

רביעי

חמשי

ששי - כי לוא אות אלהים

שביעי

ואפטירין

נח

כהן - בן עשר

לוי

שלישי

רביעי

חמשי

ששי

שביעי

ואפטירין

לך לך

כהן

לוי

שלישי

רביעי

חמשי

ששי

שביעי

ואפטירין

מנהג האב כב

וכן יהיה ורבי אחרינב לאנא כבוד בוו כאאב כב
וכבוד מורה וכבר ידעת שהוא חייב ולראות ולהזה
הספר ואחת יד ובחולח הטוב כאלה תמצא טו
כאמר במקומו · ובהיר ישכבן אותו אלה אלה טו
כאמת שם ובהרבת אלה ברן ''

 וליו לבר עליבר קדותיבת רק גמיל ו יד וסי בארעיה
של גש הבסר/ שבבות קדותיבת גש מעבר אנהד
ריעם בד הממומות הבר/ יהרו הבר/
אדית הטלא ידן לספיאר והסבטער ובהדאה
ובן אדית עלווג איב עלווג ואויר עלוו וארינר
מוייק וסיבורבן ואריבת עביר וארינ פראדא
ובכומת בון לחח מאמלא אדוטא הרב יגיב הרב
או טיתיה איל לאותרבת טברו אבל קריות הכלב
גיש/ ואלאתה ואלבוא פתובור וכלב כאולבל
הוא יסר עטימע ולא טום אדחב אחר · ל
רק אטום הרב /· ואבא אלד דבריס א לבבב אבר הקלנ
והרב אחריב לדבב בד הבריות ובל מקומות האטלט
הכל · וית עטימע קן כאלא ר/אלא ר בכאר/ ולאטא
בר טל טל איל יבא על אקות אלהם · ולן יטב בד עס
טיל בד צרן ואריע

בהדרן חבוב טיבב הרב ובב לעובה

חם הרב בזהריה אחר ילאחת טבוה הקוטה
הון ובא עם הזיכו וכהמורי לטיכבג שאמורי
ביב הבוכי וטוב אלבד אחר טובל ו קון ואטי
חקודה עהוהרן וב כטוה כהטובה ערהב
ובד אחן ואהלב עיני הרם ומויהטם בוד
בטראלנם טעטה הדל ומטמה כבוהה טו
אחאטל ובב אחוב אדן בד בל ום היחוהי ולמטל
אוחר וחם חלק · ובכברי בהאות הוון
לבעמ בלראל חד האהב בטון הוון לכלך
ואו אהדן בעלוהבה הווון אוקעמא ואור חין אחד
וכן לבחהר · וה היום · ווג אחר · ועמה בקחב
בד הי ערב ההוא רן בד יום אחהדרן זהלוה
בכוהב כדועו · ואטא אוחרין חילטן / רק הרב בטחוה
וטטחה טהנא הרב ידוע טבחו טורב בגד גאון
טורה הוראה בטראל בדבר איהר ובה אוטו
גם הוראה טיטם כטול טיבה על הטב ואטיחה
לאטאת ולחעטים קויב וטיטו · ואחריון בבד
ואחטאתו הבל לחט בונק הטע ואואר העבה
טי יהיה אובו · לברר קראלח חלטג עטי כדלעו
כאלא חטל טל אחד במקומו · ובלאח הטוא ואטה
תאובב אחוריב הרב לדה בב / ונא אבהן
במאקטע חלן יהבע עלוו בטיח טבחות וחן
ולהדל דבר/ אחר ופסטים אוב · וכטב
אל הראל אחר או ביב בחוב אדור נטכו כאלא ולאט
עטה הבר בב טיהר אדירה הרב כאהלג
הרחוב אדוד גל יט ב טום קטב · ובן אחרי
או מקותה ל אטון הרב בבת הבלסם ובאל
בטקטע לטונה למעוה קע האבד וטהע אד
אונם ואחוריה ל מעובב · והרב פטוך
טל מסל ואחרון · הטאלא ואטם רטא

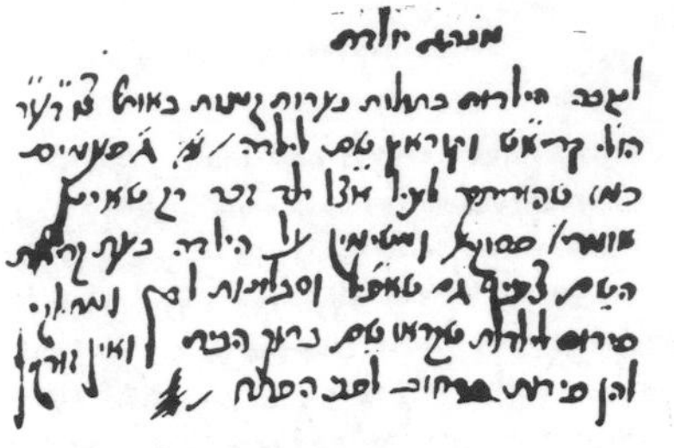

[86א]

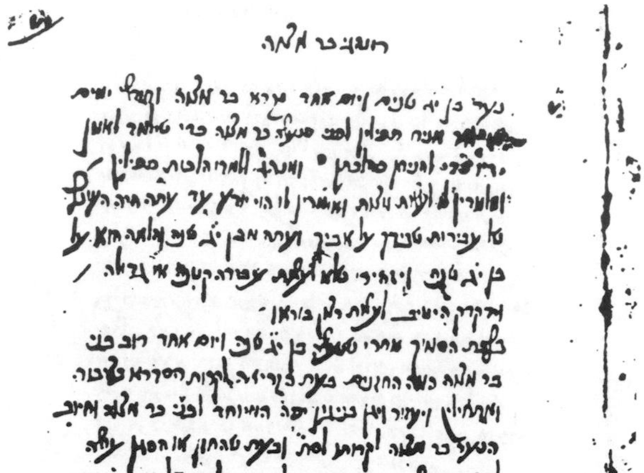

[86ב]

מנהג יולדות

[illegible]

מנהג יולדות

[illegible]

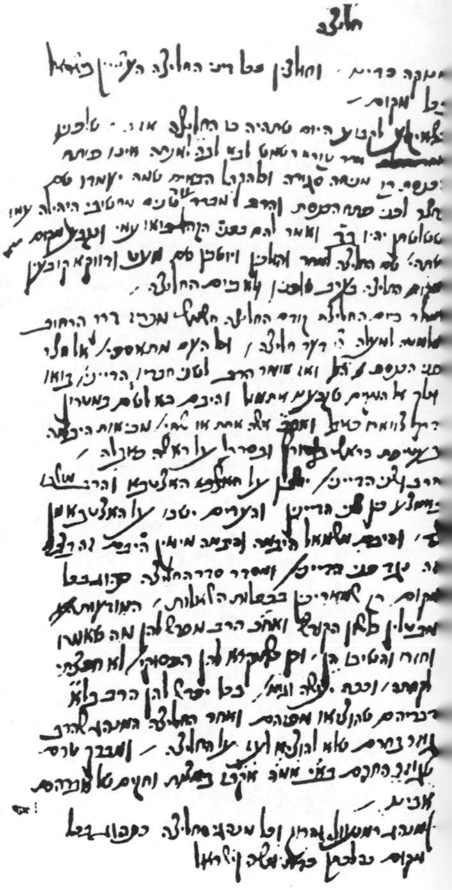

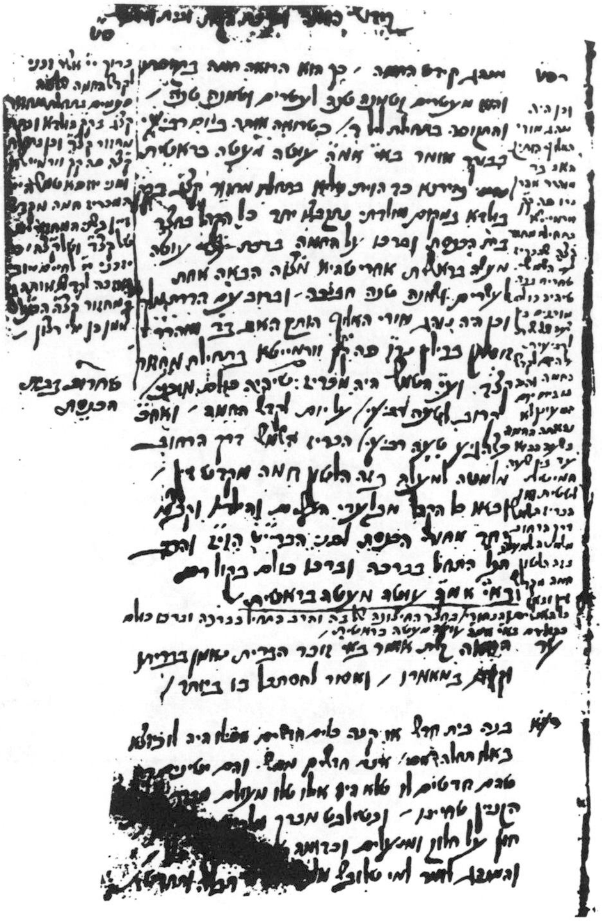

ענין תחלה

ענין שחיטה

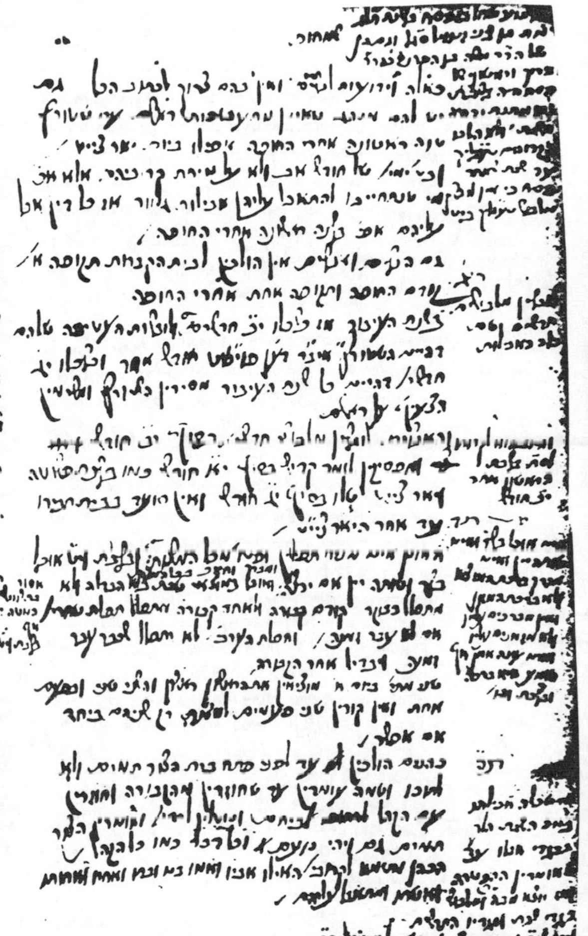

[171א]

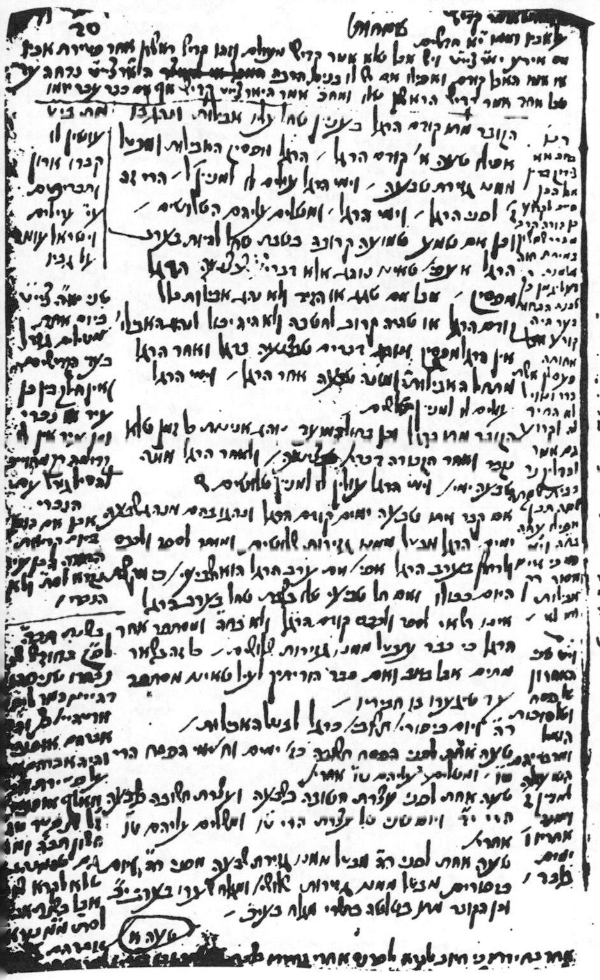

[171ב]

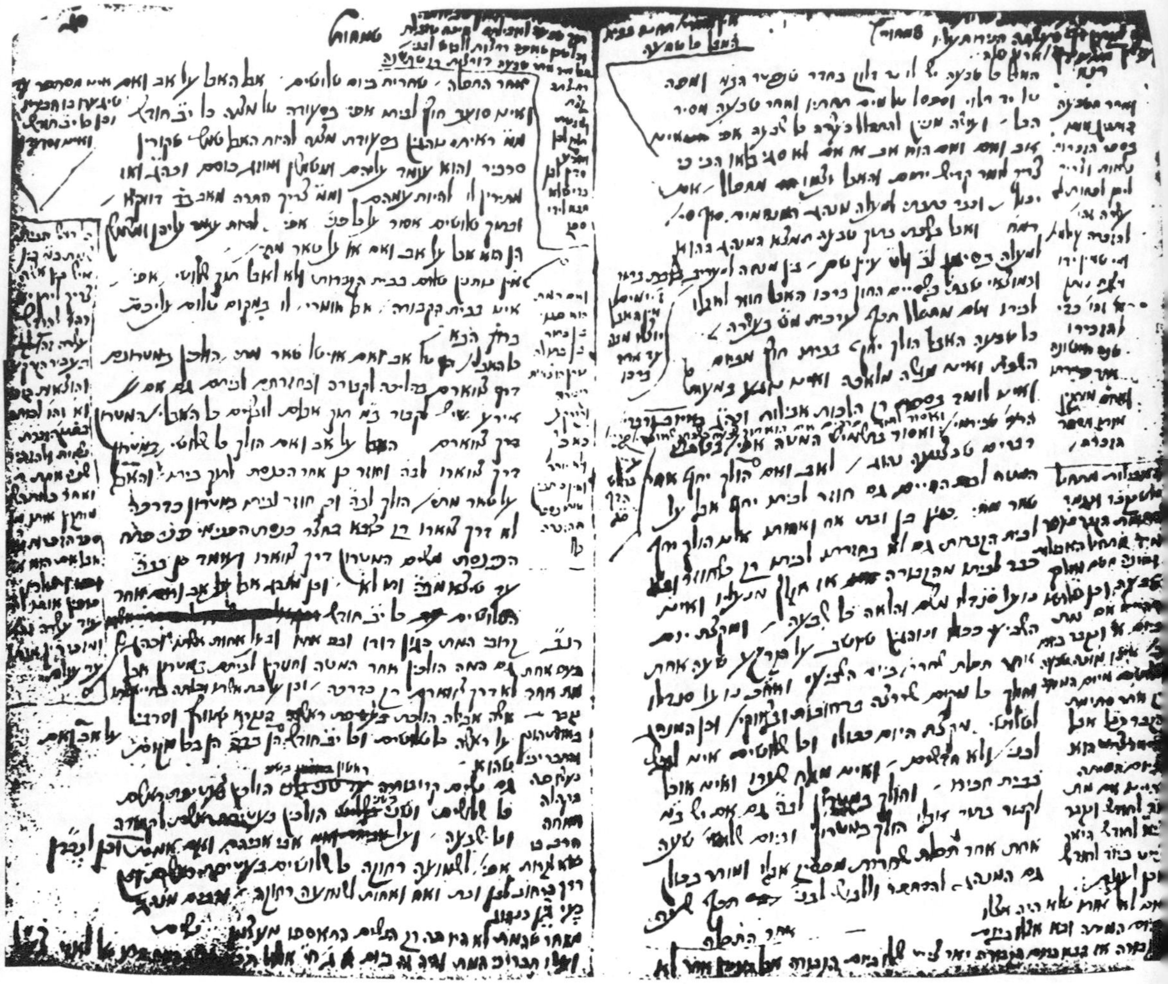

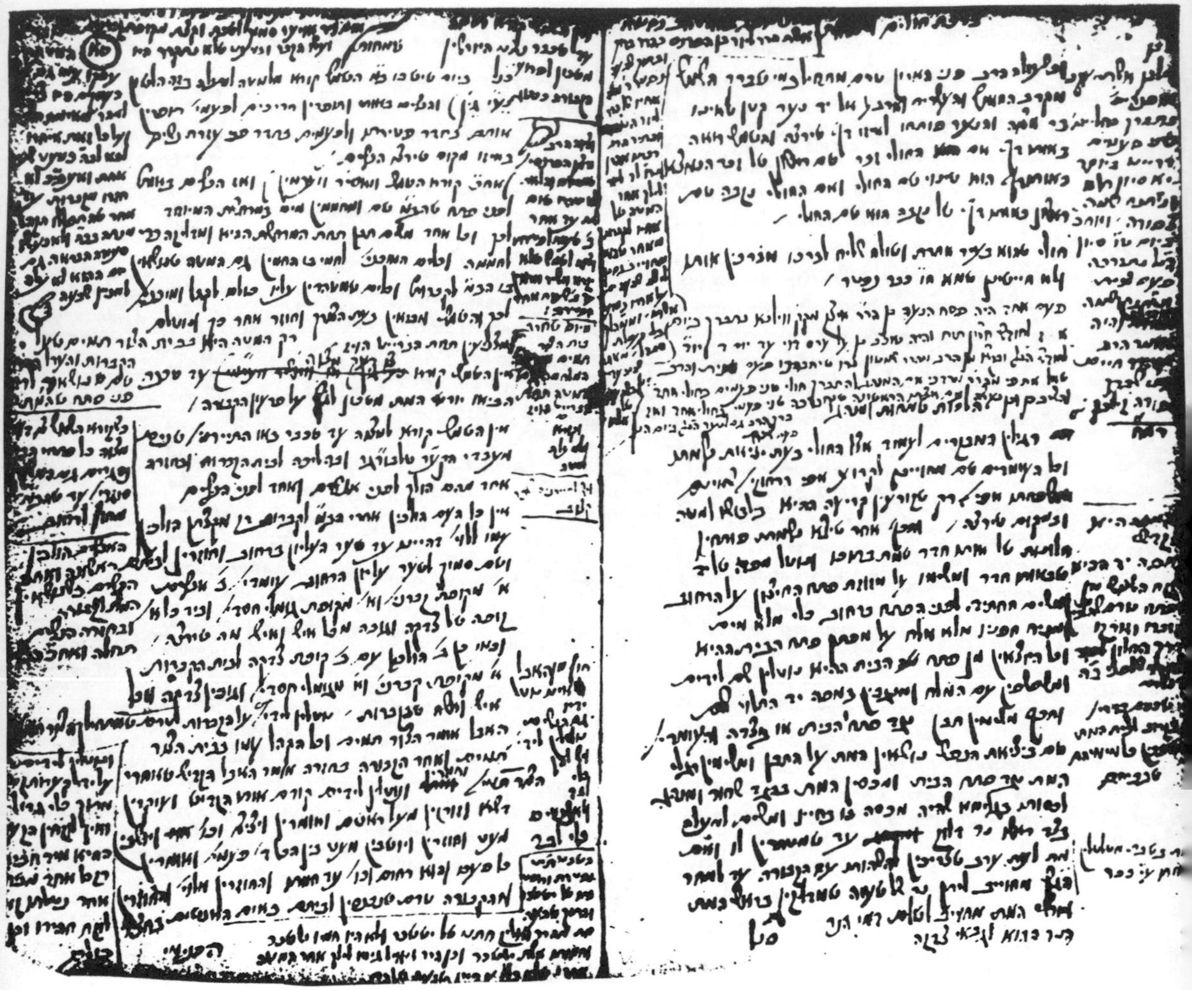

[68ב] [68א]

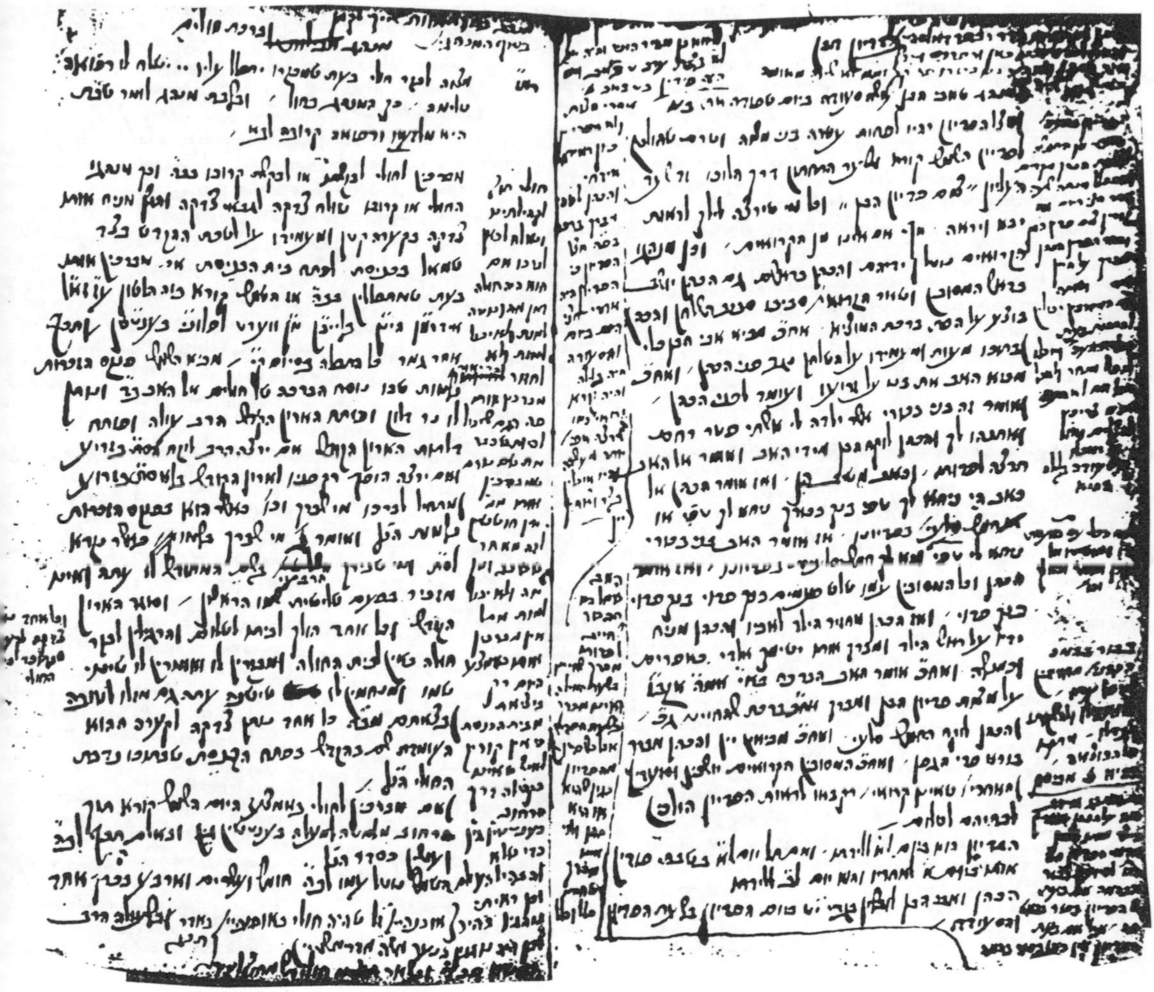

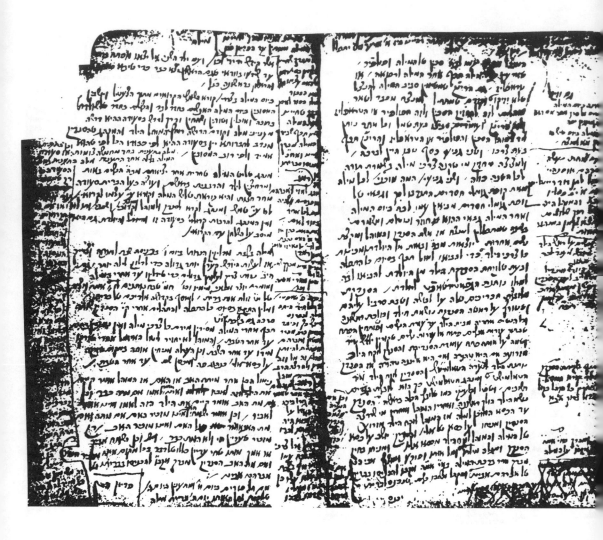

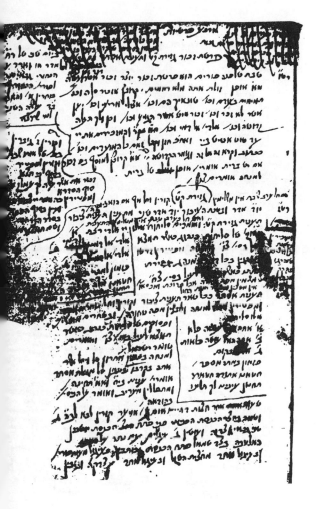

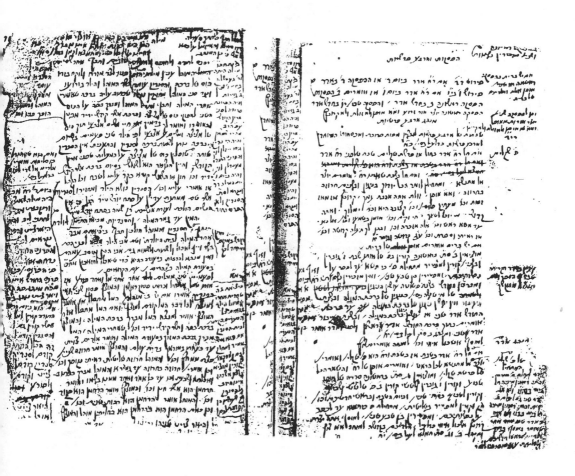

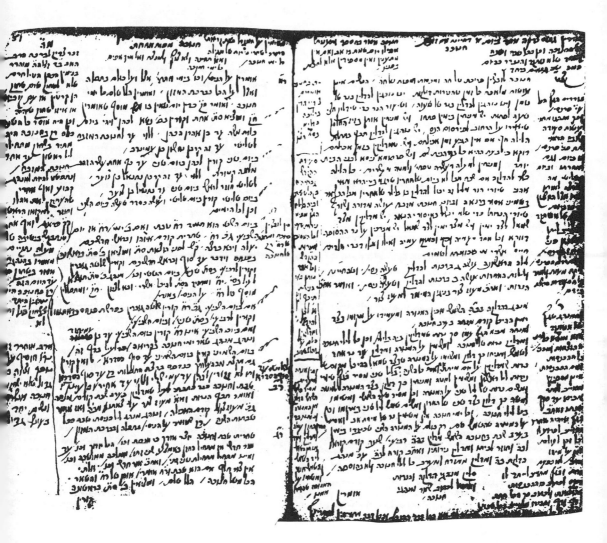

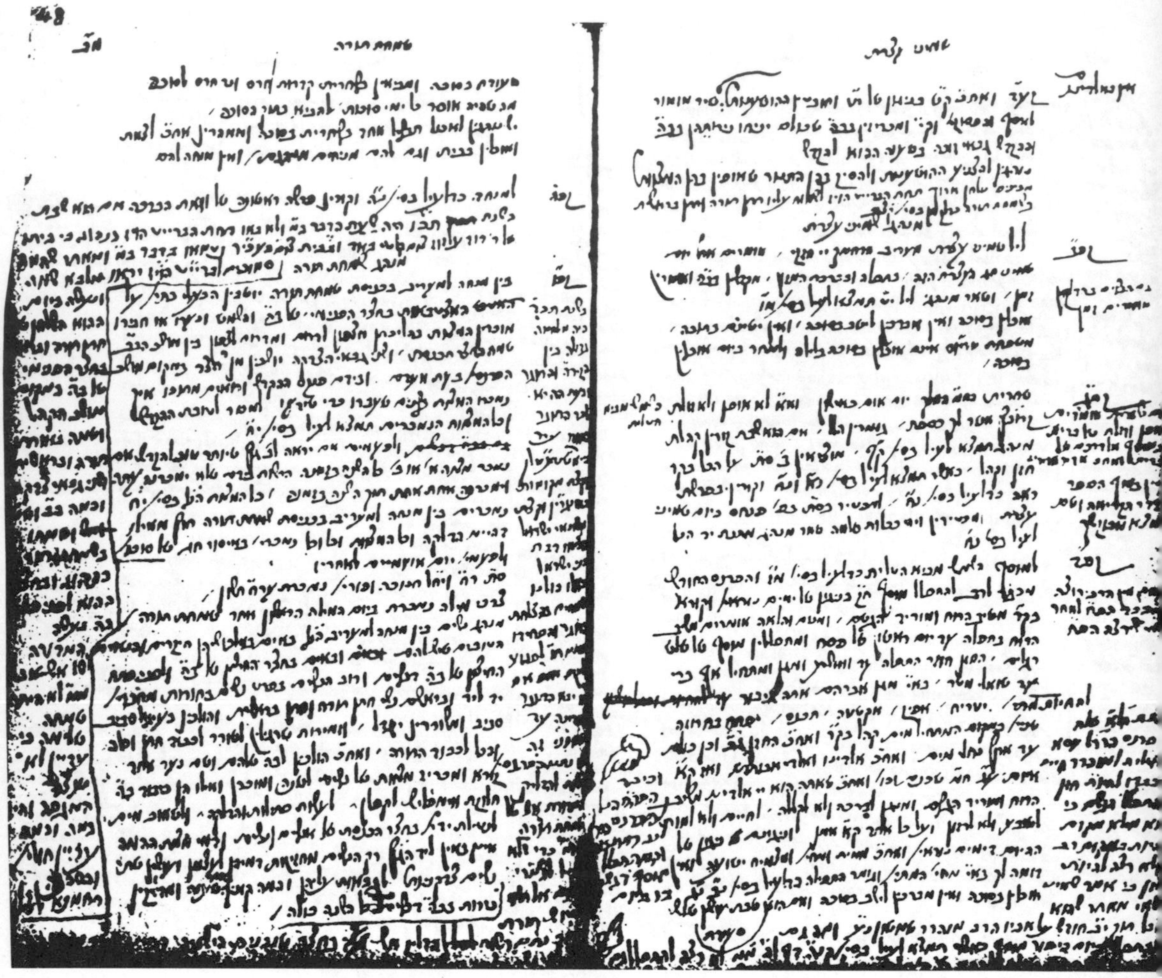

[illegible]

מוסף יום א' דסוכות

[illegible]

מוסף יום א' דסוכות

[illegible]

סדר ההושענות

[illegible]

יב טאהריר

יב טאהריר

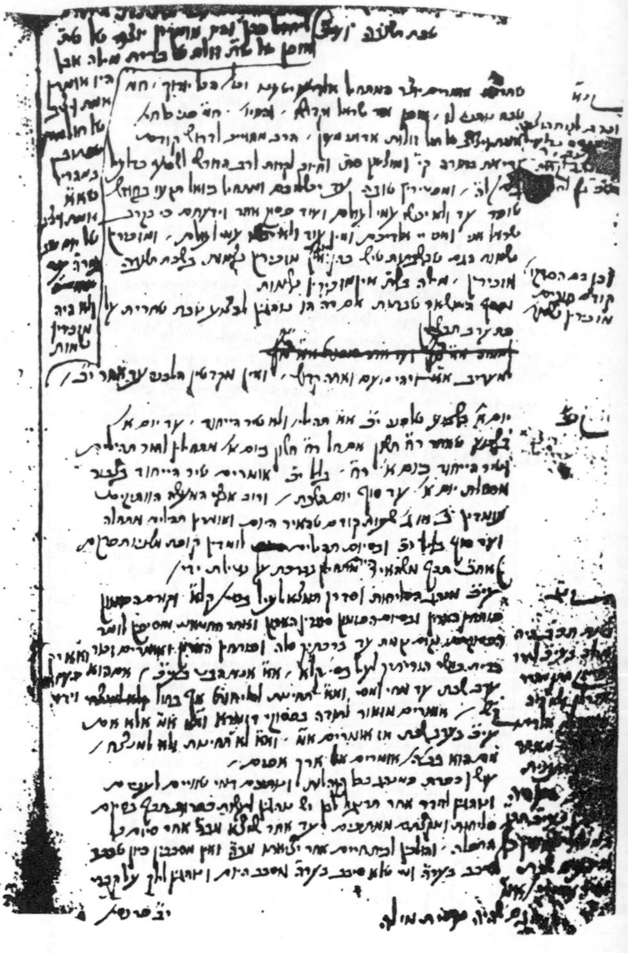

[36א]

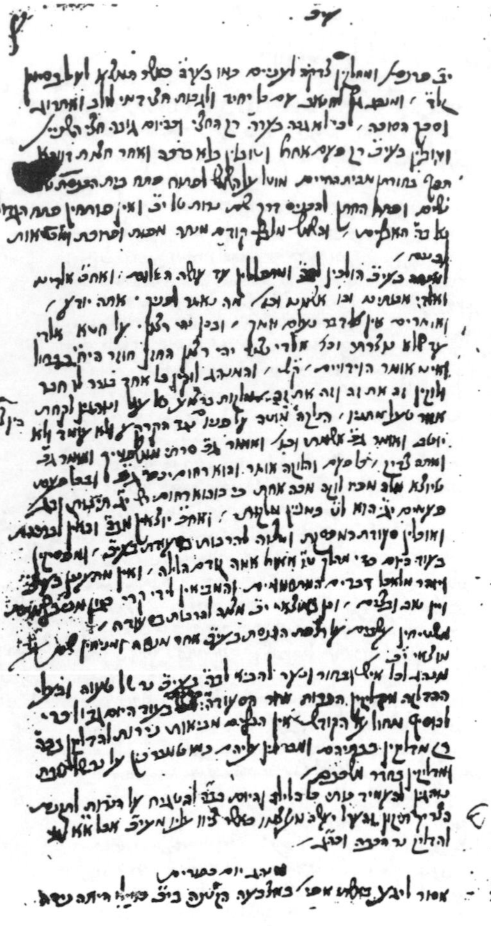

[36ב]

סיון ושבועות

[illegible]

סיון ושבועות

[illegible]

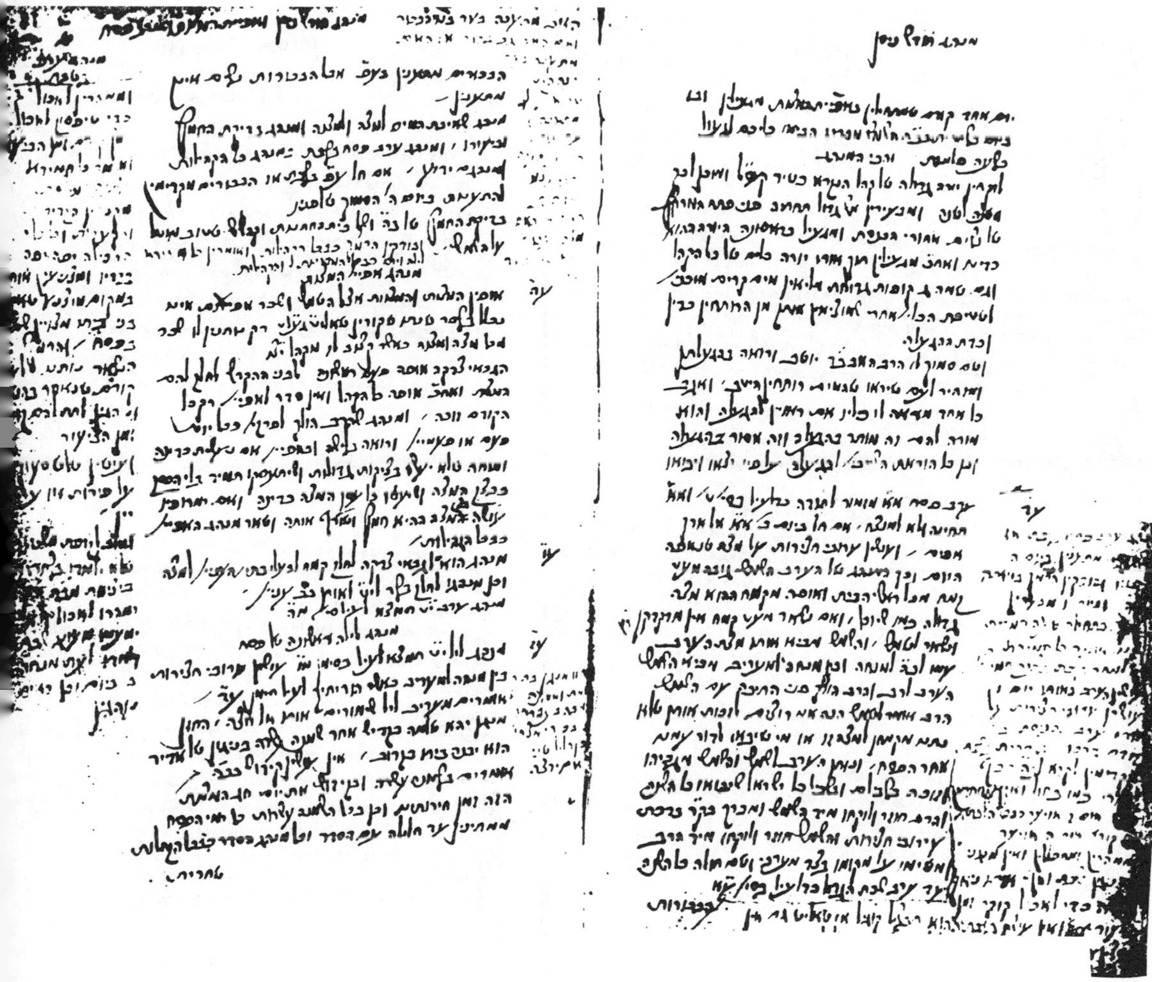

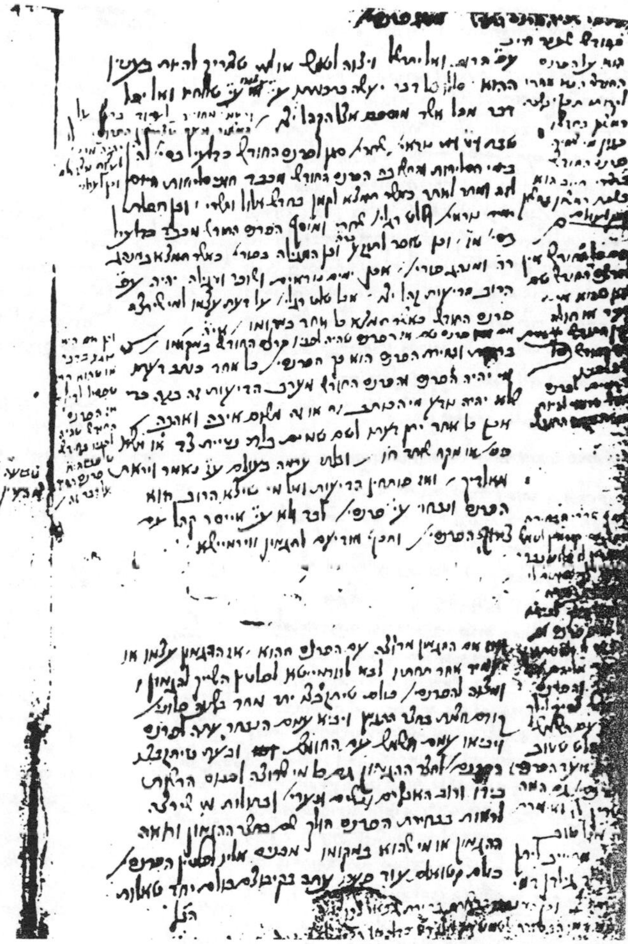

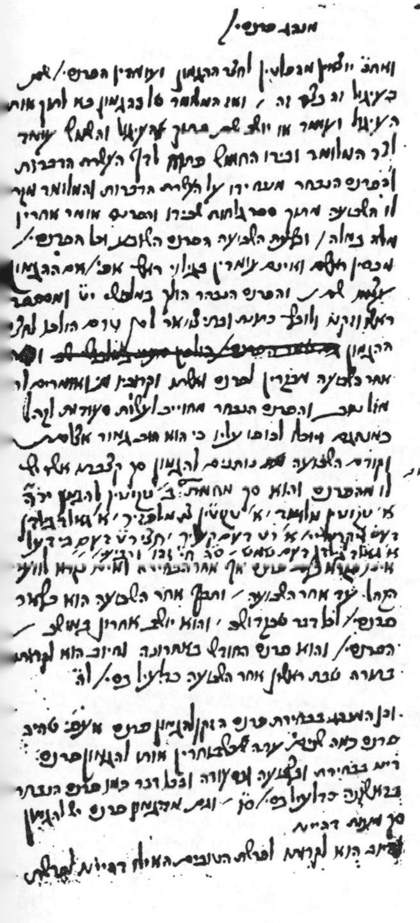

ואם נסתו דרך פול מנכבר משום פתר דמעיד, ורחב
בשעת הנחיתו / הוא מנך ובראשא וכך .

רֹיֹ סֹיֹן סֹיֹן הגידאת

הקדמה

יראות פן תשכח חקים ישרים וטובים סדר
בימים האחרים לבב זורח... אלו שאתי
מדבעים על מנהגים פה כהרה ... ובדין כתבתי על
האלה / ואמרנו היאים שאתי בתחלה / ובתוכן אמרנו
קריות התורה והתפלה / ואחרין בתבנו אמנן לבא
זאת והם ... כזה כזאת מענב כא חודלה של כא
הטע כזה / ניסן אלו כל החולים עולה ובו תאלא אמנן
פסח ואחרי / אלאת והגעלה / ובחודל אייר תאלא סדר
תענית כזה ועירית תתלע ובת שאלה / ובחודל סיון
תאלא אמנן תעש ברה ההוא ואמנא לגעעו והכנע
היאור ... עולה / ובדא ... תאלא ...
ברה נוע ארקן והו ... לה אלה / בחודל אוב תאלא
אמנב ט באוב והאלה על ... נעבת נחא האמנם על נעשוה /
ובחודל אלול תאלא אמנא יאי הסלחד והאמולה / וכאלי
תענא מענב רה ויכין לטדי ... עד נעלה מענב סוכות
אחרוב נלוב שאמחת חדא בגיהרם שאמה נעלה / ומחלון
תאלא שעוהן אומר איב בייחוב ... נחמוך / נגכסון
מנב תישבד בגאלא והורוב אלוה / ומאגלא עבת תאלא
שאב עלוב ביהאלאם עדה לאב עלבעורל וחעלה / ובחודל
שבט תאלא מולא שאן לשיש והבפנות סמן לב / בחודל אדר
תאלא פולא נטו ופת ופלאהחודל ואמנב פורים והעצלה /
ואחד מענב נישאין ואלה / ואמנב פרים הכן בעור ונכר
הנצאה אין הכובט שאנ בני כולה ... אפוד / באמנב ברעת
עולים והאות עא מנבא אבל ואבוה / אחב תאלא עא אנב
והאפוד / ואחב מנב אין נחולב עם כתולנד לה אלאב
שאנגביב בעי ואהלה בעיץ לאתל עולה / ואחב מענב
... לב

מנהגים

הצעתי פה הן וורשליא
נכל דבר גן במילו רטאיא
ודן באיו דעלאא / והעתקי
אחר טוחן העיון יוסף עה האנגג
הדות נדרה ואנהג טאיך הלורה
התעינ. נכן כמק הסעורה ודיע
ברכת המגן ורוב הברכות /
הנם טאעפגע טוה בכל אתרם
את מאחר טבל ארם אחוייר
ודר עאותה העתמים וכתבתי
בפיך האמרנים האות עד סוף
דבריהגל נלאצע את אורי ירא
עביונו נלאהרם לרעה הברכות
ולוי הגה מן השם עלו ברכד

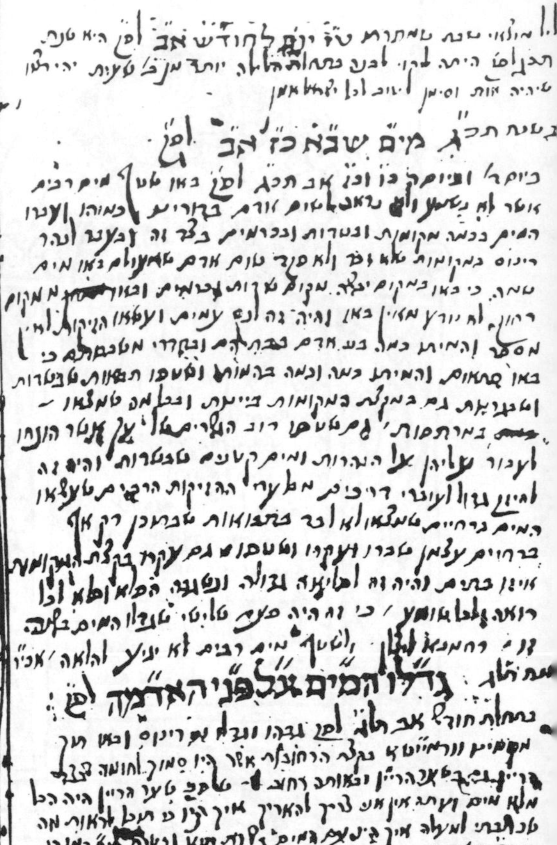

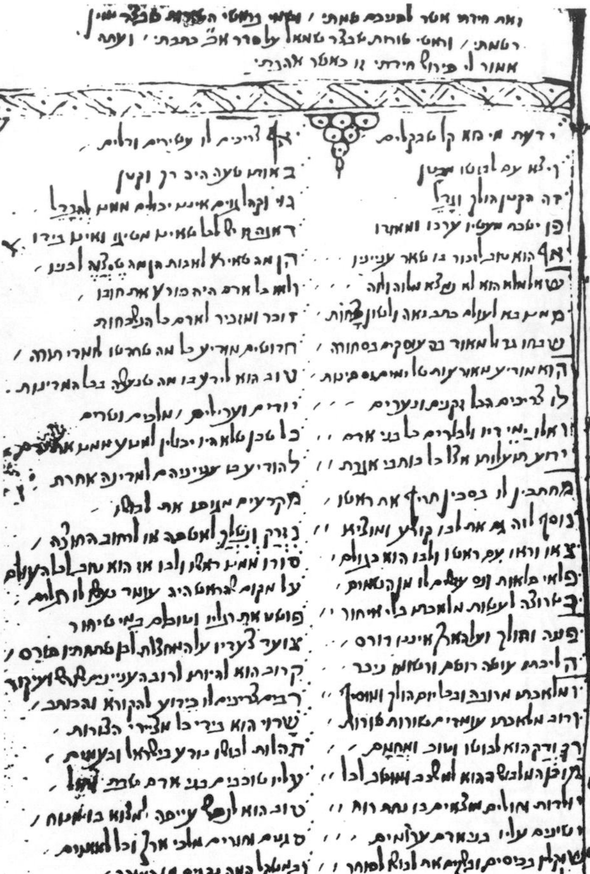

גְּדֹלוֹ מַיִם עַל פְּנֵי אֲדָמָה
הַמַּיִם בָּאוּ בִּיבְשָׁה
רַבּוּ הַמַּיִם בָּאוּ בַּמְּדִינָה

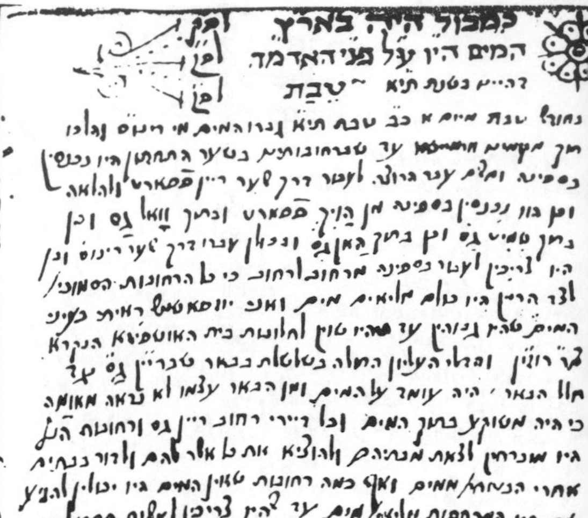
כמבול היה בארץ
המים היו על פני האדמה
דהיינו בשנת תיא טבת

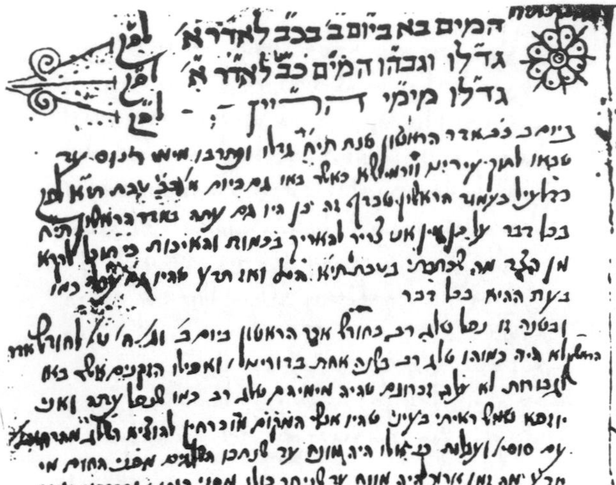
המים בא ביום ב' בכ"ב לאדר א'
גדלו וגבהו המים כ"ב לאדר א'
גדלו מימי דהריין

ספר מנהגים

יום א' כג אדר תט"ו

יום א' כד אדר תט"ו

יום א' ח אדר

יום ב' טו אדר

יום ב' כג אדר

RW/W IX, 2

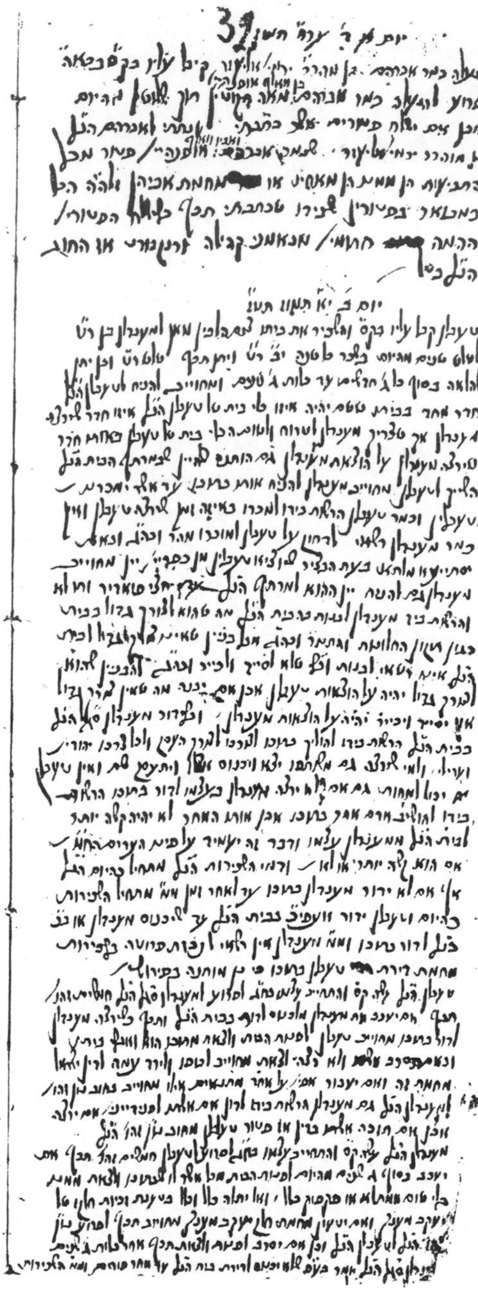

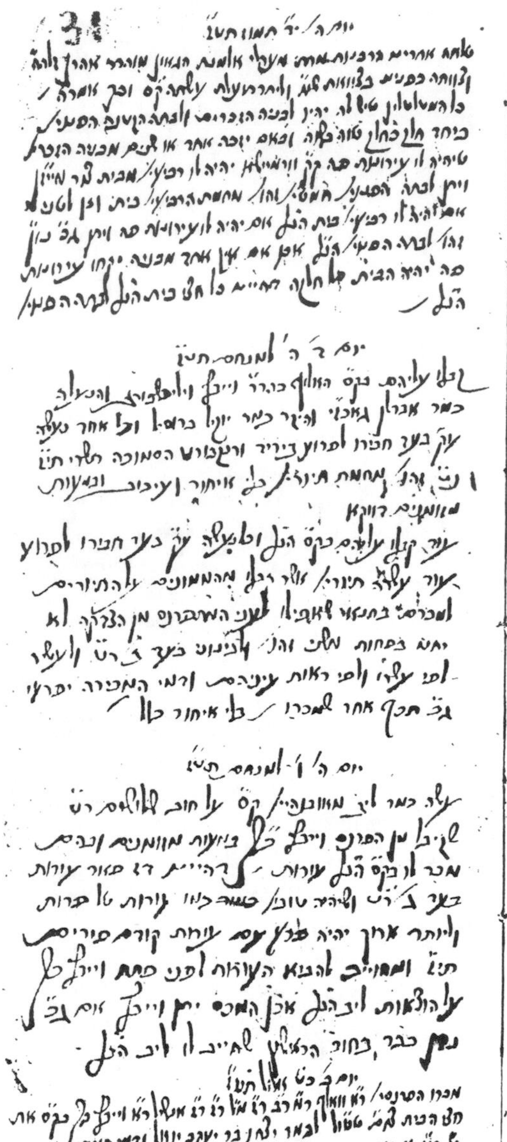

28

27

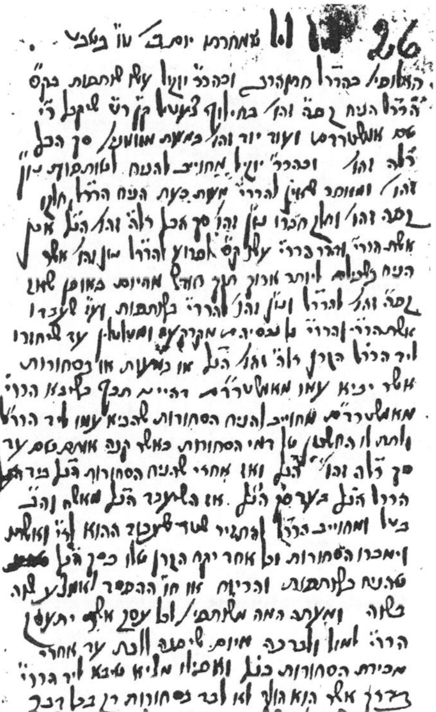

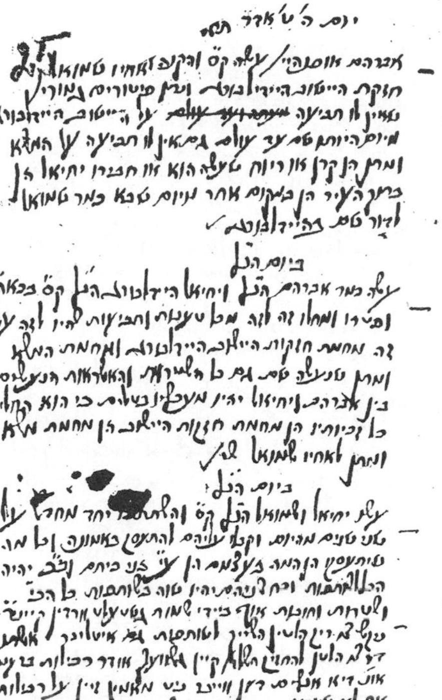

19

20

13

14

פנקס הקהילה

מפתח

ביניהם שמואל הגביר הנודע לפני שנתעשר עושר רב שהיה מהמפורסמים ביהודי
אירופה. אמנם, על פי מושגי הזמן, גם בתקופת הרשימות האלה נחשבו סוחרים אמידים
ותגרנים חרוצים והיו בעלי קשרים טובים עם השלטונות ועם סוחרים לא יהודים,
ונכבדים בקהילה היהודית.[49] אברהם אופנהיים זכה לבן שהיה רב מפורסם, כתב ספרים
ואסף ספרים, וגם מבניו עמדו רבנים. שמואל הנגיד הנדיב העמיד דורות שזכו לתורה
ולגדולה במקום אחד. האח משה אופנהיים ישב רוב ימיו בהיידלברג, קהילה קטנה
וחכמים בה מעט. אבל בין הגויים היו בה מלומדים וחכמים חניכי האוניברסיטה
המהוללה של היידלברג.

צאצאי משה אופנהיים, אין אנו יודעים עליהם אם זכו לתורה ולגדולה.[50] ההיסטוריונים
סוברים שהחצרן הידוע ויועץ הכספים של הנסיך קארל מווירטמבורג, יוסף זיסקינד
אופנהיימר, שנולד בהיידלברג בשנת 1698, היה מצאצאי משה אופנהיים. אמנם עד
היום לא נודע אם אמנם נכון הדבר; אפשר שיוד זיס (כך כינו את יוסף אופנהיימר
הנזכר), היה בנם של אחרים מבני אופנהיים שגרו בהיידלברג.

והנה, מקרהו של יוסף זיסקינד היה לאות ולסימן לחצרנים אחרים. אחרי הצלחותיו
שהצליח בחצר הנסיך קארל מווירטמבורג ועלייתו שעלה בסולם העושר וההצלחה,
הואשם זיסקינד בבגידה במלכות ונידון למות. זו היתה עלילה שנרקמה סביבו כדי
לכסות על מעילה בכספים שמעלו שרים בחצר הנסיך. בשבתו בכלא לפני סופו המר, זכר
יוסף זיסקינד את צור מחצבתו, וכאשר בא אליו משלחת עם כומר משומד להשפיע עליו
שיתנצר ויקבל חנינה דחה אותה בשאט נפש והלך אל התלייה ושפתיו דובבות "שמע
ישראל". הוא נתלה בשטוטגארט ב־4 בפברואר 1738, במעמד קהל נוצרי גדול שצווח
'מות ליהודי הבוגד', אף שהשרים ידעו שהוא לא בגד בנסיך, ורק נהג לפעמים בקלות
דעת.[51]

49   טור 25, הקטע על ענייני עסקים שהיו לשמואל אופנהיים בוורמיישא לפני שעבר לווינה מרמז על
     סכסוכי שותפות רגילים בין סוחרים, המגלים מידה של אי אמון ביניהם. וראה גם טור 33.

.50   על משה אופנהיים כתוב ששימש שנים רבות פרנס בהיילדברג וביתו היה פתוח לרווחה לעניים
      ולדלים שהיו משכימים לפתחו. הוא נפטר בהיידלברג ביום ב', י"א במנחם־אב תס"א [1701] ונקבר
      בוורמיישא. ראה: קאופמן, בכרך, עמ' 78. אחיו אברהם אופנהיים, אביו של ר' דוד, שימש פרנס
      ישיש בוורמיישא וביתו היה פתוח לכל מר נפש, נפטר בהיידלברג ביום ב', כ"ג בכסלו תנ"ג
      [1693]; ראה: ל' לוונשטיין (לעיל, הערה 48), עמ' 89.

51   על חייו ומעשיו של זיסקינד אופנהיים/אופנהיימר, ראה: S. Stern, *The Court Jew*, Philadelphia
     1950, pp. 115–136; S. Eidelberg, 'A Note on Joseph Süss Oppenheimer's Death Sentence',
     Jewish Social Studies 30 (1968), pp. 272–274; הנ"ל, 'על שני חצרנים יהודים באשכנז בשלהי
     ימי הביניים', ספר זיכרון לשמואל בלקין, ניו יורק תשמ"א, עמ' 155–161.

כאמור, לא היה שמואל תלמיד חכם אבל היה יהודי מסור בכל נפשו ובכל מאודו. הוא תמך בישיבות ובתלמידי חכמים שבאו אל ביתו, פיזר ממון לצדקה, וגם לארץ־ישראל היה שולח כספים. בין נתמכיו היתה גם קבוצת עולי רגל שעלו לארץ־ישראל בשנת 1700 ובראשם ר׳ יהודה החסיד משעדליץ וספר תורה עמו[44] (על שמו נקרא בית הכנסת 'חורבת ר׳. יהודה החסיד').

כאמור, למדן לא היה שמואל, אבל חיבב ספרים עוד לפני שהתעשר, וגם אסף ספרים יקרי ערך.[45] הנסיך אויגן מסבוי, מקורבו של הקיסר ליאופולד הראשון, כשחזר מן המלחמה עם הטורקים בארצות הבלקאן, הביא משם ספרים יקרי ערך וכתבי יד עתיקים ומסרם לידידו החצרן שמואל אופנהיים, ושמואל נתנם במתנה לרב ר׳ דוד אופנהיים, בן אחיו. ר׳ דוד בן אברהם אופנהיים היה רבן של קהילות חשובות, ולבסוף — רבה של פראג. הוא היה למדן גדול ואף עשיר מופלג, ונתן כמחצית הונו לצדקה, ונזכר בהיסטוריה כאספן הספרים וכתבי היד הגדול ביותר במאה הי״ז.[46] בין ספריו, הנמצאים ברובם בספריית בודלי באוקספורד, נמצא גם נוסח אחד של ספר ה'מנהגים' אשר אסף יוזפא שמש.

שותפו וקרובו של שמואל היה שמשון וורטהיימר, יליד וורמיישא, אשר בזכות כשרונו וחריצותו נעשה אף הוא בנקאי וספק חצר המלכות בוינה הבירה; וגם הוא גר בה על פי כתב זכויות מיוחד.[47] וורטהיימר נחשב בזמנו לאחד מאילי ההון באירופה. שמואל ושמשון היו ידידים אבל גם מתחרים היו, ולא תמיד שכן שלום ביניהם. אבל שמשון היה תלמיד חכם ואיש רעים להתרועע, והקיסר אף מינה אותו רב ראשי ליהודי בוהמיה. אף הוא תמך ביד רחבה בעניי ארץ־ישראל ובישיבות ובחכמים שבארצו, ועל כך קינא בו שמואל אופנהיים, אפשר אף יותר מאשר על הצלחותיו של וורטהיימר בעסקים; אבל בהגיע עת צרה לאחיהם היהודים, קמו שניהם ללחום נגד הגזירות. ידוע במיוחד הפולמוס מסביב לספר שכתב המלומד התיאולוג וההיסטוריון פרופ׳ יוהן אייזנמנגער. בספרו 'היהדות המעורטלת' כתב אייזנמנגער דברים בגנות היהדות, ואף רמז לעלילות נגד היהודים. שני החצרנים היהודים, ואתם רבנים מפורסמים, קמו ומחו על הפצת הספר, ובהשפעתם עצר הקיסר ההבסבורגי את הפצתו בעת ההיא.[48]

האחים אברהם ומשה אופנהיים ישבו לסירוגין בוורמיישא ובהיידלברג, בגלל הרכוש שהיה להם בשתי הערים. ברשומות הפנקס נזכרים שלושת האחים אופנהיים,

---

44   ראה ד׳ כהנא, תולדות המקובלים, השבתאים והחסידים, א, ספר אבן התועים, תל־אביב תרפ״ו, עמ׳ 121–122.

45   חיבת הספרים של יהודי וורמיישא במאה הי״ז, נודעת גם מן העובדות המובאות בפנקס, בטור 29 (בסופו) ובטור 33 (למעלה).

46   על אוספו של ר׳ דוד אופנהיים ראה מ׳ גרץ (גרמנית), חלק 10, לייפציג 1868, עמ׳ 347; וכן השווה י״י דושינסקיא, תולדות ר׳ דוד אופנהיימר, בודאפשט תרפ״ב, עמ׳ 1–7. כן נדרש ר׳ יצחק דוב פעלד לנושא הזה, בהקדמתו לשו״ת נשאל דוד לר׳ דוד אופנהיים, חלק אהע״ז וחו״מ, ירושלים תשל״ב.

47   על שמשון וורטהיימר ופעולותיו ראה: מ׳ גרונוואלד (לעיל, הערה 41), עמ׳ 217–251.

48   ראה: ש׳ דובנוב, (לעיל, הערה 4), עמ׳ 175. והשווה: ל׳ לוונשטיין (לעיל, הערה 38), עמ׳ 148.

שמעון וולף נזכר כחבר נכבד בקהילת ווירמיישא כבר בתחילת המאה הי"ז, והיה בעל
זכויות מהדוכס, ונראה, שכבר הוריו היו להם זכויות חסות מן השלטונות. בניו לא נולדו
בבית עני, אבל גם לא בבית מופלג בעשירות. נראים הדברים ששמעון וולף לא היה
תלמיד חכם גדול, אבל חיבב תלמידי חכמים והיה בעל צדקה ותמך בלומדי תורה. על
חינוך בניו אין אנו יודעים הרבה, אבל ממה שנמצא בידינו נראה שלא נמנו עם העוסקים
בתורה ותלמידי החכמים שהיו אז בווירמיישא. בימי עלומיהם ישבו, כנראה, בישיבה
הידועה בווירמיישא, אבל בעודם צעירים עזבוה ונכנסו לעסקי המסחר שהתחיל מתפתח
אז, לעולם העשייה אשר ההצלחה רבצה לפתחו. השכלה כללית נראה שלא היתה להם;
שמואל, שנעשה בנקאי ויועץ וגם ספק הקיסר לכספים בהלוואות ולמצרכים נחוצים
אחרים, ידע רק גרמנית קלושה. אבל שלושתם היו סוחרים מוכשרים, חרוצים
ושאפתנים.[41]

בזמן ההוא היתה העיר היידלברג בירתה של מדינת פפאלץ, והדוכס גר שם בארמון
גדול ורם. הישוב היהודי בעיר היה קטן; הדוכס קארל לודוויג, אף שהיה סובלני כלפי
היהודים, נוח היה לו שהיהודים ישבו בעיירות ובכפרים ולא יראו בעיר הבירה בלבושם
השונה ובעיגול הצהוב על דש מעיליהם. אבל כשאר המושלים, נזקק אף הוא לממון רב
להחזקת ארמונות וטירות, צבא ומשרתים רבים. ועם שהיה הדוכס הזה איש משכיל
וחובב ספרים ואמנות, היו החיים בחצרו חיים של מותרות ושל ראווה, כמקובל אז בין
השליטים גם בבירת הפפלץ; ועד מהרה שם עינו על האחים אופנהיים ונתן כתבי זכויות
וחסות להם ולבני ביתם, ובהם גם הרשיון לגור בעיר הבירה היידלברג.

במחצית המאה הי"ז גרו בהיידלברג רק יהודים מעטים, אשר חידשו את היישוב
היהודי אחרי שהיהודים, קודמיהם, גורשו משם כמה פעמים. בפנקס נזכר הקיבוץ
היהודי הקטן שבהיידלברג בשם 'יישוב',[42] שמשמעו בלשון הזמן — עיירה קטנה,
קיבוץ קטן, התיישבות זעירה; וכל צרכי הדת שלהם ובניהם קברות מתים, נעשו
בתחילה בקהילת ווירמיישא. אל היישוב זה באו האחים אופנהיים, ושמואל, הבולט
שבהם, שבראשונה עשה שותפות עם אחיו, נפרד מהם ועשה חיל בחצר הדוכס בעבודתו
שעבד במסירות ובעילות. שמו הלך לפניו בהיידלברג, ועד לווינה הבירה הגיע. וכאשר
הקיסר ליאופולד הראשון, אשר גירש את יהודי וינה בשנת 1670, ביקש יועץ לענייני
כספים, המליץ לפניו הדוכס מפפלץ על שמואל אופנהיים מהיידלברג. הקיסר נתן
לשמואל רשיון מיוחד להתיישב בווינה. הרשיון ניתן גם למשפחתו ועוד לכמה יהודים
ששמואל המליץ עליהם, שהוא נזקק להם בעבודתו. ולאמיתו של דבר ביקש לו מניין של
יהודים לתפילה, וגם ללמוד לעתים פרק משניות. ולא זה המקום להאריך בסיפור
חריצותו וגדולתו של שמואל אופנהיים, קורותיו בחצר המלכות ועזרתו למלך במלחמתו
עם הטורקים.[43]

41   ראה על האחים אופנהיים ובמיוחד על שמואל אופנהיים וחוגו: *Samuel* ,M. Grunwald
       Oppenheimer und sein Kreis, Wien 1913, pp. 1–137

42   הכינוי יישוב לכפר שבו משפחות יהודיות אחדות, היה נוהג גם בפולין, ונמצא בספרות הרבנית הן
       במזרח והן במערב עד ראשית המאה הכ'.

43   על כך ראה: מ' גרונוואלד (לעיל, הערה 41), עמ' 36–68.

המכובדת. כמה וכמה מתושביה עזבוה ונדדו ממנה, ורבים התיישבו בקהילות קרובות, כגון פרנקפורט, וורמיישא, מגנצא והיידלברג. במקומם החדש כינו אותם בשם העיר אשר ממנה הגיער, זהו מקור השם איש־אופנהיים. בפרנקפורט ובוורמיישא ובהיידלברג ואחר כך גם במנהיים, ישבו יהודים בשם אופנהיים או אופנהיימר, שלא היו קרובי משפחה. הפנקס מניח מקום להשערה שהפרנס יחיאל אופנהיים לא היה מבני משפחת אברהם ושמואל אופנהיים (טור 25).[38] יחיאל היה חברו של אברהם, ובתו של יחיאל היתה נשואה למשה אופנהיים, אחיו של אברהם. שני בני אופנהיים אלה עשו עסקים בהיידלברג בשנת תי"ז (טור 25). דוד ב"ר שמואל אופנהיים, הנזכר בטור 14, שכתב צוואה ליורשיו, לא היה בנו של שמואל אופנהיים, השר והנגיד שייזכר להלן, כי לשמואל לא היה בן בשם דוד בשנת 1657. ועוד, שמואל נולד בין השנים 1630–1635, וקשה הדבר שבשנת 1657 כבר היה לו בן אשר כתב צוואה והוריש את רכושו ליורשיו. ונראה שדוד ושמואל אופנהיים אלה, ממשפחה אחרת באו, ולא ממשפחת בני שמעון וולף אופנהיים.

בפנקס, בטור 4, נזכר לייב אופנהיים שהיה סוחר ביין בוורמיישא (ראה גם טור 30). לייב אופנהיים זה, הנזכר בשנת 1657, איננו לייב אופנהיים מפרנקפורט, שהיה סוחר עשיר ופרנס בשנות הגירוש 1615–1616. לייב מפראנקפורט היה שתדלן שעמד לפני הקיסר מתיאוס וביקש רחמים על מגורשי פרנקפורט.[39] ובמקורות אין זכר לקרבת משפחה שהיו שניים האלה קרובים למשפחת האחים אופנהיים. ועוד, ספק אם היה הנגיד הנדיב דוד בן יהושוע יוסף אופנהיים קרוב להם. הוא הנגיד שתרם מהונו ובנה בוורמיישא, בשנת 1620, את בית הכנסת החדש אשר נחרב בימי גירוש יהודי העיר בשנת 1615. אף הוא נתן כסף בשנת 1625 להקים בית טהרה בכניסה לבית הקברות המפורסם של וורמיישא. ונראים הדברים שאילו היה דוד אופנהיים קרוב משפחה לשמעון וולף אופנהיים, היה יוזפא שמש מזכיר זאת בסיפורו המפורט על הגירוש ועל מעשי הצדקה של דוד בן יהושע יוסף אופנהיים.

האחים אופנהיים הנזכרים הם שלושת בניו של שמעון וולף אופנהיים, ועליו אין בידינו הרבה. הוא נולד בוורמיישא, ובה נולדו גם שלושת בניו משה, שמואל ואברהם, ובת אחת ושמה שרליין (שרה). היא נישאה לרב יצחק ברילין. גם שלושת האחים התחתנו במשפחות עשירות וידועות; בעסקי שידוכים השתדלו להתקשר בבעלי תורה, בעלי ממון ובעלי ייחוס.[40] תלמידי חכמים עניים לא מצאנו בין המתקשדים האלה. הממון הרי נצרך לשם פרנסה של כבוד, והתורה, הנקנית בייסורים, היתה להם להתנאות ולהתפאר בה.

38   מן הרשימות במקורות אחרים מתברר עוד שבהיידלברג היו יהודים שנקראו אופנהיים, אפשר שהיו קרובי משפחה רחוקים לענף של האחים אופנהיים, ראה: L. Löwenstein, *Geschichte der Juden*: *in der Kurpfalz*, Frankfurt a.M. 1895, pp. 327–329

39   ראה מעשה ט וההערות לו. ידוע שבפרנקפורט ישבו משפחות אופנהיים שהיו קרובים קרבת משפחה לענף של האחים אופנהיים, ואפשר שר' לייב השתדלן מפרנקפורט, היה אף הוא קרוב משפחה להם. ראה: מ"ה הורוויץ, רבני פרנקפורט, עמ' 196.

40   כמו שאמרו ענבי הגפן בענבי הגפן, דבר נאה ומתקבל (פסחים מט ע"א).

בקשר עם עסקת כספים בינו ובין אברהם אופנהיים. ר׳ יצחק ברילין שימש כרבנות בעיר
המלבורג ואחר כך בעיר מנהיים, ושם נפטר. בין רבנות לרבנות ישב כבעל בית
בוורמיישא ועסק בעסקי ממון. הוא היה חתנו של שמעון וולף אופנהיים וגיסו של ר׳
יאיר חיים בכרך, והיה ידוע כלמדן, בתורה.[33] הגאון ר׳ אהרן הנזכר בטור 31, לא שימש
ברבנות, הוא היה אחד מאישי העדה החשובים ובעל בית עשיר.

בפנקס תמצא גם עסקות של משפחת יודא ליווה הוהענעק,[34] מצאצאי ר׳ אלכסנדר
אשר פדה את גופתו של המהר״ם מרוטנבורג, שנקבר תחילה בבית הסוהר שהיה אסור
בו.[35] הפנקס הזה, לא רק על עיסוקים ועסקות הוא מעיד; מן השמות שבו אתה למד על
קרבת המשפחות וייחוסן, ומעסקיהן — על מעמדן בקהילה. משפחת וואהל הידועה
היתה קשורה עם משפחת אברהם אופנהיים (אביו של הרב ר׳ דוד אופנהיים) בקשרי
נישואים.[36] אברהם טרק (דרך) שהיה סוחר ידוע ורב כשרון בעסקים, היה גם פרנס ועוסק
בצרכי ציבור בפרנקפורט, ונמצא בוורמיישא לעתים מזומנות (טורים 20, 35). הוא היה
קרוב לשמואל אופנהיים למשפחת בכרך ולנכבדים אחרים בפרנקפורט. בפנקס נזכר
רופא שגר בוורמיישא, ושמו הירץ סגל (טור 37); על הרופא הזה אין בידינו פרטים
רבים, אלא זאת ששכר דירה בבית האישה קריינכן (עטרה) ואחיה יעקב אמסטרדם,
בעלי הבית ׳צום הוט׳ (הוט = כובע). ועוד נזכר שהרופא הירץ בן החבר ר׳ אברהם סגל
הוסיף לאשתו תוספת כתובה על כתובתה, ויש בכך כדי להעיד על אמידותו. סכום שתי
הכתובות הגיע כדי אלף רייכס־טאהלר (טור 29).

ככלל, רוב העסקות שנרשמו היו עסקותיהם של בעלי הון ושל סוחרים עתירי ממון.
בפנקס שכזה אין למצוא אנשים נחותי מעמד בקהילה. מי שלא היה לו משלוח יד או כל
עיסוק של קבע, לא נזכר שמו בפנקס, מפני שלא היה לו על מה שיזכירוהו. תכופות
נזכרים בפנקס האחים אופנהיים, בני שמעון וולף אופנהיים,[37] שהיה מעורב בענייני
הקהל ובענייני מסחר בוורמיישא, כבר במחצית הראשונה של המאה הי״ז, לפני
התקופה שנכתב בה הפנקס.

על קהילת אופנהיים, בדומה לקהילות ותיקות אחרות, ששכנו באיזור הריין והמיין,
עברו בימי הביניים מאורעות קשים וגם גירושים. הגזירות הללו החלישו את הקהילה

33   ראה: קאופמן, בכרך, עמ׳ 19.

34   נכבדי בעלי הבתים ישבו בבית הכנסת במקומות הסמוכים לכיסאו של רב העיר. ר׳ לייב הוניק,
      תלמיד חכם עשיר, ישב בין הרב (רמ״ש) ובנו ר׳ חיים (טור 5). בטור 38 נמסר שר׳ לייב ואשתו מכרו
      מקום נוסף שהיה להם בבית הכנסת להר״ר חיים (בן הרב רמ״ש), ויחד עם המקום מכרו לו את
      ה׳שטנדר׳ ובשעת תפילת שמונה עשרה מותר לר׳ חיים לעמוד מאחורי הרב. על איזכורים אחרים
      של ר׳ חיים בכרך לפני ששימש כרב בוורמיישא, ראה: קאופמן, בכרך, עמ׳ 40, 43; ועל ר׳ חיים
      כשהיה בעל בית בוורמיישא לפני ששימש ברבנות, ראה ב׳מנהגים׳ לר׳ יוזפא, כתב יד אוקספורד,
      עמ׳ 48א.

35   ראה מעשה נסים, מעשה יד וההתרות לו.

36   ראה טור 3: ׳עשה אברהם אופנהיים ק״ס לפרוע לחמיו הר״ר דוד וואל מורנקפורט חמש מאות
      ועשרים וחמשה ר״ט במעות מזומנים׳.

37   ראה על שמעון וולף, נדבן מחשובי קהילת וורמיישא בשנת 1609: קאופמן, בכרך, עמ׳ 15. ר׳ וולף
      אופנהיים נפטר בוורמיישא בט״ו במרחשוון תכ״ה (1665). ראה על כך במנהגים ליוזפא, הלכות
      שמחות, עמ׳ 71ב.

פעמים עברו בתים מיד ליד, וגם לכך יש זכר בפנקס.[29] יש שעזבו אנשים את העיר,
ויש שנפטר ראש המשפחה ובשל כך עברו בניה מבית לבית. ואפשר שמכירה וקנייה של
מקומות בבית הכנסת בוורמיישא, אשר נרשמו בפנקס, אף הם נעשו בגלל שינויים
שכאלה במקום ובמשפחה.

במחצית השנייה של המאה הי"ז עזבו מספר יהודים את קהילת וורמיישא ועברו
לערים גדולות יותר, אף על פי שקשה היה להשיג רשיונות ישיבה בהן. בתקופה הזאת,
בתום מלחמת שלושים השנה, אחרי שנת 1650, מוצאים יהודים מוורמיישא שעברו
לגור במחוזות אלזאס ולורין, שתנאי החיים שם היו נוחים יותר.[30] כן תמצא באותן שנים
יהודים מוורמיישא שהתיישבו בהולנד, בעיקר באמסטרדם.

בפנקס נזכרים אנשים מחשובי העיר, שישבו בה בשנים שנכתב הפנקס הזה, רבה של
קהילת וורמיישא, ר' משה שמשון בכרך (מהר"ש), אשר שימש אב"ד שם בשנים
1650–1670,[31] וכן בנו, הר' יאיר חיים בכרך, אשר ישב תחילה בוורמיישא כבעל בית,
ורק בשנת 1700 נתמנה רב העיר. בימים ההם ישבו בוורמיישא תלמידי חכמים שהיו גם
נגידים ופרנסים. אמנם פרנסתם של תלמידי חכמים אלה היתה על המסחר, אבל
אומנותם היתה לימוד התורה. רב העיר היה גם ראש הישיבה, ובבית המדרש של
וורמיישא נשמע אז קול התורה יותר מאשר בשאר קהילות הריינוס שבסביבתם. כמה
מטובי העדה הנזכרים בפנקס, אשר מסחרם גדל ופרץ, נזכרים במקורות אחרים כגדולים
גם בתורה וכתלמידי חכמים מופלגים; כגון ר' יצחק ברילין,[32] הנזכר בפנקס (בטור 10),

<hr>

29 בפנקס נזכרים למעלה מ־30 שמות בתים, אבל נזכרים רק שמות הבתים שהיו מעורבים בעסקות
וכדומה. פ' רויטר המשמש מנהל הארכיון של עיריית וורמיישא מציין בספרו על וורמיישא, עמ'
96–97, שקרוב לאמצע המאה הי"ז היו 98 בתים. ברשימת הפנקס נזכרים גם בתים שאינם נמצאים
ברשימתו של רויטר.

30 בעקבות מלחמת שלושים השנה כבשה צרפת חלקים מאלזאס ולוריין, עברו לשם יהודים מסביבת
הריינוס שהיא קרובה לגבול הצרפתי. מצבם של היהודים אז באלזאס היה נוח יותר, ומצד אחר,
נפתח גם המרכז החדש בפרוסיה, שהציעה אפשרויות חדשות להיטיב את מצבם הכללי של
היהודים, וגם לשם עברו יהודים מערי הריינוס. ראה על כך: ש' דובנוב, דברי ימי עם עולם, ו, פרק
28, ז, פרק 36. עוד יש לציין שבתקופה ששימש הרב משה שמשון בכרך ברבנות בקהילת
וורמיישא, היתה מצודתו פרושה גם במדינת אלזאס, ראה: איידלברג, יוזפא, עמ' 15.

31 שמו של ר' משה שמשון בכרך נזכר מתוך כבוד רב, כפי שנהג שיוזפא להזכירו גם ב'מנהגים'. אבל
בפנקס נרשמו כמה פרטים בדבר סכסוך שנסתכסך עם קהילת קרייצנך, עיירה השוכנת לא הרחק
מוורמיישא; נראה שהיתה לר' שמשון בכרך טענה על שכר הרבנות שם. מן הרשום בטור 16 לא
נתברר בדיוק על מה נסתכסכו שני בעלי בתים מקריצנך, ובמה התערב ר' שמשון בעניין זה. בטור
33 נרשם יום חופתה של בתו הצעירה של ר' משה שמשון עם הבחור ישראל לייב ממשפחת
גינצבורג הנכבדה בוורמיישא. וכן — שהחתן התחייב לפני החופה שאין לו חובות קודמים; ועוד
נמסר על המתנות הנאות שקיבל הזוג מאת הפרנס ר' נתן גרינהוט מפרנקפורט, בעיקר ספרים יקרי
ערך. ואברהם אופנהיים, הפרנס, קיבל עליו בקניין סודר להיות ערב להם שהמתנות אמנם יינתנו.
ישראל לייב גינצבורג, חתנו של ר' משה שמשון אב"ד דק"ק וורמיישא, היה אברך זריז, והיה שותף
בעסקים עם סוחר שהביא סחורות מאמסטרדם לוורמיישא (טור 26). בתו הבכורה של הרב משה
שמשון בכרך היתה נשואה לדוד בן הפרנס העשיר ר' יששכר אופנהיים. עיין: קאופמן, בכרך, עמ'
44–45. הרב ר' משה שמשון קנה בשביל בתו מקום מכובד בבית הכנסת של הנשים, ראה שם, עמ'
44.

32 על ר' יצחק ברילין ראה איידלברג, יוזפא, עמ' 10.

יהודי שבא להתיישב, היה עליו תחילה לקבל רשות מאת ועד הקהילה (הפרנסים), ואחר
כך הועברה בקשתו לאישור מועצת העיר וורמיישא. שני הגופים היו מחליטים אם
המבקש ראוי לתת לו זכות עירונות, ושניהם קיבלו סכום כסף קבוע בעבור הרשיון הזה.
ביסודו של החוק הזה היתה המגמה להרחיק מן הקהל מתיישבים שאינם רצויים, אבל
במרוצת הזמן הלכה בקשת הרשיון ונכרכה בהשתדלנות ובשוחד, והיתה למקור הכנסה
לנותני הרשיון (ראה על כך בטור 24).

נוסף על התשלום בעבור זכות העירונות, היה המתיישב החדש משלם מסים לקהילה
ולעיר; אלה היו מסים קבועים בעיקר לבעלי הבתים. ועליהם נוספו מסים אחרים
שהטילה המלכות על יהודי וורמיישא מזמן לזמן.[26]

יהודי וורמיישא היו מוגבלים בקניית אדמה או בתים מחוץ לרחוב היהודים, ומחמת
התקנה הזאת היתה הצפיפות ברחוב היהודי גדולה; הבתים נבנו בשטח צר מאד, והיו
בני שתים או שלוש קומות, ובכל בית גרו שתים או שלוש משפחות.[27] היו בתים בעלי
חנויות הפונות אל הרחוב, וגם בתים שהקצו בהם מקום למכירות בתוך הדירה. גם
מרתפים ועליות היו לבתים, ובהם החזיקו סחורות שונות. המרתפים שימשו לשמירת יין
ומוצרי חלב, ובעליות היו מחסני סחורה. לסוחרי בהמות היו גם רפתות מאחורי הבתים.

לפי החוק שנתחדש בתחילת המאה הי"ז, חוייב כל בית יהודי לתלות על ביתו
שלט גדול ועליו סימן היכר. ועל פי סימנו זה נרשם הבית במועצת העיר ובקהילה
היהודית, נוסף על שמו של בעל הבית. חוק זה בוטל רק במחצית השנייה של המאה
הי"ח.[28] בתי יהודים עם סימניהם נזכרים בפנקס בקשר עם עסקות שעשו בעלי הבית,
ונרשמו בפנקס. סימני הבתים ושמותיהם היו שונים ומגוונים; לרוב שמות חיות ועופות,
אבל גם שמות משונים ואפילו מגונים, וכן שמות חפצים. שמות הבתים הנמצאים בפנקס
נזכרים גם ב'מנהגים' ובספר 'מעשה נסים' שכתב ר' יוזפא שמש.

ושני בנים ועשתה קנין סודר, וכך אמרה: 'כל המטלטלין שיש לה יהיו לבניה הזכרים ולבתה
הקטנה הפנויה חלק כחלק, שוה בשוה. ואם יזכה אחד או שנים מבניה הזכרים שיהא לו עירונות פה
וורמיישא יהיה לו רביעית מהבית "צור מיזן" ויתן לבתה הפנויה חמישים זהובים מחמת רביעית
הבית וכן לשני יהיה לו רביעית הבית אם יהיה לו עירונות ויתן ג"כ נ' זהובים לבתה הפנויה ואם אין
אחד הבנים יקח עירונות בוורמיישא, יהיה לבת הפנויה חצי הבית' (טור 31). על חוק העירונות
בפרנקפורט ראה מ"ה הורוויץ, רבני פרנקפורט, עמ' 43.

26　　מסי הבית שהיו משלמים נזכרים בפנקס פעמים מספר, בקשר עם מכירת בית או השכרתו. ראה 'חצי
מס הבתים' בטור 8, או 'מס מהבית לעירונים' [הכוונה למועצת העיר], בטור 37, וכן בטור 34. מס
נוסף לדוקס נזכר בטור 24. את המסים שילמו לרוב בתקופת 'החוגה של ניטל' [לפני חג המולד],
בטור 34. והשווה: שו"ת חוות יאיר, סימן קנד.

27　　בשנים שבהן נכתב הפנקס היו בוורמיישא היהודית כמאה בתים, ומספר הנפשות כ-1,200. מספר
היהודים לא עמד בעינו, והשתנה משנה לשנה. בימי מלחמת שלושים השנה, ובימי המגפות במאה
הי"ז, נספו יהודים רבים, ואחרים ברחו מחמת הפגעים האלה, ומשום כך קשה לקבוע במדויק את
מספר התושבים היהודים בשנים שנכתב הפנקס.

28　　ראה: G. Wolf, *Zur Geschichte der Juden in Worms*, Breslau 1862, p. 23. יש לציין שלפני
שנגזר חוק שלט הבתים, שתכליתו גם להתוות סימן היכר על בתי יהודים, נזכר חוק העיגול הצהוב.
על פי חוק זה נדרש כל יהודי לשאת עיגול צהוב על דש מעילו. יוזפא בכתביו אינו מזכיר את גזירת
העיגול הצהוב.

ועוד עולה מן הפנקס, שבימים ההם כבר היו שמות משפחה כמעט לכל היהודים בוורמיישא וגם בערים אחרות. ארבעה היו המקורות של רוב שמות המשפחה: (1) שם המקום ששם גרו מי שקיבלו עליהם את השם, הם או הוריהם; (2) שמותיהם הפרטיים של האבות אשר תחילה שימשו סימן היכר בלבד, ובמרוצת הזמן הפכו לשם המשפחה; (3) שם השלטים אשר על פי חוק המדינה היו תלויים על בתי היהודים; (4) מלאכות שעסקו בהן וסחורות שסחרו בהן, ובעליהן נקראו על שמן.

צירופו של שם משפחה לשם הפרטי, היה נהוג כבר לפני המאה הי״ז, אבל במאה הי״ז כבר היה מקובל שכל יהודי, כמוהו כשכנו הנוצרי, נשא שם משפחה קבוע. ובפנקס, ברוב העסקות, נזכרים הן שמו הפרטי והן שם משפחתו של הנרשם. הפנקס מגלה ברורות את חלקן של הנשים בענייני מסחר שונים; אמנם אין הדבר בגדר חידוש, ועדות לכך תמצא כבר מספרות התשובות שקדמה למאה הי״ז.[22] ואף שיהודי וורמיישא דבקו באורח חיים שהיה מפורסם באדיקותו,[23] הרי בפנקס תמצא שמות נשים המופיעות יחד עם בעליהן בעסקות מסחריות, ומקבלות קניין סודר לאישור המשא ומתן. ויש שאישה מקבלת קניין סודר לבדה, כגון שאין לה בעל. נראה מן הפנקס שלרוב היתה האישה שותפה בכל הנכסים, ולא דווקא בנכסי מלוג ובנכסי צאן ברזל. נשים עסקו, בין השאר, בהלוואות כספים, והיו גם חנווניות יהודיות ברחוב היהודים בוורמיישא.[24]

בפנקס נזכר חוק העירונות. כל תושב חדש שביקש להתיישב להתיישבות של קבע בקהילה, נדרש לקבל זכות מגורים בעיר,[25] והדבר היה נהוג גם בחלק הנוצרי של העיר.

שר׳ לייב [אופנהיים] קיבל עליו בת״כ [בתקיעת כף] שקיבל את מחיר היין שמכר. על קניין סודר שעשתה אישתו, נכתב בפנקס פעמים אחדות; לדוגמה נביא את הדברים האלה: ׳עשתה מרת ועגלין [פייגל] והדר בעלה מר סיני ק״ס ומכרו את מקומם בבית הכנסת בעזרת אנשים... וקבלו דמי המכירה עשרים רייכסטאליר מיצחק גערנסהיים׳ (טור 2). וכן: ׳עשתה מרת רץ [קיצור מרצפה] ק״ס אודות ארבע מאות ר״ט [רייכסטאליר] שלוה בעלה עם אחיה משה אופנהיים על רוח... מן גיסו של הר״ר משה הנקרא ליב אופנהיים׳ (טור 2).

22 ראה לעיל, בסוף הערה 21. מקורות על נשים שעסקו במסחר מצויים בשו״ת מן המחצית השנייה של המאה הט״ו; כגון: תרומת הדשן, לר׳ ישראל איסרליין (חלק שאלות ותשובות), ורשה 1884, סימן רמב, על אישה שהיתה רוכלת בכפרים ומוכרת בהקפה לנוכרים. וראה שם גם סימן ש, על זוג צעיר ששניהם רצו לעסוק בסחר-כספים. וכן ראה תשובות ר׳ ישראל ברונא, שטעטין 1820, סימן נז על אישה שעסקה בסחר תכשיטים והיתה מעורבת בעסקים מפוקפקים.

23 אדיקותם של יהודי וורמיישא היתה ידועה גם בין הנוצרים שבסביבה. לדוגמה, התיאולוג וההיסטוריון הגרמני J.J. Schudt שחי במחצית השנייה של המאה הי״ז בפרנקפורט, מזכיר בספרו *Jüdische Merckwürdigkeiten*, I, Frankfurt a.M. 1713–1714, p. 397 ש׳יהודי וורמיישא הם יראי שמים׳ (fromme Juden).

24 ׳ליפטן [?] אלמנת מהר״ם ז״ל בת הרב׳ יצחק אייזק וולך מכרה את מקומה בבית הקברות לקופת הקברנים בק״ס [קניין סודר] וכבר קבלה כל דמי המכירה׳. ואישה אחרת, שרה אשת הפרנס זלמן אופנהיים, קיבלה סודר ונתנה במתנה פרווה מקושטת פסים (פעלץ מיט טאפיטן ליישטן), לאחיה לעמיל, וגם תפילה (סידור) שכריכתו מצופה כסף בתנאי שבימים טובים ישאיל לה את הפרווה ואת הסידור (טור 36). וכן ראה טור 7, על אישה שעסקה במשא ומתן ובחנות בעלה.

25 היו מועמדים שחיכו לקבל עירונות, ובינתיים גרו זמנית ברחוב היהודים שבוורמיישא עד שקיבלו את רשות העירונות. בפנקס, בטור 31, נרשמה צוואה של האישה מערלי, אלמנת ר׳ אהרן, מנכבדי העדה שנזכר שהיה תלמיד חכם ידוע, וכנראה, גם בעל רכוש. האלמנה חילקה את הירושה בין בת

באו גם סוחרים מן העיירות והכפרים היהודיים שבסביבה.[18] בין הבאים היו לא רק
סוחרים שבאו בעסקי פרקמטיה; היו בהם גם מנכבדי הקהילה, שבצד עסקיהם ניצלו את
היריד לפגישות בעסקי ציבור. ואמנם בפנקס נזכר שבימי היריד הָיו באים פרנסים
מסביבות וורמיישא לקנות בבית הקהל רשיונות תנועה, שניתנו לראשי הקהל כזיכיון
מאת הרשות, ונתכנו בשם 'תיור־תיורים',[19] ובפגישות האלה היו נדברים ביניהם גם על
הנעשה והנשמע בבית ישראל. אמנם ההתכנסויות האלה לא נשאו אופי רשמי, ולא היו
כאסיפות הקהילות בימי הביניים; שבקהילות שו"ם (שפּייער, וורמס ומגנצא), היו ימי
השוק חשובים לציבור, והפרנסים היו נאספים בהם לתקן תקנות לכלל הקהילות.
ובפנקס, במקום שמדובר בו על היירידים, אין זכר לפעולות ועד ארבע הארצות שקיימו
רבני פולין ופרנסיה כבר במאה הט"ז.

הפנקס מלמדנו גם שסוחרי וורמיישא קשרו קשרי מסחר עם סוחרים יהודים בערים
הגדולות, כגון פראג, וינה ואמסטרדם,[20] והיו באים לוורמיישא בתקופות שונות. המשא
ומתן העסקי היה כרוך בהתחייבויות ובחוזים. לרוב נסתיימה העסקה בהסכמת שני
הצדדים, ונתאשרה בקבלת קניין אגב סודר וברישום פתקה (צעטיל) לזיכרון דברים,
בחתימת שני הצדדים. גם תקיעת כף מחייבת את הקונה ואת המוכר. כדי לתת תוקף
לדברים,[21] היו סוחרי וורמיישא היהודים נכנסים לבית הקהל (קהל שטובע), אל הסופר,
שירשום את המשא ומתן בפנקס.

<hr>

18 ראה טורים 38,35,7. היהודים בכפרים, שנדחקו לשם משום קשיי פרנסה בעיר שבה גדולה
התחרות, הפכו במרוצת הזמן מרוכלים לחנוונים בעלי חנויות כל בו שהתעשרו בעבודה, בחריצות
ובכשרון. בטור 7 נזכרים שותפים בעסקי כספים שגרים בכפר פרנסהיים, לא רחוק מהיידלברג.
הסוחרים האלה הלכו וגדלו, ומוצאים אותם בירידי וורמיישא כסוחרי מתכות מצליחים, שסחרו גם
ב'כיכרות ברזל' (טור 38). במקום אחר בשם פפערדסהיים, שהיתה ספק עיירה ספק כפר, לא הרחק
מוורמיישא, נמצא יהודי שסחר בסחורות מגוונות, ובהן בקר וגם בדיל, טור 35; וראה גם טור 32.

19 התעודה 'תיור' היתה כעין פסספורט, תעודה המאפשרת לנסוע למקומות שונים מחוץ לעיר המושב
של בעליה, והדבר ניתן על פי חוק המדינה. הסוחרים הנוסעים עם סחורתם מעיר לעיר ומשתתפים
בירידים, נזקקו ל'תיור' לצרכי מסעותיהם אלה. הקהילה היתה קונה 'תיורים' מן הממשלה ומוכרת
אותם ליהודים שנצרכו להן. לקהילת וורמיישא היו באים סוחרים ופרנסים מן העיירות הסמוכות,
לרכוש מן הממונים 'תיורים' לנסיעותיהם. לרוב היו באים לקנותן ימים אחדים לפני היריד. ה'תיור'
גם הקנה להם פטור ממס על הסחורה שהביאו אתם מעיר אחרת לסחור בה. ראה טורים 36,31,14,5.
על תייר—תיור—תיירן ראה: ש' איידלברג, 'לשון והבעה בספרות השו"ת', לשוננו לעם כ (תשכ"ט),
עמ' 125.

20 אין הקשרים עם וינה הבירה נזכרים בפנקס כלל, אבל הדברים עולים מעסקיו של הנגיד שמואל
אופנהיים שקודם גדולתו היה סוחר בוורמיישא ובהיידלברג, והיו לו תחילה קשרי מסחר עם וינה,
ולאחר מכן התיישב בוויה (ועל כך ראה להלן). פראג נזכרת בקשר עם סוחרים שהיו באים משם
לוורמיישא, ראה טור 2. ועל סחורות מאמסטרדם שהובאו לוורמיישא, ראה טור 26. על קשרי פראג
עם וורמיישא תעיד העובדה שמספר רבנים ששימשו בוורמיישא במחצית המאה הי"ז, באו לשם
מפראג. השווה: H.I. Bloom, *The Economic Activities of the Jews of Amsterdam in the*
Seventeenth and Eighteenth Centuries, Williamsport, Penna 1937 p. 4

21 'צעטיל' — בגרמנית פתקה, פיסת נייר. השימוש בצעטיל הוא למעשה הודאה בכתב בהתחייבות
אגב עסקה כספית או מסחרית ('החובות הנרשמים בצעטיל', טור 4), או בשותפות שעשה אחד
שהכניס כספים עם אחר שהתחייב ב'צעטיל' לשלם את חלקו (טור 26). 'תקיעת כף' באה לאשר
הבטחה או התחייבות משנים קודמות, והיתה מקובלת גם בין סוחרים שאינם יהודים. בטור 4 כתוב

לצרכי עצמם, אבל במרוצת הזמן היו סוחרי הבהמות לחבורה אשר קנתה לה מעמד בקהילה.[14]

היין היה אחת הפרקמטיות החשובות שסחרו בהן יהודים. בוורמיישא היו סוחרים ששמרו חביות של יין במרתפים כמה שנים, ואחרי כך מכרו את היין הישן במחיר גבוה. יינות וורמיישא שהיו ידועים בטיבם נמכרו גם בערי הסביבה, ובשל המוניטין שיצאו להם, קנו גם נוצרים את היינות האלה, שהובאו אל היָרידים בחביות ובכדים.[15]

בספר ה'מנהגים' הוא מספר על סוחר יינות שניסה להתחרות בסוחרי היין של וורמיישא ולמכור שם יין משובח אף מיינות המקום; ואחר שהניחו לו לעשות כן, חזר בו אב בית הדין ולא התיר את הדבר עוד:

פעם אחת בא יין לכאן מעיר אופנהיים ומעיר ניישטט, והיה היין ההוא משובח מן היינות של קהילתנו, ונעשה בעל היין ההוא סוחר ומוכר היין אחד אחד במדה כנהוג פה... ונתחרטו אח"כ הרב ובני הישיבה פה שהניחו לעשות כן... ונמנו וגמרו שלא לעשות עוד, אם לא שיהיה השעה צריכה לכך מפני דוחק היין. ופעם אחת היו שואלין אם רשאין למכור היין הבא מגערנסהיים [כי] שמעון גערנסהיים... הביא היין ההוא עמו לכאן כי ברח ממקומו מכח אנשי מלחמה והציל... וביקש למוכרו, ולא רצה האב ב"ד האלוף מוהר"ר זוסמן ברילין להתירו (כתב יד אוקספורד, עמ' 77א; וכן, ראה באותו עניין בכתב יד וורמיישא, עמ' 149—150).

ועוד עסקו יהודים בסחר תבואות, חיטה ושעורה, ואף במכירת פירות וכרוב.[16] אשר לבעלי מלאכה יהודיים, אין אתה מוצא בפנקס אלא מעטים. יהודים מיעטו לעסוק במלאכות; כנראה, מפני שלא הורשו להתקבל כחברים באיגודים המקצועיים ובחבורות האומנים בערי גרמניה. מן הפנקס הזה אתה למד שסוחרים יהודים מוורמיישא השתתפו השתתפות פעילה ביָרידים שהתקיימו בפרנקפורט, בוורמיישא ובהיידלברג. רוב היָרידים נתקיימו בתקופות האביב והקיץ, בניסן ובסיון, וכן בסתיו ובחורף, בחודשים תשרי וכסלו.[17] ביָרידים השתתפו יהודים ושאינם יהודים, אשר באו למכור ולקנות. אל היָרידים

---

14 הסחר בפרות ובשוורים נזכר בפנקס בטור א. בטור 9 נזכר בית שמאחוריו היתה רפת לבקר. הסוחרים האלה אין בינֵיהם שמות נכבדים; ואם כי נראה שלסוחר הבהמות מיכאל גערנסהיים, הנזכר בטור 4, היה צאצא אשר בראשית המאה הי"ח היה פרנס מכובד. בסחר העורות עסקו חברים מכובדים שבקהילה, כגון הפרנס וויבש כץ, הנזכר בטורים 13,7, שהיה סוחר עורות נכבד. בטור 8, נזכר שמו של יהודי בעל אורווה לסוסים. וסמך לעסקי סוסים נמצא בשו"ת חוות יאיר לר' יאיר חיים בכרך, שחי בוורמיישא בימי יוזפא. ראה שו"ת חוות יאיר, סימן מב, שם מדובר על סחר סוסים בין יהודים בזמן ההוא.

15 על יין וורמיישא המשובח, שיצא שמו לתהילה גם בין נוצרים, ראה: .F. Reuter, Warmaisa, pp 78—79, 82, 85; על מכירת 'יין ישן ויין חדש' ראה טור 8. ועל כמויות גדולות של יין שבמרתפים, ראה טורים 4, 7. בין סוחרי היין היו נכבדי הקהילה כגון אברהם טרק (דַרך) ולייב אופנהיים שהיו להם עסקים בפרנקפורט ובוורמיישא. על סחר היין בוורמיישא ראה: אֵידלברג, יוזפא, עמ' 11, 20.

16 על כך ראה: אֵידלברג, יוזפא, עמ' 18.

17 על הנסיעות התכופות ליָרידים ראה, למשל, טורים 35,10,6,5.

החלפנות אף היא עסק מעסקי הכספים, והיתה נחוצה בגרמניה שנחלקה בעצמה לכמה מדינות, ובכל אחת מהן היה שער החליפין שונה; וכן נדרשה בקשרי מסחר עם מדינות שכונות שהשתמשו במטבעות כסף שונות. החלפנים היהודים היו מקובלים גם בחלק הנוצרי של העיר, שהיהודים כינוהו בשם 'המקום'.[9]

בפנקס כתובות עסקות בשטרות שונים ובאגרות חוב (גילט בריוו) שהיו עוברות לסוחר ושווה בערכן למזומנים. גם נזכרים בו שטרי חוב ושטרי סילוק. הסחר בשטרות היה מקובל, ולא תמיד נמכרו השטרות במחיר הנקוב בהם. יש שהיו נמכרים יתר על דמיהם, ויש שנמכרו בפחות מזה, בגלל טורח מרובה שהיה כרוך בגבייתם. גם שטרי חוב של שכנים (ערלים) נחשבו אצל הסוחרים קניין ראוי, או שנמכרו לכיסוי חוב אחר.[10]

ברשימות אשר בפנקס תמצא דברים גם על מסחר בבגדים חדשים וישנים. הבגדים החדשים נמכרו בעיקר בעיר ואילו הבגדים המשומשים היו מסחרם של רוכלים יהודים, שסבבו בשווקים ובכפרים הסמוכים. אריגים למיניהם היו מובאים מפראג ומאמסטרדם. תכשיטי זהב וכסף נמצאו למכירה אצל סוחרים יהודים בוורמיישא,[11] ובהם גם תכשיטי נשים.[12]

הסחר בבהמות ובעורות אף הוא נזכר בפנקס פעמים אחדות; הן בעורות של בהמה דקה והן בעורות של בהמה גסה. למסחר בעופות אין כל זכר בפנקס. אבל בנוצות סחרו יהודים לא רק ביריד הפפאלץ, גם בעיירות הבוואריה מכרו יהודים נוצות. בפנקס כתוב שמשה אופנהיים סחר, בין השאר, גם בנוצות, ואפילו השקיע כסף רב בעסק הזה (טור 6).[13]

בין יהודי הריינוס היו סוחרי סוסים ובהמות, שהיו קונים את סחורתם אצל נוצרים מגדלי סוסים ובקר. בפנקס נזכרים סוחרי פרות ושוורים שהיו מוכרים את הבהמות לקצבים. העיסוק בבהמות התפתח בגלל הביקוש לבשר כשר. תחילה קנו את הבקר

9 אם כי לא מצאתי בפנקס את המלה חלפן או חלפנות, ברור הדבר שהסוחרים ממדינות שונות שביקרו בוורמיישא, ואפילו מחלקי גרמניה האחרים, הביאו אתם מטבעות שלא היו להם מהלכים בוורמיישא ובערי הריינוס האחרות, והיה צורך להחליפם. בטור 12 כתוב על 'עסק מטבעות שיקנה ברחוב'. ובתקנות פרנקפורט משנת 1603 נאמר שלא יתעסקו היהודים בסחר במטבעות מזוייפים, סעיפים ו–ז. ראה: מ"ה הורוויץ, רבני פרנקפורט, ירושלים 1927, עמ' 30. עם זאת, בספר 'מעשה נסים', שכתב יוזפא שמש, במעשה יא, נזכר חלפין (חלפן) יהודי שהיה ידוע בעיר וורמיישא בין אנשי המקום. מקום (בגרמנית שטאדט) פירושו עיר ופירושנו מקום, ונשתבשו להם פירושי המלים. הלוואה למסדר נוצרי על פי שטרות נזכרת בטור 14. שטרי חובות שנוצרים היו חייבים ליהודים 10 נזכרים בטורים 30–34, עסקות הלוואות כאלה נעשו למרות האיסור שאסרה הכנסייה.

11 בפנקס רשומים סוחרים מק"ק פראג שהביאו למכירה בוורמיישא מעילים אשר צווארוניהם ושרוולים היו מרוקמים בחוטי כסף. וסוחר אחר הציע למכירה חגורה ואבזם מכסף, מצופים זהב, שמשקלם שתי ליברות ושווים למעלה משלושים רייכסטאליר, טורים 1, 9, 26.

12 ב'מנהגים' נזכרת תקנה שנשים יהודיות לא תצאנה במלבושי מותרות, בחגורות זהב ובצעיפים חשובים 'הנותנים עין אצל הערלים' (כתב יד וורמיישא, עמ' 1553). ועיין: איידלברג, יוזפא, עמ' 7. התקנה הזאת שהעתיק יוזפא, אל קובץ מנהגיו היא מהתקנות שנתקנו בפרנקפורט בשנת 1603 באסיפת רבנים ופרנסים מן הסביבה; גם בא כוח קהילת וורמיישא השתתף באסיפת פרנקפורט הנ"ל. ראה לעיל, הערה 9.

13 ראה טור 7, והשווה: S. Haenle, *Geschichte der Juden im ehemaligen Fürstenthum Ansbach*, Ansbach 1867, pp. 28–29

חשובה. יהודים עזרו לצבאות הקיסר באספקת כלי מלחמה ושאר צרכים לחיל המדינה,
כגון אוכל, בגדים ואכסניה לאנשי הצבא ולבהמתם.

היהודים גילו תבונה וחריצות בימי המלחמה, וביותר — אחריה וניצלו את
האפשרויות לשפר את מצבם ולבצר להם מעמד חדש.[4] מהם קמה שכבה חדשה של
אמידים אשר שלחו ידיהם במסחר ובהלוואות כספים, ומכאן התפתח מעמד הבנקאים
ובעלי ההון של יהודי גרמניה ואוסטריה במחצית השנייה של המאה הי"ז. כמה
היסטוריונים רואים בשכבה הזאת אחד הגורמים לצמיחתו של משטר הרכושנות במערב
אירופה ובמרכזה.[5] מן המשפחות האמידות והיחסניות שבין יהודי פרנקפורט, וורמישא,
היידלברג ומנהיים, יצאו אנשי כספים, ממונאים ידועי שם, אשר צאצאיהם נמנו עם
עשירי אירופה במאה הי"ח ובמאה הכ'.

הפנקס שלפנינו הוא כאספקלריה לראות בה את ראשית התפתחותו של מעמד בעלי
ההון היהודים, ויש בו כדי להעיד על העניין הרב שהיה להם לעשות הון, ועל הבנתם
והתמצאותם בהוויות העולם, שהקלו עליה לעקוף קשיים שעמדו בדרכם. והקשיים
היו רבים, מסים כבדים וארנוניות מרובות ועולם חיצוני רחוק מאהדה ומסובלנות. אבל
הם הצליחו להתגבר על המכשולים, לא בזו לקטנות ועסקו בכל עסק קטן וגדול;[6] ועם
ששמרו על צביונם, צביונו של היהודי הדבק באמונת אבותיו, לא נלאו מלעשות להם
מעמד של ביסוס כללי, עד לצבירת הון ועד לעשירות מופלגת.

על פי העולה מתוכן הרשימות של העסקות השונות, היו עניניהם המסחריים מגוונים
ביותר.[7] אמנם עסקי הריבית בימים ההם נצטמצמו והלכו בגלל הגבלת השלטונות, אבל
בפנקס נרשמו עסקות של ממון ומשכונות עם נוצרים. עם זאת, רוב עסקות הריבית נעשו
בין יהודים ליהודים, על פי היתר עסקא הידוע, שהיה נהוג בין היהודים מקדמא דנא.
ההיתר הזה כוחו יפה כאשר מעמידים את ההלוואה כעסקה של שותפות בין המלווה
והלווה. על פי ההסדר הזה המלווה מכניס את הכסף, והלווה מקדיש את זמנו וטורח
לחפש אחרי סחורה טובה ומשובחת, נוסע לירידים למקח וממכר ואחראי על שמירת
הסחורה. וכך הוא נעשה שותף שחלקו שווה לחלקו של המלווה.[8]

4 ראה על כך: ש' דובנוב, דברי ימי עם עולם, ז, תל־אביב תשי"ח עמ' 177, 296; S. Stern, *The Court*
Jew, Philadelphia 1950, pp. 1–37

5 עיין: ש' דובנוב, שם. וכן בספרה של סלמה שטרן, שם, אם כי שטרן מגזימה בהישגיהם של
החצרנים בימים ההם, אין ספק שהקפיטאליזם ינק הרבה ממקורות אלה. והשווה: S. Eidelberg,
'Abraham Aaron, A Court-Jew of the Seventeenth Century', *Michael* 2 (1973), pp. 9–15

6 M. Grunwald, *Oppenheimer und sein Kreis*, Wien-Leipzig 1913, pp. 1–35

7 ממכירת מקומות ישיבה בבית הכנסת, ועד מכירת בתים, והשכרתם וכן ממסחר בצרכי אוכל ויין
מובחר ועד קניית מלבושים, פרוות ותכשיטים. ראה על כך להלן.

8 ראה על כך בטורים 1,4,12 ועוד. ההסדר הרווח אצלם והנקרא בפיהם 'שותפות לאמצע' או 'חצי
הפסד וחצי רווח', והיתר עסקות הכספים נעשו לפי היתר 'תקנות חכמינו זכרונם לברכה'. סוחרי
וורמישא, ואפילו תלמידי החכמים שביניהם, עסקו בהלוואות כספים לפי היתר עסקא, ושטרי
עסקא נזכרים לרוב; למשל ראה טורים 1,3,11. השיטה הקדומה להלוואות באמצעות איש ביניים
נוצרי איננה נזכרת, מפני שהשתמשו על פי דין בשותפות שבין יהודים לבין עצמם. ההלוואות
מנוצרים אינן נזכרות, פרט לחובות מסי המלכות ומועצת העיר. לעומת זאת נזכרות ההלוואות
לנוצרים.

בירושלים, בארכיון לתולדות העם היהודי, נמצאים דפים מפנקס שהיה פנקס קהילת וורמיישא, וסימונו — RH/10 2[1].

כריכתו של הפנקס איננה מקורית, וחמשת הדפים האחרונים ריקים. אורך הפנקס 21 ס"מ ורוחבו 8.5 ס"מ. הוא מחזיק עשרים דפים כפולי טורים, וטוריו ממוספרים — שלושים ושמונה מספרם. אבל המספרים ערוכים משמאל לימין, ונכתבו, כנראה, בידי מי שלא קרא את התאריכים הכתובים בו. אין אנו יודעים באיזו דרך הגיע הפנקס לארכיון, אף לא ברור אם הפנקס הזה שלם, או שהוא רק חלק מספר מקיף יותר, ולא כולו הגיע לידינו. בפנקס הקהילה נרשמו חוזים מסחריים ועסקות שונות, שנעשו בין חברי הקהילה משנת תט"ז (1656) ועד שנת תי"ט (1659) ובכלל. האם נרשמו דברים שכאלה לפני שנת תט"ז ואחרי שנת תי"ט, אף השאלה הזאת נשארה סתומה. העסקות נרשמו בבית הקהל (קהל שטובע) לעדות לנוגעים בדבר ולזיכרון לקהילה, ואפשר — גם לדורות הבאים.

סגנונה של הלשון ואף צורת הכתב, מתאימים למקובל בדרום גרמניה בשלהי ימי הביניים, ופרקי הזמן הנזכרים בפנקס הן השנים ששימש בהן יוזפא סופר ונאמן הקהל של וורמיישא.[2] ההתאמה הזאת בזמנים וכן צורת האותיות שבפנקס, שהיא דומה לזו של ספר ה'מנהגים' שכתב יוזפא ואשר נמצא בידינו, בשתי גרסותיו, בכתב ידו, כל אלה יש בהן לאשש את ההנחה שגם את הפנקס כתב יוזפא, אף כי אין שמו נזכר שם במפורש. ויתרה מזו, בפנקס נזכרים שמות אנשים ושמות בתים הנזכרים גם ב'מנהגים' ובספר 'מעשה נסים' אשר חיבר.

לשון הפנקס עברית, אבל יש שהסופר כתב מלים בייּדיש־גרמנית, שפתם של יהודי גרמניה בימים ההם.[3] תופעה דומה תמצא, אם כי בהיקף מצומצם, גם בספר ה'מנהגים'. הפנקס נכתב כבר בימי שלום, אחרי מלחמת שלושים השנה (1618–1648). אמנם, השקט והשלום באו לארץ הריינוס רק בשנת 1652. מכאן ואילך הימים הם ימי רגיעה והתחדשות בגרמניה, ימים שהביאו שיפור הן במצבה המדיני והן במצבה הכלכלי. ומשהונח לכלל האוכלוסיה, הוטב גם ליהודים בתוכה וחל שיפור במעמדם. אבל גם המלחמה עצמה, למרות הסבל והצרות שגרמה להם, הביאה עמה התפתחות מסחרית

---

1. השם 'פנקס' נזכר בפנקס עצמו. בטור 15 נאמר בין השאר 'לכותבו כאן בפנקסו'. ובטור 22 נכתב 'כתבנו לזכרון פה בפנקס'.

2. לא ידוע התאריך בו התחיל יוזפא לשמש במשרתו, וכן לא ידוע מתי סיים את תפקידו. עולה על הדעת ששירת בערך משנת 1633 עד שנת 1675 — למעלה מארבעים שנה.

3. גם בפנקס ישנם ביטויים שונים הנמצאים בשני הספרים של יוזפא (המנהגים והמעשיות). בפנקס מלים ואפילו שורות קצרות בייּדיש־גרמנית, שבאו להסביר את הכתוב בעברית, ודומים להם תמצא ב'מנהגים'.

חלק שלישי

פנקס קהילת וורמיישא

ביום שלמחרת ירדה אישה מן הבית אל המרתף כדי לחבוץ חמאה, כי הביאו לשם הרבה חלב כדי להכין חמאה, כי בוורמיישא לא אכלו חמאה אלא זאת שהיהודים עשו.[2] והאישה, כאשר נכנסה למרתף, ראתה שני אנשים תחובים בתוך חבית ורגליהם למעלה וראשם למטה. הם היו מתים. האישה נבהלה ונחפזה לעלות למעלה, בקושי סיפרה מה שעיניה ראו במרתף. והאנשים מיהרו לרדת למרתף לראות את הדבר. בחבית מצאו את החתן ואת הכלה אשר נעלמו אמש ביום חתונתם. כולם נבהלו ממה שעיניהם ראו אבל לא יכלו עוד לעשות מאומה.

את המרתף מילאו באדמה וסגרו אותו, ונשאר חתום עד היום הזה. וזה קרה בבית צור דער קאנדין (קאננע). ולא מצאו את הרוצחים. אמרו שהמיתו אותם על ידי כישוף ואולי סטודנט נודד עשה את הדבר הזה. השי"ת ישמור אותנו להבא מן הפורענויות ויגאלנו במהרה מן הגלות וישמור אותנו מחרדות כאלה.

הלילה וישמרו על בתו, ואת הנערה הושיב בראש השולחן על יד עשרת האנשים. ויהיה
בחצי הלילה, ותרדמה נפלה על המניין ועל אבי הנערה ועל כל אנשי הבית, והנערה
לבדה לא ישנה. והיא ניסתה לעורר את הישנים, אבל ללא הועיל, איש מהם לא קם
משנתו. ואל החדר נכנס הסטודנט הנודד ואמר לנערה: את רואה שאין כאן איש היכול
להצילך, בואי ושכבי עמי. וענתה: מוטב לי למות מלעשות את רצונך. והסטודנט תפס
אותה בכוח בשביל לאונסה, וחיש מהר שלפה הנערה סכין ודקרה בו את הסטודנט אשר
נפתע מהמעשה. והנערה רצה החוצה והזעיקה את השכנים. הם מצאו את הסטודנט מת
ומוטל על הרצפה והרבנים ישנו שינה עמוקה ולא היה באפשר לעוררם.

היהודים נבהלו ופחדו מעלילת השררה, כי הנערה המיתה את הסטודנט. בינתיים
התאספו עוד אנשים ביניהם גם מן רחוב הערלים אשר בשכנות רחוב היהודים. בין
הערלים היתה גם גויה זקנה מכשפה, והיא אמרה ליהודים: מהרו אל ארובת הבית
והסתכלו בתוכה ותראו נרות שעווה דולקים, וכך היה. המכשפה הזקנה הוסיפה ואמרה:
רק הסטודנט אשר הדליק את הנרות צריך לכבותם, ואז יתעוררו גם הישנים. אבל
הסטודנט מת ואין עצה ואין תושייה לדבר. וחששו שאנשים הישנים ימותו לפני
שיתעוררו. והיה בין הנאספים גם ערל אחד אשר הצטער בצער היהודים, ואמר להם:
עצתי היא, הפשיטו הבגדים מעל גופו של הסטודנט, והטילו אותו ערום מול הנרות
ודרכו על בטנו עד שיפלטו מגופו נפיחות רוח ואז יתכבו הנרות. ועשו כעצתו והנרות
כבו, אז התעוררו הישנים כולם.

והנערה יצאה מכל המקרה הזה בשלום, וגם השררה לא נתנה בה אשם על רצח
הסטודנט, כי גם השכנים הערלים העידו לטובתה, וכל אחד הצדיק את המעשה שהיא
עשתה.

ובכן אנשים יקרים, ממעשה זה רואים שהשי"ת חוסה על יראי שמים והנאמנים לו,
ומגן עליהם ממעשי כשפים.

מעשה כג
מעשה בחתן וכלה שנמצאו [ביום חתונתם] בתוך חבית [שבמרתף]

בבית צו דער קנדין (קאננע)[1] היתה חתונה, והיתה השמחה גדולה מאוד. וכדרך מנהג
המקום הובילו את החתן והכלה אחרי החופה אל חדר מיוחד להם, לאכול ולשתות.
ובעת שהתייחדו החתן והכלה, הכינו הקרובים את סעודת החתונה. ובהגיע הזמן
והמוזמנים התיישבו לשולחן הסעודה, נקראו החתן והכלה לצאת מן החדר. אבל הם לא
נענו ולא יצאו משם. ואחד נכנס לחדר לראות היכן החתן והכלה, אבל החדר היה ריק.
חיפשו אותם גם בחדרים אחרים וגם שאלו אצל השכנים, אבל לא נמצאו בשום מקום.
והסעודה נתבטלה, והאורחים נתפזרו והלכו עצובים אל בתיהם. והקרובים נשארו
במקום וחיפשו כל הלילה אחרי החתן והכלה ולא נמצאו.

---

1 בבית צו דער קאננע גרה משפחה ושמה אופנהיים, ממשפחת אופנהיים העשירים; הבית עוד עמד
בשנת 1928, ראה: רויטר (Warmaisa), עמ' 74.

בשעה שתים־עשרה ומעכב אותי שאכנס לשם, הדבר לא פשוט הוא. פעם אחת לקחה
האישה את מפתח הקימורת והלכה למסגר והזמינה עוד אחד. ויום אחד, בהיות בעלה
בחדר המיוחד, פתחה האישה במפתחה את הדלת ונכנסה לשם וראתה את בעלה ישן עם
מלכת שבא. והיא גם ראתה את אגן הזהב עם שערותיה היפות של המלכה. האישה יצאה
משם בחשאי וסגרה בלאט את הדלת כדי לא לעורר את הישנים, ואיש לא ידע שהיא
היתה שם.

כאשר המלכה התעוררה אמרה לאיש: "אתה מות תמות, כי גילית את סודי, מישהו
גילה אותנו כאן בשכבנו יחד". האיש נשבע שלא ידע מאומה וכי לא סיפר את הדבר
לאיש. הוא התחנן לפניה לבל תהרוג אותו והיא התרצתה להשאיר אותו בחיים, אבל
אמרה לו: "בחייך לא תראה אותי יותר וכל העשירות שנתתי לך ייעלם ממך ותחזור
להיות עני ואפילו יותר אביון משהיית מקודם. את שני הילדים שילדתי לך אשחוט
אותם, ובעוד שלושה ימים בעברך על פני גשר הריינוס, תראה ארון צף על פני המים
ובארון יהיו מוטלים הילדים שילדתי ממך ואקבור אותם על יד הריין".

וכך קרה, כעבור שלושה ימים כאשר האיש עבר את הגשר ראה ארון נישא על פני
הריין, ומקץ ימים אחדים חזר ונהיה שוב עני מרוד. לפיכך אל ילך אדם שולל אחרי בצע
כסף. השי"ת חוסה על כל אדם ומחלק לו לפי מעשיו אמן.

מעשה כב
מעשה בבת יחידה מהבית צו דעם שפרינג ברונן בווירמיישא

מעשה ביהודי מוורמיישא, למדן ועשיר מאוד, אשר גר בבית שפרינג ברונן, ולו בת
יחידה, נערה יפה וחסודה. פעם אחת עבר לפני פתח הבית סטודנט נודד, ונפנה אל
הנערה ואמר לה: היום אבוא אל ביתך ואת תשכבי עמי ולא תוכלי להשמר ממני. וזה
הדבר אשר קרה את הסטודנט. היה המכשף אחד אשר תיקן גלגל קסם, והיה הגלגל
מסתובב, ובכל סיבוב וסיבוב אפשר היה להושיב על הגלגל המסתובב עשרה אנשים
(פרשון). והמכשף שכישף את הגלגל היה בכוח הכישוף מוריד אחד היושבים וממית
אותו. ואלה שנשארו בחיים היו נעשים למכשפים גדולים ויכלו לעשות כל מיני קסם
שרק רצו לעשותם.[1] וזה המעשה [בגלגל] נדפס עם אקדמות שאומרים בשבועות ושם
[במעשה] כתוב על הסטודנט הנודד (פאריידיגר סטודענט). לבסוף שברו את הגלגל
והעבירו אותו מן העולם.[2]

בזמן ההוא היו לסטודנטים חירויות גדולות ועשו דברים מכל שעלה על דעתם.
והנערה, כאשר שמעה דברי הסטודנט נפל עליה פחד גדול וסיפרה הדבר לאביה. האב
הביא אל ביתו עשרה רבנים (ת"ח) שהתישבו מסביב לשולחן כדי שילמדו תורה כל

---

1 והסטודנט הנודד שבסיפור היה אחד מאלה.

2 הכוונה לסיפור 'מעשה פון איין גליק ראד', ראה י"א בן־יעקב, אוצר הספרים, וילנה 1880, עמ' 47,
מס' 929; וכן השווה וראה י' צינברג, תולדות ספרות ישראל, 4, תל־אביב 1958, עמ' 90—91, 190,
.253

מעשה כא
מעשה במלכת שבא בבית צו דער זונן[1]

הבית הנקרא כעת צו דער זונן הוא בית אבנים גדול, סמוך אל בית הכנסת. ושם הבית
לפנים צו דעם טייבלס קאפף [אל ראש השטן]. וגר שם בעל בית חשוב אחד שהיה עני
גדול. ולא רצה שאיש ידע על עניו והצטער על זה מאוד מאוד.

פעם אחת נכנס לקימורת (גוועלף) והתיישב ובכה מר על עניו. ופתאום נכנסה מלכת
שבא, אישה שמימיו לא ראה יפה כמותה, ושערותיה כזהב פז. והיא אמרה אליו: "אם
תשכב עמי כל יום בהשמיע הפעמון שעה שתים עשרה, אעשה אותך לאיש עשיר
שמעטים יהיו כמוך". ונתפתה האיש ועשה רצון המלכה.[2] וכל יום בהגיע השעה שתים
עשרה, נכנסה המלכה ועמה שתי בתולות והחזיקו אגן זהב ונשאו בו את שערותיה
היפות. ובשכבה על יד האיש, שמו הבתולות את האגן אצל המיטה ויצאו מהחדר.
וכעבור שעה חזרו הבתולות וליוו את מלכת שבא החוצה. והמלכה אסרה על האיש בל
יגלה לשום אדם את הדבר. ואם יוודע הדבר לאיש היא תהרוג אותו.

והאיש עשה את חפצה, וכל יום הלך אל הקימורת ושכב עם המלכה. ומלכת שבא
שמרה על הבטחתה והביאה אליו כסף וזהב הרבה מאוד. והאיש התעשר מאוד וילבשו
הוא ואשתו בגדים טובים כדרך העשירים. ובשבתות שמה האישה עליה טבעות
ושרשראות ולבשה מלבושים יפים.

פעם אחת שאלה האישה את בעלה: "תמהה אני מנין באה אליך עשירות הזאת, הלא
אינך עוסק במסחר". והתרגז האיש ואמר: "מה זה חשוב לך מנין יש לי מה שיש לי".
האישה שתקה, אבל כעבור זמן היא שוב שאלה: "אישי היקר תגיד לי מעשיך בכל יום
בשעת הצהריים בקימורת, ולמה אתה משתהה שם שעה ארוכה". הבעל ענה: "רגיל אני
לשינה של צהריים". והאישה אמרה אל לבה: בוודאי, לא בחינם הוא מתייחד שם כל יום

1   הבית צו דער זונן (אל השמש) נזכר במעשה ד ובמעשה ט וכן במנהגים ליוזפא, כתב יד אוקספורד,
     עמ' 2א. בעת השטפונות העזים בוורמייסא בשנת תי"א, חדרו המים אל מרתפי הבית. בעל הבית
     בימים ההם היה הפרנס בשם ברוך.

2   המעשיות על שדים שנזדווגו עם בני האדם קדומות הן, ויש כמותן באגדות התלמוד (ראה בבלי
     עירובין יח ע"ב, על אדם הראשון שהוליד רוחין שדין ולילין; וכן במדרש תנחומא, בראשית כז
     (מהדורת ש' בובר), וילנה תרע"ג, י, ע"א; ובספר חסידים (מהדורת ויסטינעצקי-פריימאן) סימן רסג
     תתח, נרמז שהלילין מתוודעות באילן; וכן ראה את הביבליוגרפיה שציינו ל' בלאו וז' שכטר
     במאמר על לילית באנציקלופדיה היהודית VIII (בהוצאת פונק וואגנלס), ניו-יורק 1904, עמ'
     87—88. ואין תימה שבימי הביניים קנתה לה האמונה הזאת אחיזה אצל יהודים ויש מהם שנתפסו
     להאמין באגדות אלה. ואשר למלכת שבא, על רקע המסופר עליה במלכים א, א–יג, נרקמו אגדות
     דמיוניות ספורי אהבה וכשפים ראה: L. Ginzberg, The Legends of the Jews, IV, Philadelphia
     1936, pp. 152 ff. על מלכת שבא המתוארת כשדה מפתה, דומה ללילות, נכתב בספר הזוהר
     'שערותיה ערוכות אדומות כשושן, פניה לבנים ואדומים והרוגת ילדים בגלל עוונת אבותיהם'.
     משנת הזוהר, א (מהדורה פ' לחובר וי' תשבי), ירושלים תשי"ז, עמ' שסט—שעד. והשווה: י"ל
     זלוטניק, ספר מעשי ירושלמי, ירושלים תשי"ז, עמ' 26 ואילך; וכן ראה: י"י מייטליס, די שבחים פון
     רבי שמואל און רבי יודא חסיד, לונדון 1961, עמ' 78 ואילך. הסיפור נמצא בספרו של י' אופאטושו
     יום ברנגשפורק (תרגם לעברית ד' שטוק), תל-אביב 1943, עמ' 49—50.

להשתדל לפני מועצת העיר, ואמרו אליהם: אדונים, אל נא תפרעו בנו פרעות כי הגופה
היא של תינוק יהודי. האישה שילדה את הילד היא יהודייה ענייה וגרה בהקדש שלנו.
וגם הוסיפו ואמרו שאישה נוצרייה היתה המיילדת של התאומים שנולדו לאישה,
וכנראה שכלב גרר את הגופה כי היא לא נקברה עמוק באדמה, ושרט אותה הכלב, והיא
לא נשחטה ולא נדקרה.

אנשי מועצת העיר שלחו וקראו את המיילדת, שהיתה מרשעת גדולה. ואמרה
שטיפלה כמיילדת באישה יהודייה שילדה תאומים בהקדש, אבל חושבת שהגופה היא
לא של אחד מהתאומים.

והשלטונות פקדו להביא את גופת הילד המת אל ההקדש, ויראו אם הילד החי והמת
דומים אחד לשני. המיילדת השכיבה את הגופה שממנה נזל דם רב אצל הילד החי וכולם
ראו שהתינוקות דומים אחד לשני ושהילד המת הוא השני מן התאומים, והגזירה
נתבטלה. וה׳ ישמור עלינו גם להבא כאשר יבואו עלינו בלבולים שכאלה ויגאל אותנו
מעול הגלות הקשה.

מעשה כ
מעשה יפה על הבית צו דער קרונן שבווערמיישא

בבית צור דער קרונן גר בעל בית אחד שהיה לו תמיד מזל ביש, ובכל אשר שלח ידו לא
הצליח. וכל כך היה עוניו גדול, שלא היה יכול להמשיך ולשבת בתוך הקהילה; אבל הוא
לא רצה לעזוב את הקהילה. והלך אל הרב לשאול בעצתו, ואמר לו שאין ברצונו לעזוב
את הקהילה וללכת לגור ביישוב (כפר) [כי שם אין מניין לתפילה] ולא ישמע קדיש
וברכו. ושמע הרב דבריו ואמר לו שיקח את הב״ק וישים אותו בש״ק, והתיר לו לעבור
לגור בכפר. הרב רצה לומר שמוטב לו לגור בכפר במקום שאין מניין ולא ישמע ברכו
וקדיש [ב״ק], ויעזוב את הקהילה שיש בה מניין אבל יש בה גם ש״ק, כלומר שנאה
וקנאה, שהיתה שוררת בקהילה שהרבה יהודים נמצאים בה.

והיהודי קיבל דברי הרב, ואסף את מטלטליו והעמיס אותם על העגלה, וברגע שרצה
לעזוב, הלך לסגור את דלת הבית והנה הוא שמע מתוך ביתו דפיקות חזקות. והשתומם
מאוד על הקולות כי איש לא נשאר בפנים הבית, ואשתו וילדיו ישבו עם החפצים על
העגלה. כאשר הדפיקות הלכו וגברו ניגש לדלת ושאל: מי שם, וקול מפנים ענה: אני
ביש מזל (שלים מזל), גם אני מוכרח ללכת אתך יחד אל היישוב. ואינך יכול להשאירני
כאן. האיש והאנשים סביבו נבהלו והשתוממו על הקול הקורא. והאיש הרהר בלבו: אם
השלים מזל ילך אחרי גם אל הכפר, מוטב שאשאר בקהילה שגרתי בה. אבל מה יעשה
והוא כבר מכר בזול (וואלביל) את ביתו. והוא עבר לבית אחר ומזלו שופר.[1]

האיש שקנה ביתו מזה הרס אותו עד היסוד ובנה שם בית חדש, וזהו הבית העומד שם
על כנו עד היום הזה, ומיום שנבנה הבית החדש לא נכנס בו הביש גדא, והשי״ת ישמור
על יראי שמים מכל רע ויגאל אותנו מגלותנו אמן.

---

1   בתר עניא אזלא עניותא (ב״ק צב ע״א), ולא כדאי לעזוב את הקהילה. לעומת זאת שינוי דירה הביא
    לו מזל חדש, כמו שאמרו ׳משנה מקום משנה מזל׳.

לאיש, כי הלא אם יוודע הדבר גם הוא יהיה בסכנה גדולה ויענש בעונש חמור. והוסיף
ואמר: כי פשעי יותר גדול משלכם, כי מוסר אני את ילדי ליהודים לשפוך דמו. והם
שאלו את הערל מה המחיר שמבקש, והוא אמר סכום יקר מאוד. חברי המועצה קמו
ממקומם ואמרו לו שהסכום שהוא מבקש הרבה מדי, וגם אמרו: קנינו ילדים אחרים ולא
שילמנו מחיר יקר כמו שאתה מבקש, ישנם ילדים אחרים למכירה ואין לנו צורך בילד
שלך. והציעו לו ארבע מאות גולדים ואף לא פרוטה יותר. הערל חשש שהם עומדים
לדחות והסכים לסכום שאמרו, והם ספרו את המעות ושמו את הכסף על השולחן. וחשב
הערל שהעסקה נגמרה והושיט ידו לקחת את המעות. ברגע הזה אמרו אנשי המועצה:
המתן, כך אין ממיתים בן אדם. וציוו עליו שיקח חבל ויקשור את ידיו ורגליו של הילד,
ורק אז ישחוט את הילד. הם גם אמרו לו שיביא גיגית נקייה בשביל לשפוך בה את הדם.
הם גם שלחו שליח שיביא סכין שמשתמש בה השוחט. אז הם אמרו לערל: שחוט את
ילדך ואחר כך תקבל את הכסף. הערל לקח את הסכין ועמד לשחוט את הילד. ברגע הזה
קראו שני אנשי העצה את השוטרים שעמדו בצד מחופשים בבגדים של שמשי הקהילה,
ואלה הפשיטו מעליהם השחורים ועמדו בלבוש האדום של שוטרי העיר. הערל נעצר
ואנשי המועצה ציוו על השוטרים לקחת את הערל ולהשליכו אל בית הסוהר הקשה
ביותר שבעיר וורמיישא. הם כבלו אותו והוליכו אותו עמם אל בית הכלא והיהודים חזרו
אל ביתם בשמחה.

וראש העיר לקח את הילד והכניסו אל בית היתומים שבעיר. והערל נענש במיתה
משונה. כן יאבדו כל הרשעים וליהודים יהיה שלום והשי״ת יחסוך מאתנו דאבה אמן.

מעשה יח
מעשה על הבלבול בוורמיישא

אישה אחת אשר התגוררה בהקדש של הקהילה בוורמיישא כרעה ללדת וילדה תאומים.
ואחד מהם מת במיטת היולדת. וקברו את הנפל לפי המנהג שנהגו שם, לא עמוק
באדמה, וכיסו אותו באדמה. ועבר כלב וגרר את הנפל מתוך האדמה ושרט את הגוף אבל
לא כסס ממנו.

וערלים אשר עברו בבוקר דרך בית הקברות ראו את הגופה וחשדו שהילד המת הוא
משל הנוצרים, שהיהודים דקרו אותו כדי להשתמש בדמו.

ובעת ההיא גברה הרשעות במקום, ואותו היום היתה חגא נוצרית ועל היהודים אסור
היה לצאת ממקומם, וככה הם לא ידעו על המקרה. [הערלים שמצאו את הגופה הודיעו
הדבר למועצת העיר].והמועצה העבירה את גופת התינוק, רחצו אותו והזמינו ארון
חדש, ותיכף זממו לנקום ולפרוע ביהודים.

למחרת בא שוליה של אופה אל ביתו של יהודי אחד לעשות עיסה ולאפות לחם.
והשוליה [שהיה מן הנוצרים] אמר ליהודי: ברצונך היום לאפות לחם, מי יאכל ממנו.
ואמר היהודי שהוא ובני ביתו יאכלו את הלחם השוליה אמר: אתם תאכלו רק מעט מן
הלחם, כי אתם כולכם הולכים למות. וסיפר להם על עלילת הדם.

והיהודים שמעו את הדברים שסיפר השוליה, ותיכף ומיד שלחו שני פרנסים

אם יצליח דרכו ויחזור חי, תהיה לו המלכה לאישה. המלכה הבטיחה לו את הדבר הזה, וגם השרים הסכימו בדבר וגם הבטיחו לו שכאשר יהרוג את החיה ימליכו אותו למלך עליהם.

ובכן, השליכו את הענק והלינדוורם בלע אותו. אבל הענק חתך את החיה ויצא בשלום. ובעיר היתה השמחה גדולה כי הלינדוורם, לבד מה שהזיק את האנשים ואת בעלי החיים, גם עצר אותם מלזרוע ומלחרוש, ואילולי שהפסיקו אותו, היו אנשים מתים מרעב. המלכה שמרה את מוצא שפתיה והיתה לענק לאישה, וגם המליכו אותו למלך כמו שהבטיחו לו, וזכרו אותו לטובה על מעשה הגבורה וחלקו לו כבוד רב כראוי למלך. והמלך ביקש שינציחו את המעשה ויקראו את שם העיר וורמס, כי שם העיר מלפנים היה גרמיזא [Garmisa], ובספרים עתיקים נזכר השם חכמי גרמיזא. ובגלל המעשה במלך המסגר, נקראה העיר וירמש (וורמס) עד היום הזה. ולמען שלא ישכחו את הדבר שהמלך היה מסגר, קבעו לכבודו צורת מפתח על שלט העיר, וקבעו תמונה ועליה מצויירים שלושת האחים והלינדוורם, ולצדם עומדת המלכה וכתר על ראשה, ועד היום נמצא [השלט] על בית המועצה, הנקרא גם בית המטבעה, עומד בתוך שוק העיר לזיכרון עולם.

מעשה טז
מעשה בערל שרצה למכור את הממזר שלו

פעם אחת בא ערל אל בעל בית אחד שבווֹרמיישא ואמר לו שיש לו ילד כבן חמש או שש, ומבקש למוכרו ליהודים, כי שמע שהיהודים צריכים דם ערלים לחג הפסח. ואמר שיודע בוודאות שאפשר להקיז ממנו דם רב שיספיק לצרכי היהודים. והתכעס היהודי עליו וחירפו וקרא לו גנב ורמאי, והערל הלך לו. ולמחר חזר הערל ואמר ליהודי: הלא אתמול מאנת להסכים ודיברת אלי דברים רעים, אבל האמת יודע אני ואין לך לפחוד ממני, תאמין בי ואל תדאג, איש לא ידע, אני לא אגלה העניין לשום איש, הלא בנפשי הדבר כי אם יוודע הדבר שבאתי למכור את ילדי ליהודי, ותגיד לי כמה כסף תתן לי. וכל כמה שהיהודי התנגד לעשות עמו העסקה, לא הרפה ממנו הגוי וחזר אליו. והיהודי מיהר אל הפרנסים וסיפר להם את דברי הערל.

הפרנסים נבהלו ותיכף ומיד הלכו אל מועצת העיר וסיפרו כל המעשה. מועצת העיר עם ראשה נאספו ונמנו וגמרו לעשות כזאת: שני חברי מועצת העיר יתחפשו בבגדים כמו פרנסי היהודים, כדי להוודע הדבר לאמיתו. הם באו למקום שבו ישבו הפרנסים, וזה בית הקהל (קהל״ש שטוב), ואתם הביאו שני שוטרים שהתחפשו כשמשים [של הקהילה] וחיכו על יד הדלת. ושלחו את היהודי שילך להערל להגיד לו שיביא את הילד שרוצה למכור אל חדר הקהילה.

היהודי מילא את השליחות הזאת והביא אתו את הערל ואת הילד אל המקום שישבו הפרנסים שם, ושני חברי המועצה. וחשב הערל ששני חברי העצה גם הם פרנסים, והם דיברו אל הערל ואמרו לו שמחויב לשמור את פיו ולא לספר דבר, כי אם יוודע הדבר לשלטונות הם יענישו אותם קשות. ונשבע הערל בשבועה חמורה שלא יגלה הדבר

החסיד אלכסנדר[7] ואומרים כאן [בוורמיישא] שהיה אלכסנדר ממשפחת הוהנע"ק, ובוורמיישא נמצאים עד יום רבים מהם המתייחסים למשפחת אלכסנדר. ומסביב לקברו נקברו נפטרים ממשפחת הוהנע"ק.[8] השי"ת יהנה אותנו מזכותו, וישמור על עמו ישראל ויגן עליו מאויביהם, ויפרוש עלינו סוכת שלומו עד עולם.

מעשה טו
למה נקראת העיר וורמיישא, ומדוע על שלטה מצוייר מפתח

בימי קדם היתה העיר וורמיישא עיר גדולה, וקרה הדבר ששרף מעופף (לינדוורם) התעופף מן המדבר והתרבץ בפתח של חומת העיר והזיק הרבה. הוא הרס בתים רבים ובלע אנשים ובהמות וכל דבר שפגע בו החריב. הלינדוורם היה גדול ונורא, ושתי רגליים היו לו מאחוריו. והיה נראה כתולעת ונחש [ביחד]. והיה שמן וגדול, עיניו נוצצו כזיק אש ובפיו שיניים גדולות, והרואה אותו חרדה אחזתו. דמותו המצויירת הוצגה על בית המטבעה אשר בשוק העיר וורמס. וגם אם היו יורים בו בחצים לא היה נהרג.

בזמן ההוא עדיין לא הכירו לאחוז ברובה, ושימוש אבק השריפה עדיין לא נודע. בזמן ההוא עוד לא באה לוורמס האמונה בישו; האמונה [בוורמס] היתה עדיין עבודת אלילים.

בעת ההיא לא היה מלך בוורמס. המלכה שנתאלמנה היתה השולטת על כל הארץ. ובשביל לפייס את הלינדוורם היו משליכים לפניו מעבר לחומת העיר אדם חי, ואחר שהוא בלע אותו, שקטה החיה, ובאותו היום לא גרם שום היזק.

ובכן כתבו על ספר את שמות כל האנשים אשר גרו אז בעיר וורמס, והיו מפילים גורל; והאיש אשר נפל עליו הגורל, זרקו מעבר לחומה אל הלינדוורם. אבל לבסוף לא רצו עוד העירונים להפיל הגורל כי פחדו אולי הפור יפול גם עליהם. אז אמרה להם המלכה: מה רצונכם, כתבו גם את שמי ואת שם השרים ושמות אנשי משק ביתי, בית המלכות, ברשימת הגורל, ואם יפול הגורל על אחד משלנו אל תחוסו גם עלינו. העירונים קיבלו את דבריה בנפש חפצה והמשיכו להטיל הגורל.

בימים ההם גרו בוורמס שלושה אחים, הם היו גדולים כענקים, והיו חרשי ברזל ועושי סכינים, אומנים מומחים, לא היו רבים כמותם. הם התקינו שריון מברזל, ומבחוץ חיברו לשריון הזה קשקשים חדים כסכינים. הם גם עשו בתי יד מברזל וקשקשים עליהם. ובתוך בתי היד תיקנו לאצבעות חוליות, כדי שיהיה אפשר להחזיק בסכין. שלושת האחים נדברו ביניהם ואמרו שאם יפול הפור על אחד מהם, הוא ילבש את השריון ויחתוך את גוף הלינדוורם.

ויבוא היום והגורל נפל על המלכה. ונתעצבה המלכה ובכתה מר על גורלה. אז אחד האחים נכמרו רחמיו על המלכה והוא ביקש שיזרקו אותו תחת המלכה. אבל תנאי התנה

7　אחרי המלה 'אלכסנדר' כתוב בטקסט: 'והם [האורחים] רואים את המצבות וקוראים את הכתוב שם'.

8　משפחת הוהנע"ק (האיות לפעמים הוניק), נזכרת בפנקסי קהילת וורמיישא. ראה קאופמן, בכרך, עמ' 43. ובפנקס הקהילה (הנזכר בחיבור הזה) טור יד למטה.

את בית הסוהר. והרב היה כלוא בחייו שבע שנים.[3] ואחרי מותו נשארה שם גופתו עוד
ארבע-עשרה שנה. ועל גופתו היו בגדיו, שנדבקו על פני האדמה.[4]

ובק״ק וורמיישא היה איש צדיק, ושמו אלכסנדר ב״ר שלמה, ולא היה לו זרע שיירש
את ממונו ולא בן שיאמר אחריו קדיש. ורצה לעשות המצווה ולפדות את גופת המהר״ם
מידי המלך. וחשב שמה' היה הדבר, שהגויים לא יכלו לנגוע באדם הגדול הזה, שאת
תורתו ומעשיו הטובים אין לתאר. אבל אם יהודי יבוא לכבודו, שיעשה מעשיו לשם
שמים לא יאונה לו רע. והוא בא ופדה מידי המלך את גופת הצדיק מהר״ם. והמלך לקח
את הכסף, ונתן רשות לאלכסנדר שיוציא [את הגופה] מבית הכלא ולהביאה לקבר
ישראל לכל מקום שיבחר.

וכשקיבל אלכסנדר את מפתחות הכלא, הזמין עגלה חדשה וארון חדש ושק חדש.
והביא עמו מוורמיישא את תכריכיו וגם משרתים היו אתו. והוא טיהר את עצמו ולבש
תכריכים מתחת לבגדיו, כי חשש אולי לא יזכה גם הוא לנגוע בעצמות הצדיק, וימות
בעת שינסה לפתוח את בית הסוהר. ואחרי שטיהר עצמו הלך בלב שלם לבית הכלא
לפתוח אותו. וכאשר ניגש אל בית הסוהר נתאספו גויים רבים, כי חשבו לראות את
אלכסנדר נופל ומת. אבל הם ראו נס גדול. אלכסנדר פתח ונכנס אל בית הכלא והוציא
את עצמות המהר״ם ושמם בשק החדש. הוא הכניס את השק בארון ושם אותו על
העגלה. אחר כך נכנס והוציא את ספריו[5] ואת העמוד (השטנדיר) והטעינם על העגלה.
ואחרי ששם הכל על העגלה נסע לק״ק וורמיישא, ושם הביא את עצמות החסיד
המהר״ם לקבורה וגם הקים על הקבר מצבה וציווה לחקוק עליו את התאריך שנתפס
המהר״ם ואת יום פטירתו וגם הזמן שנפדה והובא לקבורה. ולא עברה שנה מיום
הקבורה [של מהר״ם] ונפטר גם ר' אלכסנדר. ולפני מותו ציווה [אלכסנדר] שיכרו לו
קבר על יד קברו של האדם הגדול מהר״ם זצ״ל. וכך עשו, וקברו אותו בכבוד רב על יד
הצדיק, ועל מצבתו חקקו כל המעשה. ועל מצבת אלכסנדר כתוב המעשה שעשה,[6] איך
שפדה את גופת הצדיק והביאה לקבר ישראל וגם חקוקה השנה בו נפטר. והיום שמת חל
בו יום הכיפורים, ואלכסנדר חי [אחרי קבורת המהר״ם] רק שבעה חדשים וששה ימים.
כל המעשה [שנזכר לעיל] שמעתי מהגאון הגדול מהור״ר אלי' בעל שם. וחרץ מתושבי
המקום באים לק״ק וורמיישא הרבה אורחים לבקר את קבר המהר״ם ואת קברו של

3 בסיפור תמצא כפילויות בלשון, חזרה וערוב בפרטיו, הטקסט שוחזר בשורות אחדות לפי סדר
העניינים.
4 אחרי המלה 'המהר״ם' כתוב בטקסט משפט זה: 'וגם אסף את האדמה [מסביב לעצמותו]' ושמן בשק החדש.
5 אחרי המלה 'ספריו' כתוב בטקסט משפט זה: 'כי המהר״ם עסק בהיותו בבית האסורים בלימוד
התורה יומם ולילה', וזה מתאים למקורות המהמנים המוסרים שהשלטונות התירו לר' מאיר לקבל
ספרים מבחוץ וללמוד תורה, ואף מותר היה לתלמידיו לבקרו; אמנם אין הדבר מתיישב עם גזירת
מאסר, אבל המלך ראה בו איש קדוש, המשמש בן ערובה בידיו עד שישלמו היהודים את הכסף
המבוקש. ראה על כך: בק (לעיל, הערה 1), עמ' 79—87.
6 אחרי המלים 'המעשה שעשה' כתוב בטקסט: 'ואני יוזפא שמש בעצמי ראיתי פעמים רבות את שתי
המצבות וקראתי את הכתוב על מצבת המהר״ם שנתפס בד' בתמוז [שנת ארבעים ושש לאלף
הששי] ונפטר בעשרה באייר [צ״ל בי״ט באייר שנת חמישים ושלוש], והעולה מכאן שהיה תפוס ז'
שנים בחייו, וי״ד שנים היה תפוס אחרי מותו; ובסך הכל היה הצדיק תפוס כ״א שנה'.

ויעץ המוסר למלך שישגיחו בעת שיעבור המהר"ם את המדינה בדרכו [לארץ־ישראל],
שיעלילו עליו עלילה ויאסרו אותו. היהודים בודאי לא יתנו שישב [בבית הסוהר], ויפדו
אותו בסכום שתדרוש מהם. כי מעת שנפטר משה רבינו עליו השלום לא היה ליהודים
אדם חשוב, צדיק וחסיד כמותו. ובכן, האמין המלך למשומד ופקד על האזרחים שבעת
שיעבור המהר"ם שיתפסו אותו ויביאו אותו לפניו. והם ארבו לו עד שנפל לידיהם,
והביאו אותו לפני מלך רומ"י. המלך הטילו לבית הסוהר, ועשה לו כבוד והרשה להכניס
כל ספריו לבית הסוהר, כדי שיעסוק בתורה אימתי שרק ירצה.

ונודע למהר"ם שאסרו אותו כדי לקבל דמי פדיונו סכום כסף גדול. וזה היה כמה
אלפים [גולדים]. החסיד המהר"ם כתב אל כל המדינות והקהילות, וגזר בחרם שלא יתנו
בשביל פדיונו יותר מחמש מאות גולדים, כי אין לפדות שבוי בסכום העולה על שוויו.[2]
ולמה העריך [המהר"ם] את עצמו בחמש מאות גולדים לא ידוע לנו, אבל המלך לא
הסכים לכך. ובכן, הוא נפטר בבית האסורים. אחר מותו רצו הגויים להיכנס אל בית
הסוהר ולהוציא משם את הצדיק לקבור אותו, כי כך ציווה להם המלך. ברם, בהתקרב
אחד מהם אל בית האסורים ורצה להכניס את המפתח [בדלת] בית הסוהר, מיד נפל ומת.
ובכן, לא ציווה המלך יותר לעשות הדבר, כי פחד שגויים רבים ימותו בעת שינסו לפתוח

יוסף דוד אזולאי, ירושלים תשי"ט, עמ' לא, לה, לה, מא. ושם מצא את קובץ המנהגים בין הכתבים
שהיו בקהילה. אזולאי העתיק את גרסתו של קירכהיים, והביא אותה בספרו 'שם הגדולים'.
החוקרים ראו ברשימתו של אזולאי מקור חשוב לסיפור, והם ייחסו את הידיעה למציאות
היסטורית, והמלומדים אשר עשו שימוש בתאור מאסרו של ר' מאיר, הביאו את הדברים בשם
החיד"א. שמו של ר' ליווא לא נזכר, ואולם רשימתו נאמנה, וממילא גם דברי החיד"א הלקוחים
ממנה מסרו פרטים נכונים, למעט פרט אחד שלא נמסר כהלכה; שנת קבורתו של מהר"ם היתה ה' ס"ז, אבל
אזולאי טעה, ובמקום ז כתב ג, ונמצא שכתב שנת ס"ג. החוקרים עמדו על השגיאה הזאת מתוך
דרכים אחרות במחקר ולא מדברי ר' ליווא, וניסו לתרץ את השגיאה בדברי חקר. הגרסה שמביא
יוזפא במעשה יד, רבה חשיבותה להעמידנו על המעשה לאשורו. ההיסטוריונים הנזכרים למעלה,
מגרץ ואילך, שואלים מהי הארץ שאליה רצה ר' מאיר להגר (רובם אומרים שביקש להגר, ולא
לברוח מגרמניה). ר' ליווא קיבל את הנוסח 'שם אליה לדרך פעמיו לעבור הים', ולא פירש איזוהי הארץ
מעבר לים, שאליה ביקש המהר"ם ללכת, ובעקבותיו הלך גם אזולאי. בגרסתו של יוזפא, במעשה
יד, נכתבים הדברים במפורש : — 'אונ' וואלט ציהן און [אין] ארץ־ישראל'; כלומר, המהר"ם רצה
לעבור (או לעלות) לארץ־ישראל. גרץ אמנם מרמז בספרו (שם, עמ' 459), שבמחצית השנייה של
המאה הי"ג היתה מידה של התעוררות בין היהודים, וביקשו להגר לארץ אחת באסיה (ואין הוא
מפרש בשם ארץ־ישראל), ואפשר שהיה המהר"ם קשור עם התנועה הזאת; ואכן יש מן החוקרים
שקיבלו את סברתו. מאוחר יותר הוסיפו היסטוריונים את שם ארץ־ישראל לדבריו של גרץ, בהניחם
שלא יכול גרץ להתכוון לארץ אחרת באסיה אלא לארץ־ישראל. א"א אורבך (בספרו בעלי תוספות,
ירושלים תשי"ד, עמ' 425 ואילך), מניח מקום להשערה שהמהר"ם רצה ללכת לארץ־ישראל אבל
משאיר את הדברים בגדר של הנחה של הנחה בלבד מפני שלא נמצא להם יסוד ברור. והנה בסיפורו כתב
יוזפא פשוטות וברורות שהמהר"ם רצה לעלות לארץ־ישראל ; ובזה נוסף לנו מקור חשוב לעניין
הזה. ליוזפא היתה גרסה משלו, שהתגבשה אצלו מתוך הדברים ששמע מיהודי וורמיישא. ועוד
בנוסחו של יוזפא פרטים מעניינים על המאורע שאירע למהר"ם, על ישיבתו בבית האסורים, על
החסד של אמת שגמל ר' אלכסנדר בר' שלמה, אשר גאל את עצמות המהר"ם והביאן לקבורה, וכן
— על הפרסום הרב שנתפרסם קברו של המהר"ם בוורמיישא.
ראה גיטין מה ע"א.

2

מעשה יג
עוד מעשה על הקברים בוורמיישא

בית הקברות שבוורמיישא היה לפנים יותר גדול מאשר בזמן הזה. הוא היה בשליש יותר
גדול [מזה של היום].

המעשה קרה בשנת ש״ף שפ״א [1621–1620]. אז היה בוורמיישא ראש מלחמה
ועמד לפקודתו מפקח הולנדי אחד, סר למשמעתו, אשר היה רשע גדול, וכל מה שאמר
הסכים עמו ראש המלחמה. הרשע גם הודיע לו [לשר הצבא], שאם תקרה התקפת
השונא על וורמיישא, הוא ייכנס בקלות אל תוך העיר דרך בית הקברות אשר אין עליו
הגנה. ושידל מאוד את ראש הצבא שיסכים לשפוך סוללת בבית הקברות [בשביל
שיוכלו להגן מעליה על העיר].

ובמקום שציוווה לחפור נמצאו קברים של חשובים ולמדנים, וביניהם הקבר של [בעל
ספר] רקח. היהודים באו אל ראש העיר אמרו שיתנו לו כסף רב ורק שיפסיקו את שפיכת
הסוללת, אבל הרשע ההולנדי דחק הרבה את ראש העיר שיתיר להקים הסוללת והלה
הסכים. ובאותו יום שנסתיימה עבודת הסוללת הרג ההולנדי את כלבו של ראש העיר,
והדבר הזה חרה עד מאוד לבעל הכלב והוא לקח את אקדוחו (פישטאל) והרג בו את
ההולנדי. והיהודים ראו במותו של הרשע נקמה על מעשה החטא שעשה בבית הקברות.

מעשה יד
מעשה מהר״ם מרוטנבורג[1]

איש אלוהים היה, ושמו מורנו הרב רבנו מאיר ב״ר ברוך. הוא היה תלמיד חכם גדול,
מעטים כמוהו. והוא חיבר את הספר תשובות מהר״ם ועוד ספרים. הוא היה צדיק גדול
וחסיד ורצה לעלות לארץ-ישראל. ומוסר אחד משומד הלשין עליו לפני מלך רומ״י.

[1] סיפור מאסרו של המהר״ם, חייו בבית הסוהר ומותו שם, נמצא במקורות שונים, מתקופת המהר״ם
(סוף המאה הי״ג), עד מחציתה של המאה העשרים. הספר האחרון שנכתב בהרחבה, וכולל דברים
של המחבר ושל קודמיו עם ביבליוגרפיה נלווית, הוא ספרו של א״י איגוס :I.A. Agus, *Rabbi*
Meir of Rothenburg, 1–2, Philadelphia 1947. על המאסר של ר׳ מאיר ראה שם, כרך א, עמ׳
162–125. וכן השווה למה שכתב קודמו: ,*S. Baeck, R'Meir ben Baruch aus Rothenburg*
17–19 .Frankfurt a.M. 1895, pp; וקדם לשניהם צ׳ גרץ: .H. Graetz, Geschichte..., 7, pp
189–191. לא זה המקום לעמוד על הדקויות הבאיו את סיפור מהר״ם; כזה הוא אברהם זכותא, המציין את הסיפור בקצרה
במאמר החמישי בספר יוחסין. ראה: יוחסין השלם[2], פרנקפורט ע״נ מיין תרפ״ה, עמ׳ 223. ואחרים
שקיבלו ממנו, כגון דוד גאנס בספרו צמח דוד (ערך 'המהר״ם'). וכמוהו גדליה בן יחייא בעל
שלשלת הקבלה, שאף הוא שאב את סיפורו על מהר״ם (בעמ׳ קלח) מדבריו א׳ זכותא. אחרון
הרושמים החשובים, שרשם את הסיפור על ר׳ מאיר, היה ר׳ חיים יוסף דוד אזולאי (החיד״א),
ובספרו שם הגדולים, ב, וינה 1864, עמ׳ 152, מובא סיפור מאסרו של ר׳ מאיר. אזולאי מצא את
הסיפור בקובץ המנהגים לר׳ ליווא קירכהיים שעה שביקר בוורמיישא בהיותו שד״ר (שלוחא
דרבנן) מארץ-ישראל. הוא ביקר בוורמיישא פעמיים בשנים 1753, 1776, ראה: מ׳ בניהו, ר׳ חיים

העיר. בשער העיר נתקל גלגל מן העגלה, והגלגל נשבר והעגלון ירד כדי לתקן את
העגלה, אבל לא עלה בידו. ובינתיים נשמעו מן החבית קולות אנחה, והשומרים שעמדו
אצל השער שאלו: מה יש לכם בחבית, נשמע כאילו נפש חיה בתוך החבית. העגלון
והחבתן ענו שהולכים להביא מתקן עגלות, כי אין בידם לעשות את המלאכה. שניהם
הסתלקו מן המקום והלכו אל השער השני של העיר ומשם ברחו מן העיר. והשאירו
מאחוריהם את העגלה ואת החבית שהיה שהיה בתוכה היהודי.

ונתאחרה השעה, ושומרי העיר אמרו זה לזה: עוד מעט ותרד הלילה. ושוב שמעו
אנחות בוקעות מתוך החבית. השומרים התפחדו והלכו אל מועצת העיר וסיפרו על
מעשה העגלון והחבתן שהשאירו את העגלה שמתוך החבית שעליה נשמע אנחות
(קרעכצן) ואינם יודעים מה זאת. ראש העיר ציווה להביא את החבית, ופתחו אותה
ומצאו בתוכה את היהודי הכפות בידיו וברגליו ובפיו מעגילה. הם הוציאו אותו
והתירוהו מכבליו. והיהודי היה כולו רועד ובקושי דיבר. ואחרי שנרגע סיפר לאנשי
המועצה מה שקרה אותו. העצה שלחה שוטר לבית העגלון ושוטר לבית החבתן כדי
לאסור אותם, אבל איש מהם לא נמצא בביתם וגם לא מצאו אותם בעיר. והיהודי חזר
בשלום לביתו, לאשתו ולילדיו וסיפר להם המעשה כולו ועל הנס שקרה לו. ברצות השם
דרכי איש, הוא מצילו מידי אויביו ואוהביו לא יראו מפי איש.

מעשה יב
מעשה בבית הקברות של ווירמש

זה קרה בחודש אלול שנת תכ"א [1661] אז החליטו אדוני [מועצת] העיר ווירמש להרוס
חלק מחומת בית הקברות ויוכלו להשתמש [באבניה] לצרכי בנייה משלהם, כי לא היו
להם אבנים. ולפיכך הרסו חצי מחומת בית הקברות. ולאחר מכן, בשנת תכ"ב, שיברו את
החצי השני של החומה, כי לא היו להם אבנים לבניינים שבנו. ובאחת האבנים שבחומה
נמצאו בה חקוקות המלים "איש בחטאו מת", כי לפנים דנו בווארמיישא דיני נפשות
[וכנראה] שסמוך למקום האבן נקבר אדם [שכזה]. הפסק דין ניתן ברשות ובצווי של
חכמים, ובקצה בית הקברות היה קיים בית הסקילה. את זאת הראו לי, יוזפא שמש,
בבואי לכאן בשנת שפ"ג [1623]. אבל היות שחפרו שם [בזמן המלחמה] הרבה סוללות
נשתנה המקום מבלי להכירו.

באותו הזמן בא אורח לוורמיישא, והוא היה מכר ומודע לכומר של המקום. והאורח
הזה היה מכיר בלשון רומי (לטיני״ש), והיה בקיא בספר האוונגליון (און גליון)[6], וגם
ידע עוד הרבה מספרי האומות. והיות שהכומר היה מחבב אותו מאוד, הוא הסתיר אותו
בביתו; וכשנודע דבר האווזה נפחד הכומר. ובהגיע הזמן לכומר ללכת אל הכנסייה
(תיפלה) לדרוש, אמר אליו האורח: ״יש לי עצה לדבר, תלביש אותי בגדי כומר ותיקח
אותי אתך לכנסייה ותגיד להם שגם אני גלח ותכבד אותי בדרשה; אולי בזה אוכל להנצל
וגם להציל את היהודים המעט שעוד נחבאים בבתי גויים.״ הכומר שמע לדברי האורח
היהודי, הלבישו בגדי גלחות ובכנסייה כיבד אותו שידרוש.

ובדרשתו הוכיח האורח את השומעים שהם שופכים דמי יהודים חינם, וצריכים
להרהר על מה שכתוב בתורה, לא תרצח! ועוד דיבר אליהם דברי כיבושים וגם אמר
להם שבכישוף האווזה עברו עבירה, כי מעשי כשפים לא אמת המה. ואמר: ערב אני לכם
שהאווזה תעוף עוד מעט גם מעל גג בית הכנסייה, והלא במקום הזה לא נמצא עתה אף
יהודי אחד. וביקש מהם שיבטלו את האמונה באווזה אשר בגללה שפכו דם יהודים נקי.
ובדבריו דבריו נשמעה צעקה בכנסייה שהדרשן צודק, כי הנה עפה האווזה מעל לגג
הכנסייה. ומה מאוד התפלאו בראותם את האווזה, והתחרטו על שהאמינו בכישוף של
האווזה. וכך נתבטלה גזירת האווזה. והם לא ידעו שבעת שנעמדה האווזה על גג
הכנסייה, היה שם יהודי, וזהו האורח שדרש לפניהם.

ומנהג מאז בוורמיישא שבעשרה באדר מתענים כל הקהל תענית ציבור; בתפילת
הבוקר ובמנחה קראו פסקת 'ויחל' ואמרו סליחות. אב הרחמן ראה בצרותינו וזכור לא
צרות וורמישא לבדה, אלא גם הגזירות שבאו על קהילות ומדינות אשכנז ספרד וצרפת,
צרות שקשה לכתוב, והשי״ת ירחם עלינו וישלח לנו משיחנו וגואלנו אמן.

מעשה יא
מעשה [ביהודי מוורמיישא] שנחבט בתוך חבית

בוורמיישא גר יהודי עשיר גדול וירא שמים אשר עסק בחלפנות, והעירונים היו
מחליפים אצלו [רייכסטאהלר]. וכביסו היו תמיד מעות לחילופין. פעם אחת, ביום
שישי, והוא הולך אל השוק לקנות דגים לכבוד שבת, פגש אותו גוי אחד וביקש להחליף
מטבע ברייכסטאהלר משובח, והיהודי עשה ככה. ועל ידם עמד בעל עגלה ששמע את
שיחתם. והעגלון פנה ליהודי ואמר שרוצה גם כן להחליף רייכסטאהלר. והוביל העגלון
את החלפן למרתף אחד, ובהיותם למטה התנפלו על היהודי העגלון והחבתן, סתמו את
פיו במעגילה (וועלגיר הולץ) לבל יצעק ולא יקרא לעזרה. [שדדו אותו] וקשרו את ידיו
ואת רגליו וזרקו אותו אל תוך חבית. אחרי שסגרו את החבית, גלגלו אותה החוצה ושמו
אותה בעגלה, ומשם מיהרו אל שער העיר. הם נסעו במהירות רבה כדי לצאת בחיפזון מן

---

6 הסיפור על היהודי האורח שהיה מכיר בלשון הרומית, ושהיה ידידו של הכומר בוורמיישא, אף הוא
אינו ידוע ממקור אחר. ופעמים שניכרת בסיפוריו של יוזפא עמדה אפולוגטית משהו; המספר כמו
מבקש להמנע מקלקטוריה מובהקת על גויים, ולהבליט גילויים של אהדה שגילו כלפי יהודים. יוזפא
לא מסר פרטים על חורבן הקהילה ועל שריפת היהודים בוורמיישא בימי המגפה השחורה.

להרג ולהשמידם,[2] בעשירי לחודש אדר שני. היהודים דאגו מאוד ומיהרו להגמון של
וורמיישא. ההגמון תמה על הדבר הזה, ואותה השעה עמד על יד שרשרת הברזל של
שער ארמונו. ואז היכה במקל שבידו על השרשרת ואמר: כשם שהמקל הקטן שבידי אין
בו כוח לשבור את שרשרת הברזל, כן אין בידי שונאיכם לעשות לכם רעה. אבל
השרשרת נשברה ממכת המקל. ההגמון נבהל ואמר: מאת האלהים יצאה הגזירה,
ושרשרת עבה וחזקה נשברה ממכת מקל קטן (שטעקלכן); ולא דיבר עמם יותר מטוב
ועד רע.

וכאשר בא יום הגזירה, והיהודים כבר ידעו שכולם ימותו במיתות משונות בחרב,
ברובים ורומחים (מיט שווערט און ביקסן און שפיזן), אז התייעצו יחד לעשות נקמה
באויביהם, כי ידעו שבין כך ובין כך הם הולכים למות. ועל הפרנסים [של קהילת
וורמיישא], שנים עשר במספר, היתה פקודה להתייצב ביום מחר בבית העצה לשמוע את
גזר הדין. לפני לכתם לשם לקחו עמם סכיני שחיטה (שעכט מעסר), וחניתות קטנים
וטמנו אותם בתוך מעיליהם ואיש לא יכול לראותם. וכל חברי העצה ישבו יחד מוכנים
לחרוץ את דינם. ואחד הפרנסים סגר לאט את דלת חדר המשפט. אחר שהשופט קרא כל
אשמות שהאשימום הגויים וגם גזר הדין שלהם, שנידונו למיתה, ענו אותו הפרנסים:
"דיינכם דין שקר"! והתנפלו הפרנסים על השופטים בסכיניהם והרגו את כולם.[3]

ובעת ששהו הפרנסים בבית העצה, סבבו בחוץ כעשרה או עשרים אנשים תמוהים
(פרשונן), מזויינים בחרבות ורומחים והתנפלו על עירונים שנזדמנו לשם והציתו באש
גרנות תבואה והעלו שריפות שלא היה אפשר לכבותם. אבל כל זאת לא הועיל ליהודים
המסכנים, כמעט כולם נהרגו. והמעט שנשרדו, ריחמו עליהם כמה מן העירונים
והחביאו אותם בבתיהם, כי אלה ידעו שהעלילות על היהודים היו כוזבות.[4] אבל
[הרשעים שבהם] כישפו אווזה שהיה בה כוח לעוף מעל הבתים אשר שם נחבאו
יהודים.[5] והעירונים, בעלי הבתים האלה, היו מוכרחים להסגיר את היהודים, ובאשמת
האווזה הארורה נהרגו עוד יהודים.

---

2 מעניין לציין שבספר שבט יהודה מאת שלמה אבן וירגה (מהדורת ע' שוחט), ירושלים תש"ז, עמ'
צא, מסופר על גזירה באחת מערי אשכנז. הסיפור בתמציתו דומה למה שסיפר יוזפא במעשה י.
ובסוף איבן וירגה מוסיף ששמע את הסיפור מפי חכם אשכנזי שבא לספרד כשליח. אמנם נוסחו של
בעל שבט יהודה שונה הוא, אבל יש לשער שהכוונה לאחת מגזירות ק"ט שיוזפא סיפר עליה כאילו
קרתה בוורמיישא. בשבט יהודה לא נזכר שם העיר, וגם תאריך הגזירה איננו. סיפור ההליכה אל
הבישוף של וורמייזא לבקש ממנו חסות והגנה, נראה לנו קרוב לאמת, משום שבאותם הימים היה
הבישוף אדון העיר; ועם זאת לא עמדה לו סמכותו להציל את היהודים מתגרת ידם של העירונים
והמון העם.

3 לא נמצאו במקורות עדויות לעמידה שעמדו יהודי וורמיישא על נפשם ולהרג שהרגו בשונאיהם.
מידיעות שלא נתברר כל צרכן עולה שבעת ההיא התגוננו יהודי מגנצא, והדברים נכונים, כנראה.
אפשר שיוזפא ידע על כך, והניח שגם בוורמיישא עשו היהודים כן. ראה גרץ, שם, שם.

4 גם הדברים על עזרה שכאילו עזרו עירונים לניצול היהודים, פרי דמיונו של יוזפא הם. אפשר
שהיו יחידים בין נוצרים שהחביאו יהודים, אבל אין בידינו מקורות לכך.

5 גם למעשה האווזה בימי המגפה השחורה, אין מקורות. אבל בכרוניקה של גזירות תתנ"ו לרבי
שלמה ב"ר שמשון (א"מ הברמן, גזירות אשכנז וצרפת, ירושלים תשל"א, עמ' כ) מסופר על גויה
אחת ממגנצא שרצתה ללכת עם הצלבנים והיתה לה האווזה ההולכת לכל מקום שהגויה
הולכת אולי שמע יוזפא על הסיפור הזה, ונתערבב לו הסיפור עם המעשה עם גזירת ק"ט.

'ויחל' וגם אמרו סליחות, וקיבלו עליהם לעשות המנהג הזה לדורי דורות. את בית הכנסת מצאו הרוס ובבית החיים מצאו הרבה מצבות הרוסות, אבל אחרי כן נתחזקה הקהילה וחזרו ובנו את הכל על מכונם.

בימים ההם חי הפרנס דוד [יהושע] אופנהיים⁹ והוא היה חשוך בנים והיה לו עושר רב, והוא בנה מכספו אלמימר [בימה] לבית הכנסת, ונידב מאה קיניגס טאליר (טאליר יקר). ומכספו בנו את בית הצור תמים (בית טהרה) [בכניסה לבית החיים]. וציווה לכתוב על שמו שני ספרי תורה ומסרם לבית הכנסת, וגם נידב רימונים מכסף ומפות יפות לספרי התורה.¹⁰ במהרה נבנה בית הכנסת, כי לא היה בקהילה איש אשר לא התנדב מכספו לבניין בית הכנסת, ורבים השתתפו בגופם בעבודת הבניין. נשים ובתולות שאבו מים והביאו לצורך הבנייה, וכל אחד עשה ברצון חלקו במצווה הגדולה [של בניין בית הכנסת]. ובשבת תשובה¹¹ שנת ש"ף [1620] התפללו לראשונה בבית הכנסת החדש.

והשם יתברך יזכנו לשבת בבית הכנסת בהשקט ובטח, וישבו בשלום ובשלווה בכל בתי הכנסת שבגלות. והשי"ת יברך אותנו שלא נוסיף לדאוב עוד עד ביאת הגואל במהרה בימינו, אמן כן יהי רצון.

מעשה י
מעשה באווזה אחת

בשנת האלפיים מאה ותשע לבריאת העולם,¹ העלילו גויים עלילה על היהודים. בימים ההם מתו ערלים רבים, וברחוב היהודים לא מת גם אחד. ולכן העמידו [הגויים] עדי שקר אשר העידו שראו יהודים יוצאים בחצות הלילה מן הרחוב [שלהם] ופניהם אל הבאר, וזרקו לתוכה רעל. וטפלו עוד על היהודים עלילות רשע וגזרו [הערלים] גזירה רעה

---

9 משפחת אופנהיים היתה משפחה ידועה בימים ההם. היא העמידה רבנים, פרנסים, נגידים ושתדלנים. לא ידוע אם דוד [יהושע] אופנהיים הנזכר כאן היה ממשפחת אופנהיים המפורסמת, אבל לא היה יכול להיות הסב של רבה של פראג, ר' דוד אופנהיים, כפי שסובר מ' עריק (לעיל, במבוא לספר מעשה נסים), כי יוזפא מספר שדוד אופנהיים הנזכר בסיפור שלפנינו היה חשוך בנים.

10 התיבה מפה, מפות, היא גם אזור שכורכים בו את גווילי ספר התורה אחרי הקריאה. מפה זו נעשתה מחיתול (וימפיל או ויינדל) שחבשו בו את המילה אחר הברית, ראה לעיל, במבוא למנהגים, הערה 14.

11 לפי קירכהיים (לעיל, הערה 1) בניין בית הכנסת נשלם בכ"ט באב שנת ש"ף (1620), ואם כי נשלם כבר הבניין, אפשר שהתחילו להתפלל שם רק בשבת 'שובה', כפי שיוזפא מספר.

1 נראה שמעמתיק הספר מעשה נסים טעה, ובמקום ה' מאה ותשעים (פינף טויזנט אונ' הונדרט אונ' ניינציג), היה לו לכתוב 'פינף טויזנט אונ' הונדרט אונ' ניין' — ה' ק"ט (ה' מאה ותשע). גזירת ק"ט הן גזירות 1349 למספרם, היא שנת הגזירות של המגפה השחורה. מן הסיפור עולה בבירור שמדובר בעלילה שהיהודים הרעילו בארות להרוג בהן את הגויים. בגזירה הזאת נספו בוורמיישא ארבע מאות נפשות בשריפה ששרפו היהודים את בתיהם בידיהם. רק יחידים שרדו מקהילת וורמיישא, והם נמלטו או נאנסו להתנצר, אבל אחר כך חזרו ליהדותם. ראה על כך: H. Graetz, *Geschichte*, 7, pp. 372-373

והפושעים שמרדו מנעו מהם לעשות הדבר הזה.[5] כי המורדים גם התקיפו את העירונים ורצו להורידם מגדולתם ומהשררה שהיתה בידם. והיתה מלחמה בין העירונים ובין המורדים. ולבסוף נוצחו המורדים, ובפרנקפורט כרתו את ראשי המורדים והוקיעו אותם על שערי הגשר לדראון עולם. והגשר הזה, אפשר עוד לראותו עד היום הזה. ואחד מהמורדים שמו היה פינטהנץ [Vincenz Fettmilch], קצצו שתי אצבעות מידו והרסו את ביתו ועל מקומו קבעו עמוד מאבן, שלא יבנו לעולם בית שם. ואותו גזרו לארבעה חלקים ותלו אותם בארבעה רחובות.[6] ואת המורדים שברוורמיישא הלקו בשוטים.

וכעת אכתוב מה שקרה שם [בוורמיישא]. תיכף אחרי שגירשו את היהודים, הלכו המורדים וכמה מהעירונים אתם אל בית הכנסת והרסו אותו כולו. ומבית הכנסת של הגברים ושל הנשים לא נשאר כי אם ארון הקודש [שהיה בנוי באבן הקיר] ודלת מבית הכנסת של הגברים וחלק תחתון מהקיר של בית הכנסת לנשים, הוא הקיר שהתכופף בנס בזמנו של רבי יודא חסיד.[7] הכל נחרב. ועלי לכתוב שכאשר המורדים עשו מעשיהם באו כמה עירונים אל רחוב היהודים ואתם מלומד אחד. הם קראו אל המורדים וביקשו מאתם להפסיק את מעשה ההרס, וגם התרו בהם כי ענוש יענשו [מאת הקיסר], וגם על הגירוש יעניש אותם. אבל הפורעים לעגו לדבריהם והמשיכו במעשיהם הרעים. אז שלחו היהודים אל הקיסר את [הפרנס] רבי ליב אופנהיים ועמו עוד פרנס אחד.

הקיסר מינה את הדוכס מפפאלץ ואת הגרף [מדרמשטאט] ואת הבישוף משפייאר קומיסאריוס, ושלח אותם בראש חיילים לוורמיישא. הם כבשו את העיר וחיכו שם עד שיבואו ההוראות מאת הקיסר. בינתיים נאספו העירונים ורשמו הכל מה שנלקח מבתי היהודים — יין ותבואה וכלים שונים, והביאו הכל אל הבית צור זונן, שהיה שייך בזמן ההוא לר' אייזיק גינצבורג; כי היהודים דאגו [לפני זה] מהתנפליות של המורדים; והם הביאו אל הבית הזה את תשמישי הקדושה וספרי התורה אשר היו בבית הכנסת, והחביאו אותם בבית צור זונן וסגרו את הבית.[8]

כאשר צבא הדוכס כבש את וורמיישא, הם הכניעו את המורדים הפורעים. ובראש חודש שבט באותה השנה, באה הגאולה, המגורשים חזרו לוורמיישא ושבו איש איש לביתו, וכל רכושם נמצא. ואת האוכל והמשקה שהשאירו ונמצא בשובם, הכשירו להם הרבנים לאכול ולשתות מהם. אבל היו יהודים חסידים אשר מנעו עצמם מלאכול ממזון הזה ונתנום לעניים, כי שמחו על עזרת השי״ת שהחזירם בשלום.

והגאולה היתה בר״ח שבט בשנת שע״ו. וקבעו הפרנסים שלנו והרבנים את היום של ערב ראש חודש שבט ליום תענית ציבור. ותיכף קיבלו עליהם את התענית, קראו פסקת

5 יוזפא, כדרכו, מלמד זכות על העירונים שלפי דעתו נטו חסד ליהודים, ואז הם עצמם סבלו מלחץ בעלי המלאכה וההמון הפשוט, ששנאת ישראל בעיקרה יצאה מהם. והדבר עולה גם מסיפורים אחרים של יוזפא.
6 ראה: גרץ (לעיל, הערה 2).
7 יתר פירוט על קיר הפלא ראה בהערות למעשה ח.
8 הבית צור זונן היה בית מרווח, מפורסם ברחוב היהודים, ונזכר בפי יוזפא פעמים אחדות. ודוגמה לדבר ראה איידלברג, יוזפא, עמ' 17. ועל אייזיק גינצבורג ראה: כתבי ר' אברהם עפשטיין, ירושלים תש״י, עמ' שמא.

כמוהם. ובליל תשעה באב באותה השנה [שע"ד] התאספו הרבה גויים ורצו לגרש את
היהודים. אבל הגויים אשר גרו בשכנות לרחוב היהודים צעקו לעבר הגויים הנאספים
ואמרו שרחוב היהודים מלא אנשים נושאי חרבות מלחמה, ויש לפחד שהיהודים
[ינצחו] ויהיו לאדונים. אז נפל עליהם חרדה גדולה והתייראו מפניהם. [והגויים] הלכו
משם. אבל בלילה ההוא לא היה איש ברחוב היהודים והיו שם בעלי שמות, ואמרו
שבעלי השמות נראו להם [בדמות אנשים חוגרי חרבות]. ובין בעלי השמות היה בראש
מורנו הרב ר' גדליה.[3] אבל הרשעות בערה בקרבם של הגויים עד שביעי של פסח
[שע"ה, 1615], ובבוקר באותו יום, בהיותם בבית הכנסת, גירשו את כל היהודים, אנשים
ונשים וטף [מוורמיישא]. והיתה צעקה גדולה כי היו ביניהם חולים ויולדות. וציוו את על
כל בני הקהילה להשאיר את רכושם אחריהם. והובילו אותם אל נהר הריין דרך השער
האחורי. היהודים פחדו שרוצים לזרוק אותם אל הנהר, אבל [הגויים] העבירו אותם
[בסירות] אל עבר הנהר ריינוס ושם השאירו אותם.

ובזמן ההוא אסור היה ליהודים לגור במדינת הפפאלץ כי הדוכס הזקן פקד על כך.
אבל הדוכס [החדש], בראותו מה שעוללו עירוני וורמיישא ליהודים, ריחם עליהם. כי
השי"ת הוא העושה עמנו חסד תמיד, ובקוראנו אליו הוא שומע לקולנו, ובפרט שמע
לקול החולים והיולדות והטף. והשי"ת נתן רחמים בלב הדוכס, והוא נתן למגורשים
רשות לשבת בארצו, להתהלך בה ולסחור בכל מקום שירצו. וכמותו עשה הקורפירסט
של מענץ [מגנצא] והלנדגראף מדרמשטאט, וכן ציוו על כל השרים שכל העירונים
והאיכרים אשר אליהם יבואו היהודים, ייטיבו עמהם.

והיהודים ראו במפורש (בשיינפרליך) שהשי"ת שומר על עמו ישראל ומגן עליהם
וכאשר הוא מעניש, הרי ביד אחת הוא מכה וביד השנייה מרפא.

והדוכס ושרי מגנצא ודרמשטאט הגנו על יהודי וורמיישא וגם על יהודי פרנקפורט.
וגם נתנו בידי פרנסי היהודים כתבים אל הקיסר, והם נשאו חן וחסד לפניו. וסופם של
הרשעים היה רע, כן יאבדו כל הרשעים.[4] [בעצם] לא כל העירונים היו אשמים [ברשעות
שנעשתה ליהודים]. היו עירונים אשר רצו להחביא יהודים, אלא שמספר המורדים

העיר). השנאה ליהודים באה כאחד עם מצוקות כלכליות ומעמדיות. הפועלים הפשוטים ובעלי
המלאכה נוצלו בידי המעמד העירוני, אשר גם היהודים נמנו עמו מפני שהיו ביניהם אנשים אמידים
ומלווים בריבית. אמנם מלווים בריבית היו גם בין הנוצרים מן המעמד הגבוה, אבל מן המקורות
עולה שהקובלנה על כך הופנתה בעיקר נגד היהודים. ראה: H. Graetz, *Geschichte der Juden*,
10, Leipzig 1869, pp. 31–36 ; מ"ה הורביץ, רבני פרנקפורט, ירושלים 1972, עמ' 35–37. וכן
השווה: I. Kracauer, *Geschichte der Juden in Frankfurt a.M.*, I, Frankfurt a.M. 1927, pp.
358–398

3   על ר' גדליה בעל שם, ראה: D. Kaufmann, *R. Jair Chajim Bachrach und seine Ahnen*, Trier
1894, p. 20. נראה שהאנשים אשר בעזרת בעלי שם נדמו כחיילים, היו הצבא ששלח הקיסר לעצור
בעד הפורעים להכנס לרחובות היהודים.

4   פרטים היסטוריים מקוריים מסר הכומר יוהן שודט, שכתב את תולדות יהודי פרנקפורט בספרו:
J.J. Schudt, *Jüdische Merckwürdigkeiten*, I, Frankfurt–Leipzig 1713–1714, p. 419 ; ראה
גם: F. Reuter, *Warmaisa*

מעשה ח
מעשה שקרה לאמו של ר' יודא חסיד

עוד מעשה שקרה לאמו של רבי יודא חסיד, בעת שהיתה מעוברת עמדה פעם אחת בסמטא צרה על יד בית הכנסת של נשים [בוורמיישא], והנה בא לקראתה עגלון רשע עם סוסו ועגלתו והתנכל לה לדורסה. האישה דחקה עצמה אל קיר בית הכנסת, ונעשה לה נס והקיר נכפף, והאישה הצדקנית באה בו. והרשע עם עגלתו עברו שם מבלי לנגוע בה לרעה. נסים שכאלה לא קרו הרבה פעמים מאז שאנו בגלות. ומזה אנו למדים גודל צדקתו של ר' יודא חסיד, שקרה לו נס גדול עוד לפני שיצא לאויר העולם. ועד היום הזה עומדת החומה הכפופה, וכל הזרים הבאים [לוורמיישא] הולכים לראות את המקום אשר בו קרה הנס הגדול. על הנס הזה נמצא כתוב בספר 'שלשלת הקבלה'.[1]

מעשה ט
גירוש וורמיישא

בשנת (שע"ה) [שע"ד, 1614] לפ"ק, גירשו עירוני פרנקפורט את כל היהודים מעירם, ויש על גירוש הזה לכתוב הרבה, אבל כעת ברצוני לכתוב על מה שקרה בוורמיישא.[1] אחרי שעירוני פרנקפורט גירשו את היהודים מעירם,[2] זממו עירוני וורמיישא לעשות

---

1 כאן טעה יוזפא. ב'שלשלת הקבלה' (עמ' קכג) כתוב שהנס הזה אירע לר' יודא חסיד עצמו, שעה שהלך פעם מבית הכנסת דרך הסמטה הצרה.

1 יוזפא פותח את סיפורו על וורמיישא בגירוש יהודי פרנקפורט, שחל בכ"ז באלול שע"ד (1614). הוא ידע שההסתה נגד היהודים יצאה מן המורדים אשר התפרעו בפרנקפורט, ומשם עברה לערי הסביבה ובתוכן לוורמיישא. אבל טעה וכתב שגירוש וורמיישא וגירוש פרנקפורט חלו באותה שנה. והנכון הוא שגירוש וורמיישא היה כמחצית השנה אחר גירוש פרנקפורט. היהודים גורשו מוורמיישא בשביעי של פסח, שנת שע"ה (1615). סיפור גירוש וורמיישא נמצא בספר המנהגים של ר' ליווא קירכהיים (כתב יד, עמ' קנג–קנד). הסיפור של קירכהיים דומה לסיפורו של יוזפא ושונה ממנו. בסיפורו של יוזפא תמצא פרטים שאינם בכתב היד של קירכהיים. אמנם יוזפא האריך בסיפור המעשה, ונראים הדברים שהיה לפניו עותק אחר ולא העותק היד של קירכהיים. בנוסח קירכהיים הלשון יותר מדוייקת, ויש בו גם חידוש שהעיר עליו א' אפשטיין (ראה אפשטיין, מנהגים). בנו של יוזפא, אליעזר ליברמן, שהביא לדפוס את מעשה נסים במהדורתו הראשונה, לא נתן דעתו על הנוסח שלו, שלפעמים לשונו עבר ללשון הווה, וכאילו היה נוכח בשעת מעשה; והרי הדברים קרו לפני זמנו של יוזפא, והמעתיק, יוזפא או בנו, העתיקו מכתב יד ישן, ותוך כדי כתיבה עבר בלי משים מלשון עבר ללשון הווה, והשיבוש נשאר בכל המהדורות של מעשה נסים. ואת קורות יהודי פרנקפורט בימי הגירוש משם, לא מסרו לא ליווא קירכהיים ולא יוזפא שמש, כי שניהם רשמו בעיקר מה שענייני גירוש וורמיישא. מעשה ט, על אף החזרות שבסיפור המעשה וסדר הדברים הלקוי, הרי הוא מקור היסטורי חשוב ורב ערך למאורעות הגירוש של שנת שע"ה.

2 גירוש פרנקפורט חל באלול שע"ד (1614), אבל כבר בקיץ של אותה שנה, חודשים אחדים לפי הגירוש, גרמו בעלי המלאכה וההמון העם בפרנקפורט למהומות נגד הנהלת העיר ונגד המלכות. בראש המרד הזה עמד וינצנץ פטמילך. במהומות האלה סבלו גם היהודים (ואחר כך גם גורשו מן

ועל הרב והיהודים נפלה חרדה גדולה וחששו שעלילות חדשות תבואנה עליהם,
ובגלל השר שנעלם ימצאו עילות לבלבולים חדשים. הרקח אמר להם: "אל תיראו ואל
תפחדו, אדרבה, יש לכם לשמוח, כי אני הרגתי את השר, וכי נשלחתי מן השי"ת להרוג
אותו ובזה תמו צרותיכם. שר חדש יתמנה, הוא אוהב ישראל ויעשה לכם רק טובות".
ולרמב"ן אמר שישתדל לפני הפרנסים שיתנו לו לדרוש דרשה, ובדרשה ישמעו
השומעים על הדברים שקרו ועוד דברים נעימים לשמוע. הם ישבו לאכול ולשתות,
ואחרי הסעודה הלך הרמב"ן לדבר עם הפרנסים שירשו לבעל הרקח לדרוש אחרי תפילת
המנחה. בקשה כזאת מילאו הפרנסים רק לעתים רחוקות. אחרי תפילת מנחה עמד
האורח ודרש. הוא שאל את כל הקושיות שהתקשה בהן הרמב"ן זה זמן רב. הרקח ידע
את הקושיות, כי שמע אותן בעת שעלתה נשמתו לשמים, וגם ידע שנצטער הרמב"ן שלא
מצא להן תירוץ. והרמב"ן שמע את הקושיות והתירוצים והתפלא מאוד ושמח שמחה
גדולה, וחשב שהדברים יקרים לו מכסף ומזהב ומכל דבר שבעולם. עמד ממקומו וניגש
אל הדרשן ואמר: אמנם קושיות אלה אפשר לתרץ רק על דרך הקבלה. והרקח אמר את
התירוצים רק לפי תורת הקבלה. הרקח סיפר בעת הדרשה את כל המעשה שהוא נשלח
מן השי"ת ללמד לרמב"ן תורת הנסתר וגם להרוג את השר, כי כך רצונו של השי"ת.
ודרש עוד דרושים ופשטים שכמותם לא שמעו בכל ימי חייהם.

אחרי הדרשה ליוו אותו הרבה תלמידי חכמים בדרכו לבית הרמב"ן. הוא סיפר להם
כי הוא בא מוורמיישא, ואיך שהשביע את הענן שיבוא ויקחהו למקום הרחוק הזה. וכי
לא ערך אתם את הסדר, כי הם לא עשוהו על דרך הקבלה. אכן הוא הבין את הפלפולים
שנאמרו בעת הסדר אבל לא רצה להתערב כי אין בפלפול מתורת הקבלה.

הרקח נשאר שם כחודש ימים ולימד את הרמב"ן את תורת הקבלה ואחרי כן חזר
לוורמיישא.[4] והרמב"ן כתב לארץ-ישראל וגם לארצות אחרות שבהן יושבים תלמידי
חכמים, שיקנו ספרי קבלה. הרמב"ן לא קיבל שכר בעד ידיעותיו שקנה בקבלה. ובכן
אנשים יקרים הביטו וראו איך שלפנים היו חכמים וצדיקים בעלי שמות שעשו נסים.
ובדורנו, בעוונותינו הרבים, לא זוכים לנסים שכאלה והשי"ת יזכנו גם בכך.

---

4 בספר שלשלת הקבלה לר' גדליה בר' יחיא, ירושלים תשכ"ב, עמ' קכו–קכז, כתוב שהרמב"ן קיבל
את חכמת הקבלה מאת ר' אלעזר מוורמיישא, וממשיך בסיפור על זקן אחד, גדול בחכמת הקבלה,
שהשתדל ללמד את הרמב"ן תורת הקבלה: '...והחכם הערים ללכת בקובה של זונות ויבא החצרה
ויתפסוהו ודנוהו לשרפה ביום שבת קודש, ויודע הדבר להרמב"ן ולא רצה להליץ בעדו והחכם
התפוס שלח לקרא הרמב"ן ביום השבת... והוכיחו [הרמב"ן] על מעשה הזנות והוא התנצל באומרו
כי שקר הדבר ושהוא בוטח ב' שיצילהו. וכשהוציאו אותו הזקן להשרף עשה בחכמת הקבלה
שהטילו לאש חמור תחתיו והוא הלך לבית הרמב"ן והגיע לעת עשיית קידוש לפני הסעודה וענה
אמן על הברכה'.

לנוצרים [חג] הקסח[3] [הפסחא] וישמחו שיזדמן להם לחגם קרבן יהודי. והרקח ענה: אל
תדאג בגללי, לא תהיה שום צרה, ויודע אני מה יש לי לעשות. אבל ביקש שיעשה עמו
חסד וידבר לפרנסים שירשו לו לדרוש מחר בערב. והרמב"ן התחמק ממנו ואמר
לאורחיו החכמים שאינו מבין מה זה האורח עומד על דעתו לדרוש למחר דרשה, והוא
הלא עם הארץ, וכשישב על יד השולחן בשעת הסדר לא השתתף עמהם בדברי הפלפול
והיה כאילם. ואולי הוא גם חצי משוגע.

למחרת קם הרקח בבוקר ויצא מן הבית ונכנס בכוונה לרחוב האסור להיכנס בו.
הרקח נתפס, ושאלו אותו התופסים על מעשיו ברחוב הזה, ואמרו שהתחייב בנפשו
ואחת דתו להמית. והרקח ענה: הניחו לי כי אני יהודי. כאשר שמעו דבריו הלכו תיכף
ומיד וסיפרו לשר שמצאו יהודי זקן בשוק הזונות והוא חייב מיתה. השר שמח שמחה
רבה ואמר הוא נפל בידי בזמן הנכון, בקסח [בפסחא]. וציווה לאסור את הרקח, וגם פקד
לעשות מדורה גדולה במקום שהיהודים עוברים שם בלכתם מבית הכנסת, ויראו את
היהודי היוצא לשריפה.

הרמב"ן קם בבוקר לקרא לאורחו שיבוא עמו לבית הכנסת כמו שדיבר עמו אמש.
אבל האורח לא היה בנמצא וכבר היה תפוס, והשמועה התפשטה בין העדה. וחרדה
גדולה נפלה על היהודים, ולא יכלו להשתדל [לטובתו אצל השלטונות]. כי היה השר
רשע גדול, ואף ביקש לראות בעצמו בשריפת היהודי. היהודים שהיו בבית הכנסת היו
בצער גדול מאוד ומיהרו לצאת, כי פחדו מרשעות הגדולה. והרמב"ן הצטער מאוד
שהביא את האורח אל ביתו. וכאשר יצאו היהודים מבית הכנסת כבר בערה המדורה
הרקח הובל לשם וגם השר כבר עמד שם. והרמב"ן עבר קרוב אל המקום ההוא בדרכו
מבית הכנסת, וראה אותו הרקח והוא קרא אליו: אל תמהר לקידוש, חכה לי כי רוצה אני
לשמוע מפיך את ברכת הקידוש. הרב נאנח בלב נדכה וחשב: משוגע האיש הזה; הנה
מוציאים אותו לשריפה והוא אומר שאמתין לו עד שיבוא וישמע ברכת הקידוש ממנו.
וכל הקהילה התעצבה על המאורע.

ועל יד המדורה עמד הרקח וקרוב לו עמד השר הרשע והוא צוחק ושמח שזכה לראות
בשריפת יהודי בחג הפסחא. אבל הרקח השביע שם של מלאך קדוש, והוא החליף את
פני השר עם פניו של בעל הרקח, והשורפים תפסו את השר והשליכו אותו אל האש
ונשרף. וכל זאת עשה הרקח בציווי מן השמים ובכח השמות. הלך הרקח לבית הרב
[אחר המעשה] והגיע לשם בעת שהרמב"ן עשה הקידוש וכשאמר "בורא פרי הגפן",
ענה הרקח "אמן". הרב נבהל בראותו את האורח עומד לפניו והוא שאל אותו: איך הגעת
הנה, הלא הוביכוך לשריפה? ענה לו הרקח: הלא קראתי אליך בעברך [קרוב למדורה]
שתמתין לי כי ברצוני לשמוע מפיך ברכת הקידוש. ועתה אספר איך שקרה הדבר. ופנה
לכל העומדים שם ואמר: היו שמחים ותחוגו את החג בשמחה. ובשעת עומדם ודיברו
ביניהם, נשמע הקול שהשר אבד ואיננו; ראו אותו עומד ליד המדורה שמח ועליז ומביט
בשריפת היהודי, ופתאם נעלם ואיננו ואיש לא ראה אותו, וגם בארמונו לא נמצא.

---

3   השם 'קסח' או 'כסח' לפסחא נמצא גם כשם גנאי לישו, פירוש המלה כרות, קצוץ. ראה: ש'
      איידלברג, 'צרור הערות', תרביץ כרך נב, חוברת ד (תשמ"ג), עמ' 647.

ונשמת הרקח אמרה: אנא אדוני שלחני נא אל הרמב״ן, אני אלמדהו קבלה. בן אדם הנני,
אפשר נוח יהיה לו [לרמב״ן] ללמוד [קבלה] מבשר ודם שכמותו. ואני גם אמית את השר
הרשע, אם יתנו לי רשות לפעול על ידי שמות לעשות את הדברים האלה. בקשת הרקח
נתקבלה וגם התירו לו להשתמש בשמות.

ולמחרת היום. ערב פסח,השכים הרקח בבוקר ואפה מצות. את המצות הוציא מן
התנור בעודן חמות ועטפן יפה במטפחת כדי שהחום יישמר בהן. ואז הוא ביטא שם,
והשביע ענן והתיישב עליו, ובאותו היום הביא אותו הענן מקהילה קדושה וורמיישא אל
שפניא, אל עיר מגורי הרמב״ן. בבואו לשם כבר הגיע זמן תפילת המנחה. הרקח חפץ
להיות אורחו של הרמב״ן, אבל לא רצה לשאול איפה הוא גר. ותיכף ומיד הלך לבית
הכנסת ועמד סמוך למקום שישב הרמב״ן. והנה בא הרמב״ן אל בית הכנסת וראה יהודי
זקן עומד על יד מקומו. באותו הזמן כבר היה הרקח זקן. הרמב״ן שאל את האיש [הזר]
אורחו של מי הוא, וענה לו שעדיין לא הוזמן לשום בעל בית, כי רק עתה הגיע לעיר. אז
אמר אליו הרמב״ן: אם כן, תלך עמי לביתי ותהיה אורחי. הרקח קיבל את ההזמנה בחפץ
לב, והלך עם הרב לביתו. והרמב״ן שאל אותו: אורחי היקר, מה מעשיך כאן? והוא ענה
לו: מבקש אני שתדבר אל ראשי הקהילה ויראשו לי לדרוש דרשה בבית הכנסת. הרמב״ן
ענה לו שידבר על זה עם הפרנסים.[2] הם התיישבו על יד השולחן לערוך את סדר ליל
ראשון של פסח. לשולחנו של הרמב״ן היו מוזמנים למדנים ידועים וחשובים שבעדה,
ועל יד השולחן הם התפלפלו עם הרב בהגדה של פסח. הרקח הקשיב לדבריהם אבל לא
אמר דבר; וזה, כי הרקח פירש את ההגדה על פי הקבלה שהיא קדושה ונעלה מכל
הפלפולים שלא הניחו את דעתו, ונראו בעיניו קלים. סברו הרמב״ן ואורחיו שהאורח עם
הארץ הוא, ועל כן אינו מתערב בשיחתם. והרמב״ן אמר לאורחיו שמתחרט על שהזמין
עם הארץ להסב אתם, כי לו היה יודע שהאיש אינו בעל תורה לא היה נותן לו דריסת רגל
בביתו.

והרקח עשה סדר לעצמו ואכל את המצות שאפה בוורמיישא ואשר עדיין חמות היו,
ולא רצה לעשות את הסדר עם המסובים, כי הם לא ידעו קבלה, והרקח נהג לפי מנהגי
המקובלים ולפי כוונותיהם הטהורות והקדושות. וכל מה שעשה הרקח, עשה לשם
שמים. הרמב״ן פנה אל האורח ואמר: אורחי היקר, עשה נא למעני ואכול מן המצות שלי
ושתף עצמך אתנו, אבל הוא סירב. והרמב״ן וכל האורחים ראו את האורח שהוא עם
הארץ ושוטה.

אחר הסדר הראה הרמב״ן לרקח את מקום שילון שם. והזהירו בחייו שלא ילך מחר
יחידי לבית הכנסת, אבל יחכה עד שיגיע הזמן והוא יקרא אותו כדי שילכו יחדיו
לתפילה, כי בדרך לבית הכנסת יש רחוב שאסור לכל אדם להיכנס בו, ומותר ללכת שם
רק לשר ולבני הפמליא, והעובר על כך עונשו עונש מות. וזאת, יען כי ברחוב ההוא יש
שוק של זונות ממשפחות חשובות, ואין לתאר מה יעשה ליהודי אם יימצא שם ח״ו.
והשר רשע גדול ואין תקומה לפניו, כי מיצר הוא ליהודים בצרות גדולות. ועוד, מחר יש

2   יש בזה רמז לתוקפם של הפרנסים ולסמכותם בסידורים הפורמליים של בית הכנסת, ולכך שביקשו
רשות לדרוש שם מן הפרנסים ולא מן הרב. מנהג זה היה מקובל בקהילות ספרד ואשכנז.

מעשה ז
עוד מעשה ברקח מוורמיישא

שמעו אלי אישים אהובים ותנו דעתכם על הנס הגדול. אז תדעו גם אתם שנ[בעל] הרקח
תלמיד חכם גדול היה, ואיש קדוש כמלאך. עליכם גם לדעת שבשעה שאיש צדיק ישן
בלילה, נשמתו עולה למרום ושוכנת בין המלאכים, ומכל שכן [נשמת] איש צדיק כרבי
אלעזר מגרמיזא, שכמוהו לא קם בדורו.

בזמנו של ר' אלעזר חי תלמיד חכם והיה שמו רבנו משה בן נחמן. הוא היה רב
במדינת שפניא, ולא עסק בשום דבר חוץ מבתלמוד תורה. ובמקומות שונים היו לו
קושיות ולא ידע לתרצן, כי תירוץ עליהן אפשר למצוא רק בתורת הקבלה, והרמב"ן לא
למד קבלה, כי בארצו לא היו אז בנמצא ספרי קבלה,[1] וגם לא היה שם איש שידע תורת
הנסתר. ולכן לא מצא תירוץ לקושיות אשר התקשה בהן בשעה שלמד תורה. פעם אחת
הוכרז בשמים: מי יבוא אל הרמב"ן וילמדהו קבלה, ומי ימית את השר המושל שם; כי
היה השר ההוא רשע גדול, וליהודים היו שם צרות גדולות שאין לתארן. באותה השעה
עלתה נשמתו של הרקח לשמים ושמע את קול הקורא. והיה זה לילו של ערב פסח.

קורותיו. ואין הדעת נותנת שיוזפא שינה במכוון והמציא את התאריך שלאחר 1201, אך ורק כדי
להעתיקו לזמן שבתו של ר' אלעזר בוורמיישא. אפשר שהמעשה אכן אירע בוורמיישא לאחר מסע
הצלב השלישי (1197). כידוע סבלו יהודי וורמיישא מהתקפות והתנפלויות רבות בימי הביניים.
הבתים הסמוכים לחומת העיר היו מזומנים לפורענויות, והמתנפלים פרצו בעד החומה אל רחוב
היהודי שעל ידה. כן ידוע שסטודנטים מקומיים וגם נודדים היו נכנסים ויוצאים בחלקה היהודי
של העיר, וקרוב הדבר שהרצח אירע בין השנים 1238–1201, השנים שישב ר' אלעזר בוורמיישא.
המקור המוסר שבשנת תתקנ"ז (1197) אירע המאורע, לא נתן דעתו לכך שבמסע הצלב השלישי לא
פגעו הצלבנים ביהודי וורמיישא. הוא לא ידע שר' אלעזר לא גר בשנת תתקנ"ז בוורמיישא, אבל
ידע על הרצח וקבעו בימי מסע הצלב השלישי. כן קשה הדבר ואינו נראה שיוזפא שינה את נוסח
הסיפור וכתב מדעתו 'סטודנטים' במקום 'מסומנים', וכן — שהמציא את האופן שביצעו את הרצח.
ראה: מ"י קאמעלהאר, רבנו אלעזר מגרמיזא, רישא תר"ץ, עמ' 31; א"מ הברמן, גזירות אשכנז
וצרפת, ירושלים תשל"א, עמ' קסא.

1   יש עדויות לכך ששמו של ר' אלעזר מוורמיישא היה ידוע למקובלי פרובאנס לפני שהתפרסם
הרמב"ן. ראה: ג' שלום, 'קבלות ר' יעקב ור' יצחק בני יעקב הכהן', מדעי היהדות, ב, ירושלים
תרפ"ז, עמ' 163–293. וכן שם, בעמ' 254: 'והחכם הגדול המקובל שהיה עמו בנרבונה העיד על
רבו הרב החסיד ר' אלעזר מוורמיש ז"ל ורבים אחרים שבאו משם שידעוהו משם מעידין עליו כי
לעתות כמו זו כשהיתה מצות מצוה מוטלת עליו, היה רוכב בדמות הענן המזומן לכך והגיע
אל המקום הרחוק ומקיים מצוותו וחזר למקומו... וכמה ימים רכב על בהמה כשאר בני אדם ופעם
אחת נזדמנה לו מצות ברית מילה במקום רחוק ורכב על פי השבועה כמשפטו המורגל אצלו ושכח
דבר אחד מהשמוש הצריך לאנשי החכמה הזאת ונפל מן הענן קרוב אל הארץ ונעשה פסח חולה על
יריכו ולא נתרפא מאותו חולי בשום תחבושת בעולם והיתה מנוחתו כבוד'. לפי ג' שלום 'קבלות ר'
יעקב ור"י בני יעקב הכהן' נכתבו במחצית הראשונה של המאה הי"ג (אין תאריך מדוייק), ראה שם.
והרמב"ן עצמו מעיד על בעל הרקח באגרת להתנצלות ספר המורה והמדע: 'וכן ראיתי בחיבור הרב
החסיד ר' אלעזר מגרמישא ז"ל בספר גדול שחיבר והגיע לידי ממנו שער הסוד והיחוד והאמונה',
וילנא תקפ"א, עמ' 9.

מעשה ו
מעשה [בעל] הרקח מוורמיישא

בוורמיישא גר איש חשוב, רב ותנא גדול בתורה אשר רק מעטים כמותו בעולם. הוא
חיבר הרבה מַעֲרָבים ויוצרות שנאמרו בוורמיישא בימים טובים, ושמו מורנו הרב רבי
אלעזר מגרמישא. הוא חיבר גם ספר חשוב, ספר רֹקֵחַ. הספר נדפס כבר כמה פעמים, ובו
דינים הכתובים [בספר] ארבעה טורים. בספר כתב גם ענייני מוסר ותוכחה, ואיך יתנהג
האדם ביראת שמים ועבודת הבורא. והיות שהספר מצוי בעולם, לכן אין צורך לכתוב
עליו הרבה, ויראה הקורא וישפוט. הוא קרא לספרו בשם רקח שמספרו ש״ח, כמניין
שמו, אלעזר, שגם הוא מספרו ש״ח.[1] האיש האלוה׳ החכם, רבי אלעזר מגרמיזא, גר
בבית ששמו נקרא דש הירשן הויז;[2] כי על דלת הבית היה תלוי שלט ועליו תמונת צבי.
הבית עמד על יד שער התחתון שברחוב. הבית היה בנוי סמוך לחומת העיר. בימי חורף
בשעות הבוקר המוקדמות רגילים היו לבוא אליו בחורים ללמוד לשעתיים או שלש
שעות. [פעם אחת] ביום החמישי באו הבחורים כתמיד, לפני אור הבוקר, ללמוד כסדרם
את פרשת השבוע עם פירוש רש״י. והנה התקבצו יחד סטודנטים רצחנים מזויינים
בחרבות ובחצים וקשתות (פיילבוגין), ועוד כלי זיין היו בידיהם. ופרצו דרך הגג אל תוך
הבית והרגו את הרבנית אשת [בעל] הרקח ואת ילדיה. הרב והבחורים שמעו זעקה
גדולה מלמעלה ורצו מהר להוודע על מה הצעקה הזאת. וכאשר רצו הרב והבחורים
לעלות על הדרגות, רץ לעומתם אחד הרוצחים אשר רצה להמית את הרב בחץ וקשת
שבידו, אבל החטיא והרקח נפצע בשכמו.[3] כאשר ראו זאת הבחורים הם מיהרו אל
הרחוב וצעקו צעקה גדולה כדי שיבואו לעזרתם מבחוץ. ועדיין הם לא ידעו שהרבנית
וילדיה נרצחו. כאשר הגיעו אנשים ששמעו את הצעקות, ברחו הסטודנטים הרוצחים
בדרך שבאו, עלו על החומה ומשם קפצו ונמלטו. אז גם מצאו הרב והאנשים אשר אתו
את הרבנית וילדיה הרוגים. השי״ת ינקום את דמם והירא שמים לא יוסיף לדאבה עוד.[4]

---

1   המעתיק, או המתרגם, טעה בראשי התיבות, וכתב רוקח במקום רקח, אליעזר במקום אלעזר, ורש״ח
     במקום ש״ח ותיקנתי בתוך הטקסט.

2   שם הבית נמצא ברשימת בתי היהודים במאה הי״ז.

3   במקורות שהביא ג׳ שלום (להלן, במעשה ז הערה 1), נרמז שר׳ אלעזר היה צולע על רגל אחת.
     אפשר שהגיעה השמועה לספרד שר׳ אלעזר נפצע באחד מאיבריו, וסברו שנפצע ברגלו, ולמעשה
     נפצע בשכמו.

4   אם נקבל את סיפורו של יוזפא על הריגת הרבנית, כמסופר במעשה ו, כלומר שהמעשה היה
     בוורמיישא, הרי זמנו אחרי שנת 1201; כי על פי המקורות בא בעל הרקח לגור בוורמיישא בשנת
     1201. בספר המנהגים לר׳ ליווא קירכהיים (כתב יד, דף קעה ע״א), מובא הסיפור בשינויים לפי כתב
     יד אחד שהועתק, כביכול, מכתב ידו של ר׳ אלעזר; ועל פי המקור הזה אירע הרצח בשנת 1197,
     בעת מסע הצלב השלישי. אבל ידוע גם שר׳ אלעזר ישב בשנים 1196–1197 בעיר ערפורט ולא
     בוורמיישא, ואין אנו מוצאים בקורות הימים שהצלבנים עברו בערפורט בשנות מסע הצלב
     השלישי. אפשר שהרבנית וילדיה נהרגו בידי רוצחים בערפורט, ורושם הקורות ערבב את הדברים
     וכתב שנהרגו בידי צלבנים. ולפי זה ׳סטודנטים׳ יש לקרוא ׳מסומנים׳, כלומר, המסומנים בצלב על
     בגדיהם, כדרך שעשו הצלבנים בצאתם למסע; ואם אכן נקבל נוסח זה, הרי סיפורו של יוזפא רק
     בחלקו הוא אמין. ר׳ אלעזר בעל הרקח נפטר בשנת 1238 ונקבר בוורמיישא, וחכמי העיר ידעו את

והמלכה אמרה: אנחנו נציג את המחזה ברחוב היהודים. הם בוודאי יעניקו לנו מתנה
יפה; ודבריה היו לרצון לשומעים. וכראות בן המלך שקיבלו מזימתו, להביא את המחזה
אל רחוב היהודים, קרא אליו את הקצינים ונושא הדגל [פענדריך] ואמר להם: איני רוצה
לעשות נייארט (רק) שעשוע לפני היהודים. תחבולה אני זומם, להביא יהודה אל מקום
המחזה, כדי להתנפל עליהם ולהכות בהם. אנו נמציא תואנה (בלבול) להתגרות בהם
ולהרוג אותם. והוא סיפר להם מה שקרה לו בבית הספר לפני שנים וכן סיפר על העונש
המעליב שענש אותו המנהל, וכי הכל נעשה בגלל היהודים. בתחילה הם היססו בדבר
ולא רצו להשתתף עמו לשפוך דם נקי, אבל אחרי שהוא הפציר בהם מאוד, הסכימו,
בתנאי שהוא יעשה את הרציחה הראשונה. הוא התרצה לתנאי שהציעו לו, והלך לחנות
(קראם), וקנה לו סכין הגדול ביותר שהיה שם, והסכין היה מושחז יפה.

והשחקנים הגיעו לרחוב היהודים בשאון ובהמולה רבה, ובידיהם רובים וחניתות,
והמלכה צעדה בראש בכל גינוני מלכות, כראוי למלכה ממש. והקריאה יצאה ליהודי
הרחוב [שבורמיישא] שכל הרוצה יכול לבוא ולחזות במחזה בכיכר גנהיבל.[1] והיהודים
אשר רצו לראות את המחזה נתאספו למקום המיועד, גנהיבל. ובן ראש העיר ומרעיו
אמרו: הנה היהודים נמצאים יחדיו, הבה ונחרוץ עליהם משפטנו. ותיכף ברגע שרצה
להוציא את הסכין שלו להרוג יהודים, נמס לבבו והרגיש את עצמו ברע, וניחם על מעשה
הרציחה אשר זמם לעשות ונרתע מלשפוך דם נקי, וחלישות אחזתו ונפל על האדמה.
היהודים בראותם את הדבר הזה, חשו אל המלכה המעולפת להושיט לה עזרה, ואפילו
אל בית המרקחת רצו, להביא משם סמי רפואה.

היהודים התבוננו בדאגה ורצו לסייע בכל יכולתם, בייחוד שהוא היה סטודנט חשוב
ובן לראש העיר. וכאשר הוא חזר לאיתנו, הביא תודתו ליהודים ואמר שלא עלה על דעתו
שהיהודים יצטערו עליו כל כך. הוא גם הגיד להם שהוא יזכרם לטובה כל ימי חייו וישיב
להם תמיד טובה. ולאביו ולכל ידידיו סיפר על מחשבתו הרעה להרוג ביהודים בסכין
חדש אשר קנה במיוחד לכך. ותיאר לפניהם את מה שעשו לו היהודים בעת שהרגיש
ברע, ועל העזרה המהירה שהושיטו לו להצילו. הם כיבדו אותו כאילו היה בן הקיסר. הוא
הודה לאל שמנע ממנו לשפוך דם נקי, וכגמול על מעשם הטוב יעמוד לימינם כל ימי חייו.

ולא עבר זמן רב ואביו, ראש העיר, נפטר, והבן שנבחר כעבור זמן להיות ראש העיר
שמר על הבטחתו ועזר ליהודים בכל אשר יכול. בכן ראו נא אנשים טובים שיד השי"ת
מגינה על עמו ישראל ונקווה שגם בעתיד יחסה עלינו עד עולם.[2]

---

1   השם גנהיבל מופיע בכתב יד 'מעשה בון וורמש' (מעשה בווירמיישא), אשר נדפס בספרה של שרה
צפתמן, נישואי אדם ושדה, ירושלים תשמ"ח, עמ' 119. השם מחולק לשתי מלים: גן הֵיכָל. לדברי
צפתמן זהו גן ששיחקו בו נערים ברחוב היהודים במאה הט"ז, מאה שנה קודם זמנו של יוזפא. אבל
לא נתבארה המלה היכל, מה פירושה. חיפושים העלו שהיכל היא Hübble בגרמנית של ימי
הביניים, ופירושה שטח מוגבה או גבעה קטנה. ואמנם זוהי השטח בתחום רחובות היהודים
בוורמיישא; אבל המקום קטן מלהכיל כמאה שחקנים שהשתתפו בהצגת המחזה המתואר, ועמהם
קהל צופים. אפשר שיוזפא הגזים במספר האנשים שהשתתפו במחזה.

2   המעשה שלפנינו משקף מציאות חיים. סטודנטים צעירים אכן היו פוגעים ביהודים בלכתם לבית
הספר ובשובם ממנו. גם היו יחסים טובים בין ראש העיר הנוצרי ובין היהודים, ועל פי עדותו של
יוזפא, הוא העריך אותם וכיבדם. הווי הרחוב היהודי אף הוא בא כאן לידי ביטוי; יהודים רבים לא
נמנעו מלצפות במחזות שהציגו גויים.

מעשה ה
מעשה בראש העיר ווֹרמיישׁא ובבנו

בוֹורמיישׁא היה ראש עיר שהיה מיטיב ליהודים ולנוצרים, והיה לו בן, תלמיד בבית הספר. וכדרך בניהם, כאשר פגש בדרכו לבית הספר יהודים, ובעת חזירתו משם, היה זורק עליהם אבנים והיה מעליבם וקורא להם כלב או גנאים אחרים, וגם היה מפיץ דברי רשעות בין שאר התלמידים. ושם היה בעל בית אחד שהיה מודע לראש העיר. פעם, בפגוש היהודי את ראש העיר, אמר אליו: אתה שר חשוב וירא אלוהים ושמך טוב בין בני העיר כולם. רק דואג אני שבגלל מעשי בנך תפסיד חלק משמך הטוב. [וסיפר לו על תעלולי בנו]. ראש העיר נבהל מאוד, כי לא ידע על הרשעות [שבנו גורם ליהודים שבעירו]. בראות היהודי שראש העיר התפחד מדבריו, ביקש ממנו מחילה ואמר: איני בא בתלונה על בנך ואיני מבקש שתענשו אותו. לי עצמי לא עשה שום רע כי הוא יודע היטב שאני מכירך, סיפרתי לך הדבר למען כבודך. וראש העיר ענה ואמר: יודע אני שלטובתי סיפרת לי [על מעשי בני] וחי נפשי, גם בעתיד איטיב עמך, אבל אאסור על בני שישוב לעשות מעשים שכאלה.

כאשר חזר הבן מבית הספר סיפר לו אביו שיהודים באו אליו והתלוננו עליו שהוא מתנכל להם ואין להם מנוח ממנו, כי הוא מעליבם וזורק עליהם אבנים. והאב ביקש ממנו שיזנח [מעשים אלה] כי חרפה היא לו שבנו מתעלל ומשפיל אנשים שלא עשו לו רע כלל, ודיבר אליו בנועם עוד דברי תוכחה. אבל הבן לא סר מדרכו הרע והצר עוד ליהודים.

ראש העיר רגז על כך וקרא למנהל בית הספר (שוֹלמיינשׁטר), ודיבר עמו על מעשי בנו (דיא מאניאר פון זיינם זון). האב אמר למנהל שרוצה לעשות דבר זה: בבוקר לפני שהבן ילך לבית הספר ימסור לו האב צרור חבלים אדומים בשביל המנהל, ואחרי שימסור לו זאת, יצווה המנהל לבן שיישאר אחרי הלימודים וייכנס אל חדרו כי יש לו דבר אליו. וכשיהיה עמו לבדו בחדר, יפשיט המנהל את מכנסיו וילקה אותו בחבלים עד שיזוב ממנו דם. וגם יגיד לבן שהאב ציווה להענישו על מעשיו הרעים שהוא עולל ליהודים, וכי אביו גם מתבייש בתעלוליו. ואם לא יפסיק להתנכל ליהודים, יעניש אותו האב עונש נוסף וקשה יותר.

והמנהל עשה כדברי ראש העיר. הבן רגז מאוד והיטב חרה לו על העונש שקיבל. למנהל אמר הבן שכעת יפסיק את הפגיעות ביהודים אבל לא ישכח את הדבר שבגלל היהודים נענש בהלקאות משפילות. הבן גם אמר שכאשר יגדל ויהיה לאיש חשוב, הוא יתנקם ביהודים, אבל בינתיים לא יזרוק אבנים ולא יקרא שמות גנאי.

הבן המשיך בלימודיו בשקידה ועלה לדרגת תלמיד מעולה. יום אחד העלו הסטודנטים מחזה מלחמה (שׁפּיל מלחמה) מפואר מאוד והשתתפו בו יותר ממאה אנשים, כולם סטודנטים מבית הספר, וביניהם דמויות של מלך ומלכה. ובראש הצבא צעד נושא דגל יפה (פֿענדריך). במחנה היו גם קצינים וסמל (אוֹפֿציצ'ר און קאֹרפּראל), והיה כמראה מלחמה ממש. המחזה היה נהדר עד מאוד, ומהרה נתפרסם ברבים. בן ראש העיר שיחק את דמות המלכה והיה לבוש שמלה ומעיל יפה, כנאה למלכה, והוא היה מלווה שושבינים רבים, וכל שציוותה המלכה כן נעשה.

אליו, הלכה אחריו מבית הריקודים אל ביתו אשר היה על יד שער הריין. והריק אמר
אליה לכי ממני כי אכה אותך, והיא ענתה לו: רחם נא עלי כי לא אוכל להפרד ממך כי
חולת אהבה אני. והכניסה אל ביתו ואמר לה, אם אהבתך חזקה אלי, לכי והביאי לי כמה
מאות טאהלר, לאביך יש כסף לרוב ואז גם תשארי אצלי. הנערה חזרה לבית הוריה,
וביום השבת, כאשר הלכו הוריה לבית הכנסת, היא פרצה את תיבת הכסף והוציאה משם
שלש מאות טאהלר והביאם לבית הריק. והוא לקח את המעות, שכב עמה וטימאה.

בלילה התעוררה הנערה ונעצבה על המעשה ופרצה בבכי, כי פשטה מקודם את
מעילה, ועתה נתחרטה חרטה גדולה על המעשים שעשתה, והרגישה שנאה עזה לריק.
וגם נצטערה על שגנבה את הכסף ועל שחיללה את השבת. והריק אשר שמע את בכיה
אמר אליה: אם את בוכה ומתאבלת, אין רצוני בך יותר, לכי וחזרי למקום שממנו באת
הנה. והיא קמה לצאת משם, אבל תיכף שלבשה את המעיל חזרה מדעתה, חשקה בריק
ונשארה אצלו. וכך עברו עליה שלשה ימים. ולבסוף הרהרה בנפשה ולבה היה מר על
הקורות לה. ואז עלה בלבה שהכל נגרם לה מן המעיל, והרהרה בקרבה: למה זה בשעה
שאני פושטת את המעיל באה עלי שנאה גדולה אל הריק ויש לי צער גדול מן המעשים
הרעים שאני עושה. ובלילה, בעת שישן את שנתו, קמה ולא לבשה את מעילה, ורצה
מהר אל בית אביה ובפתח הבית צעקה: אבא יקר פתח נא לי את הדלת ותן לי לבוא אל
הבית. והאב לא רצה להגיד לה את זונה, התחברת אל הריק, לקחת כספי וגם חיללת את
השבת, אינני רוצה בבת כמוך, גם אין שילומים לצער אשר גרמת לאביך ולאמך. הוא
שתק, והיא המשיכה לבכות ולהפציר שוב באביה ואמרה: "אבא יקר, לא בי האשמה על
המעשים הרעים שעשיתי, הכניסני אל הבית ואספר לך מה שקרה לי, אני עומדת על יד
הפתח כמעט ערומה בדמי הלילה". האב חשב בדבר ופתח לפניה את הדלת ובהיכנסה
אל הבית צעקה ותלשה שערות ראשה, וביקשה שישמעו כולם את המקרה שקרה לה,
ואז גם יראו שלא בה האשמה.

ובינתיים נתאספו השכנים וביניהם אנשים חשובים, והנערה סיפרה את המעשה הרע
שאונה לה, ועל הכישוף שעשה לה הריק ועל הדודא ששמו במעילה. כולם הקשיבו
לדבריה ולבם ריחם עליה, הם גם ראו בצער אביה ואמה ונתמלאו עליהם רחמים.

והאב הלך אל מועצת העיר וסיפר מה שקרה לבתו, והחייט שמו במאסר על המעשה
אשר עשה. והריק, כאשר שמע על מאסרו של החייט ברח מן העיר. החייט סיפר את
האמת שהלך שולל אחרי הריקא, אבל לא ידע שנתכוון הריק הזה לפתות את הנערה
לזימה. השלטונות שמו על החייט עונש, וגם גירשו אותו מן העיר וורמיישא. והנערה
עשתה תשובה גדולה וכל ימי חייה הצטערה על המעשה הרע שעשתה. היא התחננה
לבחור עני וירא שמים בסוף התעשרו עושר רב. השי"ת ישמור אותנו שלא יבוא סבל כזה
על שום איש עד עד ביאת המשיח שיבוא ויגאלנו.[3]

3   במעשה ד ניכרים גלגולי דברים מהמחזה 'הסוחר מוונציה', שכתב שקספיר. יֶסָקָה (Jessica) הבת
     של שיילוק היהודי ברחה עם מאהבה הנוצרי לורנצו, אשר פיתה אותה לגנוב מקופת אביה כסף
     ותכשיטים, אמנם יסכה לא הקשיבה לתחנוני אביה ולא חזרה לביתו, אבל הצעירה שבסיפורו
     של יוזפא שבה לבית הוריה וחזרה בתשובה. ראה 'הסוחר מוונציה' מערכה שנייה, השווה:
     G. Friedländer, *Shakespeare and the Jew*, London 1921, p. 13

זאת. ובהגיע שביעי של פסח בבוקר, נאספו הגויים עם חרבותיהם לעשות נקמה
ביהודים. היהודים עמדו אז בסכנה גדולה. בבוקר בשביעי של פסח קרא השמש
לתפילה,[1] ובפתחו את שער היהודים, והנה לפניו עומדים שני אורחים. השמש שאל: "מי
אתם ואיך יכולתם לבוא הנה ביום טוב ומה אתם מבקשים? הלא בעוונותינו הרבים
גזירה נגזרה על הקהילה, להרוג את כולנו במוצאי החג". ושני האורחים ענו: "ידוע
ידענו כל זאת ובגלל כך באנו הנה לבטל מעליכם את הגזירה הרעה. אנו נתייצב בכיכר
העיר ונאמר להם ככה: אזרחים יקרים, אדונים יקרים, אל תחטאו ביהודים החפים
מפשע, ידם נקייה. איש מרחוב היהודים לא הריק ולא שפך מי השתן על הצלם. שנינו
היינו באותו מעמד ואנו עשינו את הדבר הזה. לכן באנו כדי למנוע מידכם לשפוך דם
נקי. ואם סבורים אתם שזה אשר שפך קיתון ההשתנה יתחייב בנפשו, הרי אנו החייבים".
ועוד טרם הוציאו את דבריהם מפיהם נהרגו בייסורים רבים. ובכן מעתה בטלה הגזירה
ושום יהודי לא נפגע לרע. כל עוד שנתקיימה קהילת וירמיזא ערכו הזכרת נשמות
בשביעי של פסח לנשמות שני האורחים, ועד היום הזה לא נודע מי היו שני האורחים.
אולי השי"ת שלח שני מלאכים בדמות שני אנשים, כדי לבטל את רוע הגזירה.

מעשה ד
מעשה בריק אחד שטימא בת יחידה בוורמיישא

בבית צור זונן[1] גר פרנס אחד שהיה עשיר גדול והיה לו כסף כמה אלפים. והאיש חסיד
היה, ולו בת יחידה נאה וחסודה שאין כמוה. לימים הזמין האיש אצל חייט שיעשה מעיל
יפה בשביל בתו. וריק אחד נכנס אל ביתו של החייט וראה את המעיל ושאל את החייט:
למי המעיל הזה שתפרת? וענה החייט: הוא בשביל היהודייה היפה מהבית צור זונן.
אמר הריק לחייט: יש בידי שורש דודא,[2] תיקח ותפור אותו בתוך המעיל ויהיה במקום
שלא ירגישו בו כלל. החייט סירב לו, אבל הריק הפציר בו ונתן לו במתנה רייכסטאלר
יפה [בעל ערך], ונתרצה החייט ותפר את השורש בתוך המעיל.

והדודא היה מכושף, וכל מי שלבש את המעיל היה מן ההכרח שיאהב אותו [את
הריק]. פעם אחת הלכה הנערה לרקוד לבית ריקודים, והריק גם הוא בא לשם לחזות
במחולות, והנערה לבשה את המעיל, ובראותה את הריק נפלה על צווארו והפצירה בו
שירקוד עמה. והבחור הדף אותה ממנו ואמר אין לי דברים אתך, אין רצוני לרקוד עמך.
והאנשים שראו את המעשה נשתוממו בדבר מאד, כי הנערה היתה ידועה שהיא צנועה,
והתפלאו על מעשה החציפות שעשתה עם הערל בן הבליעל והריק. וכל זאת גרם לה
המעיל שבו היה תפור הדודא. והיא לא יכלה להנתק מהריק. ומרוב שגדלה תשוקתה

1 שביעי של פסח לא היה יום של מזל ליהודי וורמייישא, כי בשביעי של פסח שנת שע"ה גורשו
היהודים מוורמייישא (ראה מעשה ט). ועוד נוסיף שבמנהגים ליוזפא שמש, כתב יד וורמייישא, עמ'
155, כותב יוזפא בין השאר: 'וכן ישגיחו [הממונים על הקהילה] שלא ישפכו מי רגליים על הרחוב'.

1 הבית הזה נזכר במעשה כא וכן בכתב יד אוקספורד, עמ' 2א, ופירוש שמו: אל השמש. ענינינו של
הסיפור הם השטפונות שהציפו את וורמייישא בשנת 1651. הבית היה שייך אז לפרנס אחד, ר' ברוך
שמו. וכן השווה: F. Reuter, Warmaisa, Worms 1984, pp. 93, 133

2 שורש אהבה, דודאים, בלטינית: mandragora officinalis. שורשי הדודא מכילים חומר נארקוטי.

בוורמיישא עד היום הזה, שבחתונה מובילים את החתן והכלה גם שניים מנערי שרי
דלבורג ומוטות בידיהם, והם גם מחזירים אותם ממקום החופה אל ביתם. ובשעת לוויה
יהודית מלווים את ארון המת גם שניים ממשרתי דלבורג אל בית הקברות. והמנהג הוא
ששניים ממלווי דלבורג הולכים עם הגברים לחוד ושניים מלווים את הנשים לחוד.[3]

גם שמעתי מר' אליה בעל שם סיפור זה, שבעת שהאומות צרו על ירושלים וכבשו את
העיר, הרגו רבים מבין היהודים והנשארים לקחו בשבי.[4] ושר אחד ממשפחת דלבורג
היה באותו זמן 'ראש מלחמה' ולחם על כיבוש ירושלים. הוא שמר על צוואת דלבורג
והיטיב עם [השבויים] היהודים ולקח אותם אתו והביאם אל מדינתו, והושיבם על
אדמתו, ונתן ליהודים במתנה פרות יפות מראה, והרשה להם לבנות בתים.[5] הערלים
התקנאו ביהודים ולא יכלו לשאת אותם, ובעת לוויית מת עשו למלווים מעשי רשעות
והשר דלבורג העמיד את אנשיו שילכו לפני היהודים ומוטות בידיהם להגן על היהודים
שלא יעשו להם מעשי רשעות, ודבר זה עשו כל השנים, עד שבעוונותינו הרבים נשרפה
וורמיישא.[6] עד אז ליוו משרתי דלבורג בחתונות את החתן והכלה והמנהג היה נהוג גם
כשלא היתה רשעות במקום.

מעשה ג
חסדי ה' כי לא תמנו נס שקרה בק"ק וורמיישא על ידי שני אורחים

זה קרה כשהם [הנוצרים] עברו עם צלמיהם דרך רחוב היהודים ואחד [יהודי] שפך
מהחלון מי שתן כי לא ידע שהם הולכים עם צלמיהם, ובכן הוא שפך השתן על הצלם.
תיכף הם אמרו שהיהודים עשו זאת כדי להכעיס, והיהודים עמדו בסכנה גדולה. הדבר
קרה לפני פסח, והם הכריזו שאם האיש [ששפך השתן] לא ימסור את עצמו הם יהרגו את
כל יהודי המקום. עם כל זה נתנו להם כמה ימים עד שביעי של פסח, אם יתייצב האדם
לא יגעו לרעה בשאר היהודים. אבל האיש לא מסר את עצמו ולא אבה להודות שעשה

---

3   מן המסופר כאן עולה שהליווי של נערי בית דלבורג שימש כמין משמר של כבוד, ומכאן אתה למד
    על חשיבותם של היהודים בעיני השרים, ועם זאת, מן הכתוב להלן יש לשער שתפקיד המלווים,
    משרתי בית דלבורג, היה גם לשמור על שלום היהודים בלכתם בתהלוכה, בעיקר במקום שמחוץ
    לרחוב היהודים, כגון בית הקברות.

4   חיילים גרמניים לחמו בצד הרומאים במלחמה נגד המרד הגדול; כן היו צלבנים גרמניים שהשתתפו
    במסעי הצלב, אשר לחמו יחד עם בני אומות שונות נגד הסלג'וקים, יוזפא אינו מפרש לאיזה אומות
    התכוון ר' אליה. ראה להלן, בהערה 5; והשווה: ש' איידלברג, 'קדמות היישוב היהודי בגרמניה'
    ידיעון האיגוד העולמי למדעי היהדות 17–18 (תשמ"א), עמ' 20–21.

5   יש כאן עירוב של אגדות שונות שיש בהן, אולי, גרעין היסטורי. אגדה ראשונה, שחיילים גרמנים
    שלחמו בצד הרומאים הביאו אתם לגרמניה שבויים ושבויות יהודים, והם היו ראשוני היהודים
    בארץ הריינוס. שנייה, הסיפור על מלך גרמני שניצול ממות על ידי יהודי בשם קלונימוס מלוקא
    שבאיטליה. מלך זה הוא שהביא את המתיישבים הראשונים לערי הריינוס כשכר על הצלתו.
    והאגדה השלישית היא בסיפורו של יוזפא שלפנינו (מעשה ב). ראה: S. Baron, *A Social and*
    Religious History of the Jews, 4, New York 1957, pp. 46, 117; וראה גם לעיל, במבוא לספר
    מעשה נסים.

6   מסתבר שהכוונה לשריפת וורמיישא בשנים 1688–1689, בעת המלחמה עם הצרפתים. יוזפא כבר
    לא היה אז בחיים, וזוהי, בודאי, תוספת של המעתיק או של המדפיס.

מעשה ב

מעשה הדלבורגר

בשנת שפ״ג [אני יוזפא] באתי לכאן ק״ק ווירמיישא ללמוד בה. באותו זמן שימש ברבנות בקהילה הגאון מוהר״ר אליה הזקן, קראו לו גם רבי אליה בעל שם. ממנו שמעתי שבווירמיישא נתקיימה קהילה מימי חורבן בית ראשון, והוא סיפר לי איך שקרה הדבר. אז גרו שם שרים בשם דלבורגר, הם היו שרים חשובים וקיעורים חשובים.[1] ואחד ממשפחת השרים [דלבורג] היה לו בן יפה תואר וחכם בהוויות העולם אשר יצא לבו ללכת לארצות רחוקות ללמוד לשונות רבות, ומאוד חפץ גם ללמוד לשון הישמעאלים. על כן נדד על פני מדינות רחוקות עד שהגיע לארץ-ישראל, לירושלים.[2] ולפני שהספיק ללמוד את שפת הארץ, אכל את כל כספו וחלה עד שהיה קרוב למות. הוא היה מוטל ברחוב וצעק בקול מר: 'דעו מי אני ומי אבי, אל תניחו לי לשכב ברחוב, כי אבי אדם חשוב ושר וגדול ממשפחה חשובה ושמה דלבורג. אבי עשיר ולו מדינה גדולה. מי שיעזור לי, יחזיר לו אבי כפליים, ומי יודע, גם אני בבוא הימים אהיה לשר וגדול ואז אוסיף עוד בעד העזרה'. הוא המשיך לצעוק מרה, אבל אין קול ואין עונה, איש לא הבין שפת דיבורו כי גרמנית דיבר, והלשון בירושלים לשון ישמעאל.

ובשוכבו כך [ברחוב] עבר עליו יהודי אשר ידע לשון אשכנז והבין את דבריו. היהודי מיהר, ותיכף ומיד הביא רופא אשר נתן לחולה רפואות, והכניס את הצעיר אל ביתו והשכיב אותו במיטה. היהודי גם שילם שכר הרופא והרפואות וגם כסף נתן לו כי האמין לדברי הזר. וכאשר נתרפא הבחור, נשאר בבית היהודי וגם נתן לו כל צרכיו עד שלמד לשון הישמעאלים.

הבחור דלבורגר כתב איגרת לאביו וסיפר לו כל הקורות אותו וכן כל הטוב שעשה עמו היהודי. האב שמח שמחה גדולה ותיכף ומיד שלח הרבה כסף לבנו, גם כדי שישלם את חובו ליהודי. הבן שילם ליהודי כפל כפליים ולבסוף חזר בשלום [לווירמיישא] אל ביתו.

אחרי מות האב עלה הבן לגדולה ונעשה איש חשוב וישב על כיסא אביו, וגם כתב את כל הקורות אותו בספר דברי הימים של משפחת דלבורג. כתב זה נשאר לזיכרון לבניו ולבני בניו למען ידעו מה שאירע לו בארץ הקדושה. כי כך גם דרך השרים והקיעורים לרשום בספר מיוחד את הקורות להם. וגם כתב שצאצאיו ייטיבו עם היהודים בכל הדורות. כי אלמלא עזרו היהודי, היה מת ברחוב נבזה ועירירי. וכל המעשה והצוואה נמצא כתוב בספר הזיכרון של שרי דלבורג עד היום הזה. ולפיכך נהוג המנהג

---

1 קיעורים (גם קיהורים וקיורים) — ראשי תיבות של תארים לשרים בגרמניה בימי הביניים המאוחרים, פירושם: Kaiserliche Herren und Ritterschaft כלומר, אדונים ואצילים של הקיסר. לקיעורים היו זכויות מיוחדות שניתנו להם מאת הקיסר, ותחת חסותם חיו יהודים ביישובים שונים. ראה: A. Eckstein, *Geschichte der Juden im ehemaligen Fürstbistum Bamberg*, Bamberg 1898, p. 64

2 ניתן לשער שכותב המעשה ידע על יהודים ונוצרים מגרמניה שעלו לארץ-ישראל בזמנים שונים בימי הביניים. ראה: מ׳ איש-שלום, מסעי נוצרים לארץ ישראל, תל-אביב תשכ״ו, עמ׳ 93 ואילך; א׳ יערי, אגרות ארץ ישראל, תל-אביב תש״ג; S. Eidelberg, *Jewish Life in Austria in the XVth Century*, Philadelphia 1962, pp. 100–104

המעשיות

מעשה א
למה באו מלפנים, גזירות רבות על יהודי ווֹרמיישא ומה היה חטאם

אני יוזפא שמש, כאשר הייתי בחור ולמדתי בישיבה בפולדא, שימש שם ברבנות הגאון הגדול ר׳ פנחס סגל, ששימש לפנים בבית הדין לערעורים [אפילאנט] בפראג, ומשם נלקח אחרי הרבנות של ק״ק פולדא ושם שימש אב בית דין ומורה צדק כמה שנים, ולעת זקנתו חזר למשרתו כאפילאנט בק״ק פראג.[1] והיה אדם חשוב ולא היה איש בקיא בתורה כמוהו, וידע כל הש״ס וגם פירוש אשרי ידע בעל פה ונפטר בשם טוב בק״ק פראג וקהל פראג הספידו אותו ואף התאבלו עליו שלושים יום, כמו שהתאבלו על משה רבנו עליו השלום.

ובשנת ש״ף [1620] עדיין הוא היה מתגורר בפולדא, אז למדתי גם אני בישיבתו. פעם נאספו חכמי הישיבה לשוחח על קורות הקהילות שבאשכנז ואז אמר הרב מוהר״ר פנחס סגל בזה הלשון: ׳אני שמעתי מרבי, מורנו הרב פאלק נשמתו עדן, אשר חיבר ספר סמ״ע [ספר מאירת עינים], שהטעם שפקדו את קהילת ווֹרמיישא וורמיישא גזירות יותר מאשר קהילות ומדינות אשכנז, לפי כי היהודים באו לק״ק ווֹרמיישא בעת חורבן בית ראשון ואיך שהם הגיעו לשם תקראו להלן. וכשעברו שבעים שנה של גלות בבל ועם ישראל נגאל והתיישבו בירושלים ובכל ארץ־ישראל, היהודים שישבו בווֹרמיישא לא עלו לארץ־ ישראל ונשארו בווֹרמיישא. ואנשי ירושלים כתבו אל יהודי ווֹרמיישא שיעזבו גם הם את הגלות ויתיישבו בארץ־ישראל, כדי שגם הם יעלו לרגל [לירושלים], כי אם יישארו בווֹרמיישא לא יוכלו לעלות לרגל, כי רחוקה היא הדרך [מווֹרמיישא] לירושלים. אבל הם לא שעו לדבריהם, והשיבו להם בזה הלשון: ״אתם גרים בירושלים רבתי ואנו גרים בירושלים זוטא״. כי היו חשובים בעיני השררה של ווֹרמייזא ונשאו חן בעיני הגויים, ועשירים היו, ולפיכך לא רצו בגאולה ולא רצו לצאת מן הגולה, ובעטיו של חטא זה נענשה קהילה קדושה ווֹרמיישא וגם קהילות ומדינות אחרות נענשו. וכל זה שמעתי [אני פנחס] מרבי מוהר״ר פאלק ז״ל הנ״ל׳.

---

1   על ר׳ פנחס סגל מפראג ראה: א׳ מוזלש, כתובות מבית העלמין היהודי העתיק בפראג, ירושלים תשמ״ח, עמ׳ 237–238. על התואר אפילאנט, ראה: ש׳ איידלברג, ׳מטבעות לשון בעברית של יהודי אשכנז בשלהי ימי הביניים׳, סיני ע (תשל״ב), עמ׳ רכה–רל. על קשרים בין הרב יהושע פאלק מלבוב עם חכמי פראג לא ידוע ממקום אחר.

ואגדות, וגם סיפורים שאמיתותם ידועה ממקורות אחרים, ובמעשיותיו נתערבבו דמיון
ומציאות זה בזה, והמחבר כאילו אינו מרגיש בכך. החיבור הזה מאיר את סוג הסיפורת
שהיה חביב בימים ההם על היהודי הפשוט, והוא גם מעיד על רמת תרבותו. ולהכרת
אורחות החיים של קהילת ורמיישא בשלהי ימי הביניים טרם יוזפא תרומה נאה ורבת
חשיבות. המאה הי״ז היתה המאה האחרונה שיהודי הקהילה בגרמניה, ברובה הגדול,
עדיין החזיקו באורח החיים שהחזיקו בו אבותיהם. במאה הי״ח, תקופת היציאה מן
הגיטו, נתגלו בקיעים ביהדות הזאת; החיים באירופה נשתנו ובמשטר החיים המסורתיים
ניכרים סימני התרופפות. כל זה לא פסח גם על קהילות כמו ורמיישא, אבל המאה הי״ח
בגרמניה איננה עניין לדיוננו כאן.

מעיר שר' משה ראובן נהנה בראותו שר' לייזר קצרה ידו מלהשלים את המחזה. הוא בא אל הבית וביטא שם, ואז קטנה דמותו של יואב וכולו נכנס לקנקן, וסופו שנעלם לגמרי, והקנקן והחדר חזרו למידתם. כולם שמחו על המעשה שכך נסתיים, ועל עצמם שיצאו שלמים מן ההעלאה באוב.

ר' לייזר ידע גם לעשות במופתיו ולהביא מלאכים שיופיעו בצלוחית מים, ועל פי בקשתו יראו מתוכה מקומות של חפצים אבודים שבעליהם חיפשו אחריהם, וגם יודיעו איפה טמנו גנבים את שללם. פעם אחת נכשל ר' לייזר. הוא השביע מלאכים שימלאו בקשה מסוימת, אבל הפעם לא הצליח ר' לייזר במעשהו, ודבר לא עלה בתוך הצלוחית. הוא רגז על כך, ובכעסו השליך את הצלוחית לתוך בית הכיסא. ושוב קרה שהשמות לא פעלו ובקשתו של ר' לייזר לא נתקבלה. מרוב עגמת הנפש על כוחו בשמות שתש וכמעט סר ממנו לגמרי, חלה ר' לייזר ונפטר מן העולם.[42]

משתי מעשיות ניתן ללמוד גם על מצבם של בני דלת העם, אשר יוזפא מספר עליהם בקיצור ובשפה רפה. מעשה יח הוא מעשה באישה יהודייה שהרתה וילדה תאומים בחדר ההקדש. מי היתה האישה הזאת? מאין באה? האם היתה מענייי הקהילה או מן הנודדים? על כך אין בסיפור דבר.[43] והנה מת אחד התאומים, וכמנהג המקום קברו אותו בלא כבוד, בקצה בית הקברות, בחפירה שטחית בלבד. הגופה נתגלתה, ומכאן נתגלגלו הדברים לידי עלילת דם, וכמעט שנתגרשה פורענות על הקהילה.

מעשה כ, מעשה באחד מענייי הקהילה, שמרוב עניו לא יכול לשלם את המסים לקהילה היהודית, וחשב לעבור לגור באחד מכפרי הסביבה, אולי יתקיים בו משנה מקום משנה מזל. גם הקהילה ביקשה להפטר ממי שאין בכוחו לשלם את מסיו, ואפילו כינוי הדביקו לאיש: 'שלים מזל' (ביש גדא), וגם בדברי יוזפא ניכר לעג לעני. לבסוף לא עזב האיש את הקהילה שהיה רגיל בה, אף שהיו שם אנשים בעלי שנאה וקינאה.

שלושה מתוך עשרים וארבעה סיפורי המעשיות, הם סיפורי עגבים. יוזפא שמע עליהם וסבר שיהיה בהם עניין לקוראיו וסבר שיהיה בהם, אבל הביאם בחיפוי של מסתורין וכישוף וקסמים, להרחיק הטלת דופי במי שמעורבים בהם, שהרי מכוח הכישוף עשו מה שעשו. ואף על פי כן נענשו, אבל סופם שהתחרטו על מעשיהם וחזרו בתשובה שלמה. מבעד למעטה הכישוף ואמונות ההבל, ניכרים בסיפורים האלה יסודות של ריאליה. הם משקפים נאמנה הן את עוינות הסביבה הגויית, והן את ההיכרות הקרובה שבין היהודים ובין שכניהם הנוצרים.

לסיכום נשוב ונאמר שהספר 'מעשה נסים' הוא חיבור מגוון, יש בו מעשי פלא

---

42 על מציאת גנבים בעזרת השבעת שמות תמצא גם במעשים שעשה ר' יודא חסיד. ראה: מייטליס, שם, עמ' 119. מעניינת השאלה בספר 'נחלת שבעה לר' שמואל בר' דוד הלוי' (בן דורו הצעיר של יוזפא), שאלה עו (בחלק השו"ת שבספר): 'על מה שרבים מן ההמון נוהגים כשנעשה להם גנבה שואלין למכשפים'. לפי התשובה אין איסור לדבר, ואין כאן מקום להאריך בזה. והשווה י"י יובל, חכמים בדורם, ירושלים תשמ"ט, עמ' 88.

43 בכתב־יד וורמייישא, עמ' 157 מזכיר יוזפא את 'ענייי עירנו', זאת אומרת ענייי וורמיישא וכן ראה בכתב יד אוקספורד, עמ' 81ב. בנוסח וורמייישא, עמ' 160 מוסר יוזפא על קרן הנדיב ר' טרייטלין שתרם אלפיים זהובים. בצוואתו ביקש להשקיע את הכסף בעסקי הלוואות, ואת הרווח לחלק בין ענייי הקהילות — וורמייישא, פרנקפורט ופרידברג.

אצלו. ולאחר מכן עלה הרמב״ן בידיעותיו ובחכמת הנסתר והתפרסם כמקובל
גדול ואף כתב ספרי קבלה שנפוצו בכל הארץ.[40]

אגדה זאת בנוסח אחר, משונה ורבת דמיון אף מסיפורו של יוזפא, מצויה בספר ׳שלשלת
הקבלה׳. בין בעלי השם שעשו מופתים, יוזפא מזכיר, נוסף על ר׳ אלעזר בעל הרוקח
אשר נתחבב ונתכבד עליו, גם את ר׳ גדליה עושה נפלאות שגר בוורמיישא, אשר ר׳
ליווא קירכהיים העיד עליו שהיה חכם גדול בדורו, ובהתנפלות פורעים על יהודי
וורמיישא ערב הגירוש בשנת שע״ד, עשה בשמות ׳שהיה הרחוב היהודים מלא בעלי
מלחמות והלכו עם שריונים ועם כל כלי מלחמתם וראים השונאים אותם על החומה
ונפל פחד עליהם׳.

במעשה ב מזכיר יוזפא את מורו בוורמיישא, הרב וראש הישיבה ר׳ אליה לואנץ,
אשר עם למדנותו המופלגת היה נם בעל שם. במעשה יט מספר יוזפא על בעלי שם
שפעלו בוורמיישא ולא היו ידועים כל כך. הם לא הגיעו למדרגתו של ר׳ אלעזר בעל
הרוקח שעשה מופת והיתה לו קפיצת הדרך מגרמניה לספרד, ובעזרת שם הרג שר גדול;
ולא למדרגתו של ר׳ גדליה שעשה מעשה נסים והביא שם גדול של דמויות־חיילים מזויינים
שהפחידו את הפורעים בוורמיישא.[41] בעלי המופת הפחות ידועים, מעשיהם מזכירים
את סיפור הגולם. כנראה שמע יוזפא אגדות שנפוצו בעם על בעלי שם שיצרו דמויות של
אנשי מידות, בעלי גבורה, אשר שימשו את יוצריהם בשעת הצורך, אבל גם המרו את
פיהם, עד שהיה צורך להפקיע מהם את הכוח שניתן להם על ידי השמות.

במעשה יט יוזפא מספר על שני בעלי שם שגרו בוורמיישא (כדרכו לא ציין את
זמנם). האחד, ר׳ לייזר ממשפחת אולמא (אולם), ועל ביתו היה תלוי שלט של דוב
שחור. אביו היה הפרנס הידוע, ר׳ יעקב ווינשטיין. והשני הוא ר׳ משה ראובן בן
שהתגורר בבית מאחורי בית הכנסת, ושלט של מראה היה תלוי על דלתו. פעם אחת ישב ר׳
לייזר עם בחורים מן הישיבה והיטיבו לבם בסעודה שלישית, ובבוא הלילה זחה עליהם
דעתם של הבחורים וביקשו מר׳ לייזר שישעשע אותם במעשה מופת. הוא ביקש שיביאו
לו קנקן חדש בלא מכסה. הבחורים מילאו את רצונו והביאו קנקן גדול. אז השביע ר׳
לייזר את הקנקן בשם שיעלה את יואב בן צרויה, שר צבאו, ׳יעניראל׳ (גנרל), של דוד
המלך, וכך היה: הקנקן התרחב עוד ועוד עד שכל גופו של יואב עלה ממנו ועמד בחדר
שגם הוא, במעשה המופת, התרחב עוד; ושר צבאו של דוד, גדול ומאים, התחיל
להתהלך בחדר הרועד מעוצמת פסיעותיו. הבחורים נבהלו, פחד נפל עליהם, והם ביקשו
מר׳ לייזר שיסלק את היעניראל מן החדר. ר׳ לייזר אמר שם והדמות אמנם נכנסה אל תוך
הקנקן, אבל עמדה בתוכו ולא רצתה להעלם בו ולהסתלק. אז נפלה אימה גם על ר׳ לייזר
עצמו, שמא יזיק יואב המסרב להעלם את הבית ואת אנשיו. ור׳ לייזר שלח אל ר׳ משה
ראובן וביקשו שיבוא לעזרתו בעשיית שמות שיוכלו לסלק את יואב מן החדר. יוזפא

40   השווה מה שצוין בהערות למעשה ז, וכן ראה מ״י קאמעלהאר, רבינו אלעזר מגרמישא, רישא
      תר״ץ, עמ׳ מג–מה.

41   ראה תרגום מעשה ט וכן הערות שם, והשווה למסופר בספר המנהגים לר׳ ליווא קירכהיים (כתב
      יד), קנד ע״א.

שהיה לפנים מקום הישיבה שלמד בה רש"י בהיותו אברך. בניין זה שימש בימי הביניים המאוחרים בית הקדש, מקום לחולים ולעניים.

ללקט המעשיות על חכמי ישראל שחיו בוורמיישא בימי הביניים שייך גם הסיפור הקצר, סיפור ח. המעשה באמו של ר' יודא חסיד שנבקעה לה הקיר והיא באה בו וניצלה מידי דורסים,[37] גם מעשה ו ומעשה ז שייכים לאותה אסופה. הסיפורים האלה עוסקים בתלמיד חכם ומקובל ידוע מימי הביניים, הוא ר' אלעזר מגרמייזא, מחבר ספר 'רקח', הנקרא גם על שם ספרו, ר' אלעזר בעל הרקח.

ר' אלעזר גר בוורמיישא בשנים 1238–1201. ועוד לפני שהתיישב בה נודע בין יהודי גרמניה כגדול בתורה ובקבלה. מסתבר ששימש שם ברבנות והקים ישיבה. ר' אלעזר נפטר בשנת 1238 ונקבר בוורמיישא. במעשה ו, מעשה הרוקח מוורמיישא, פותח יוזפא בדברי שבח ותהילה לאישיותו של בעל הרוקח ולגדלותו בתורה ובקבלה. יוזפא אינו מזכיר מתי בא ר' אלעזר לוורמיישא ומהיכן בא. מדבריו עולה שהוא ישב שם כל ימיו. נראה שעיקר כוונתו של יוזפא לספר את הפורענות שעברה על ר' אלעזר, שאשתו וילדיו נרצחו בידי סטודנטים פורעים בוורמיישא. גם ר' אלעזר עצמו נפצע בשכמו. הסיפור נמצא בשתי נוסחאות, ודיון מפורט בשאלת מקורותיו ההיסטוריים ואמינותם, נמצא בספרו של צ' גרץ.[38]

מעשה ז, עוד מעשה ברוקח מוורמיישא, ואינו דומה מעשה ז למעשה ו. מעשה ו נשען על יסוד היסטורי, אף כי זמנו ומקומו לא נתבררו כל צורכם. ואילו מעשה ז יסודו בדמיון וכולו אגדה. עם זאת ביקש יוזפא להשתמש במעשייה לרומם את וורמיישא ואת יהודי גרמניה ובעיקר לפאר את שמו של ר' אלעזר מוורמיישא, החכם והמקובל הגדול, שהוא עולה בחכמת הנסתר על רבנו משה בן נחמן הספרדי (הרמב"ן). יוזפא מספר:

רצתה ההשגחה שגם הרמב"ן יתעמק בתורת הקבלה וילמד אותה מפי בעל הרוקח, ונעשה נס וההכח ניתן לר' אלעזר להשביע ענן שיקחהו ויעוף עמו בקפיצת הדרך מוורמיישא לשפניה [ספרד], להיפגש עם הרמב"ן[39] וישפיע עליו [על הרמב"ן] ללמוד תורת הקבלה. וכך, בפלאות פלאות שעשה ר' אלעזר בעירו של הרמב"ן, קיבל עליו הרמב"ן את סמכותו של ר' אלעזר המקובל והסכים ללמוד

37 אם כי בשולי סיפור ח נזכר שהמעשה נמצא ב'שלשלת הקבלה', הרי יש כאן טעות. על פי גדליה אבן יחיא (ירושלים תשכ"ב, עמ' קכג) לא לאמו של ר' יודא חסיד נעשה הנס, אלא לר' יודא עצמו. קרון לחצו לקיר, 'ונעשה לו נס ופתחה הקיר את פיו וקבלהו בתוכו וניצל'. וספק אם באמת בר' יודא חסיד ובאמו היה המעשה, שהרי לא ידוע לנו שהם גרו בוורמיישא.

38 ראה: א"א הרכבי, חדשים גם ישנים, נספח לדברי ימי ישראל, לצ' גרץ, ד (תרגם ש"פ ראבינאוויץ), ורשה 1916, בסוף הכרך, עמ' 43.

39 על קדמות 'קפיצת הדרך' בקבלה, ראה: ג' שלום, 'מן קבלות ר' יעקב ור' יצחק בני יעקב הכהן' מדעי היהדות, ב, ירושלים תרפ"ז, עמ' 254. על 'קפיצת הדרך' בכוח השמות נמצא גם בספר השבחים לר' שמואל ורבי יודא חסיד, ראה מייטליס, עמ' 123. על הכינויים 'בעלי שמות' ו'בעלי השם', ראה ג' שלום, שם. וראה: ל' גינצברג, האנציקלופדיה היהודית, ב (אנגלית), ניו יורק 1902, עמ' 383, ערך 'בעל-שם'.

באה האמרה שלושה אנשים וראש סוס אחד׳ (מעשה יז). מעשה ברש״י שגר בוורמיישא
והקים שם בית מדרש, והיה לו בית כנסת משלו ובו ארון קודש, כי לא הלך להתפלל
בבית הכנסת של הקהילה. בשמחת תורה היו בחורי הישיבה באים להתענג ולשמוח שם,
וכולם חלקו לו כבוד. פעם בא הדוכס מלוטרינגן, גודפריד מבוין לשאול את פיו מה
תהא אחריתו במלחמת הצלבנים עם הסלג׳וקים (יוזפא מכנה אותם טורקים), היעלה
בידו להשמיד את אויבי הנצרות ולכבוש את ארץ הקודש. הדוכס בא בפמליה של שרים
וקצינים, אבל רש״י לא נבהל מפניהם ואמר להם שאף כי ינצחו במלחמה, יכבשו
כיבושים וישללו שלל, נצחונם לא יארך. הטורקים יתחזקו ויגרשו את הצלבנים וישמידו
את צבאם, והוא, הדוכס גודפריד, יחזור לוורמיישא עם שלושה פרשים וראש סוס בידם.
אכן מר היה סופו של גודפריד, צבאותיו הוכו ונסוגו והוא עצמו חזר לוורמיישא. כך
יוזפא מספר, ואין הוא יודע שבעת ההיא ישב רש״י בטרוייש. גם אין יודע שגודפריד מת
שלוש שנים לפני פטירתו של רש״י. יוזפא ביקש לספר שגודפריד המנוצח חזר
לוורמיישא, להגיד לרש״י שנבואתו על מפלתו נתקיימה, אבל הוא מצא את רש״י מת,
מונח בארון.

הסיפור הזה על גודפריד מבוין לא כולו בדיה, גם אמת היסטורית יש בו. גודפריד
היה מראשי האבירים שיצאו למסע הצלב הראשון, ונחל גם נצחונות גם מפלות. הוא
עבר בערי הריינוס בדרכו לארץ הקודש, ולמרות בקשתו של הקיסר היינריך הרביעי,
שלא יפגע ביהודים, שטפו גייסותיו את ערי הריינוס, שדדו והרגו והטביעו את הקהילות
היהודיות שעל גדות הריינוס בנחלי דם.

בכרוניקה היהודית על מסעי הצלב מסופר שגודפריד קיבל ממון רב מיהודי הריינוס,
כופר נפשם, אבל הוא בגד בהם ולא עצר בעד גייסותיו.[34] על פי גרסה אחרת של האגדה
נפגש גודפריד עם רש״י בטרוייש.[35] ואפשר שיסודה של הגרסה הזאת בכך שהצלבנים
הצרפתים שעברו במקומות קרובים למקומו של רש״י, לא פגעו בטרוייש ובסביבותיה.
נראה שהשוחד שקיבלו מיהודי צרפת הוא שעיכב בעדם. כאמור, גודפריד קיבל ממון
מיהודי צפון צרפת. וזהו, כנראה, יסוד השמועה שגודפריד נפגש עם ראשי הקהילות;
ואף שאין לכך מקור היסטורי, הדבר מתקבל על הדעת. אולי חשבו שגם רש״י היה בין
מנהיגי היהודים שכאילו נפגשו עם גודפריד.

בסיפור הזה טעה יוזפא באמרו שכבר בחיי רש״י היה קיים בוורמיישא בית מדרש על
שמו. הנכון הוא שבית המדרש הידוע על שמו של רש״י נבנה בשנת 1620. הגביר הפרנס
ר׳ דוד יהושע אופנהיים בנאו,[36] ואפשר שנשלמה מלאכתו בשנת בואו של יוזפא
לוורמיישא, שנת 1623. אמנם בוורמיישא הצביעו על בניין סמוך לבית הכנסת הגדול,

---

נוספו, אגדות רבות ונפוצו בישראל — עם האחרונים שאספו אגדות של רש״י וכתבו עליהן, נמנים:
י׳ אבינרי, היכל רש״י, תל־אביב 1940, עמ׳ כז–כט; י״ל מימון, ספר רש״י, ירושלים תשט״ז, עמ׳
כד ואילך; י׳ ברגר, ׳רש״י באגדת העם׳, בתוך: רש״י תורתו ואישיותו, ניו־יורק תשי״ח, עמ׳
147–149.

34   ראה: א״מ הברמן (לעיל, הערה 21), עמ׳ כו–כז.
35   ראה בסיפורים הנזכרים באוסף האגדות שבהערה 33 לעיל.
36   הדבר מתברר מספר מעשים נסים, סוף מעשה ט.

מעשה ה אף הוא שב ומעמידנו על יחסו של יוזפא לעירונים של וורמיישא. זה סיפור
על ראש עיר בוורמיישא, שכמה מיהודי הקהילה היו ידידיו. ראש העיר הזה היה לו בן
סורר שהיה מתעלל ביהודים. וכאשר פגש יהודים היה מחרף ומגדף אותם ואף מיידה
בהם אבנים ומעודד את חבריו לעשות כמעשיו. כאשר הגיעו הדברים אל אביו, ציווה את
מנהל בית הספר להעניש את בנו, ואפילו להלקותו על רוע מעלליו. הבן ביקש לנקום
ביהודים, אבל סופו שהתחרט ונהפך להם מאויב לאוהב.

וכך נהגו גם חברי מועצת העיר ביהודים, והצילום אפילו מעלילות דם שהעלילו
עליהם גויים מבני עם הארץ. הם קיבלו מן היהודים עדויות שהזימו את העלילה וניקום
מכל אשמה, כמסופר במעשה טז ובמעשה יח, וכן במעשה יא, סיפור על שני גויים
ששדדו חלפן יהודי וגם זממו להרגו, אבל היהודי ניצל בעזרתם של חברי מועצת העיר
וחזר לביתו בשלום. ראש העיר ציווה להעניש את שני השודדים ואף שלח שוטרים
לאסור אותם, אבל הם לא נמצאו.

על עזרה שעזרו גויים עירוניים ליהודים במצוקה, עולה גם מסיפורי העגבים ד וכב,
שעניינם מקרים חריגים, לא טהורים, שקרו אז ברחוב היהודי. בצד עיקר המעשה הוא גם
מזכיר ששכנים נוצרים באו לעזרת משפחות יהודיות להצילן מידי ריקים ופוחזים,
וסטודנטים נודדים, שביקשו לפתות בנות ישראל לזימה. אמנם אפילו בשנים שנחשבו
שקטות יחסית, בלא מאורעות ובלא גזירות על ציבור, היו התנפליות על יהודים בודדים
בניסיון לגזול את כספם, והיו גם מקרים של רצח יהודים בשל יהדותם. כגון מעשה כג,
המספר על חתן וכלה שנהרגו ביום חופתם, ואיש מן המשתתפים בשמחה לא הרגיש
בדבר. הרוצחים תחבו את הגופות בחבית והסתירו אותם בפינה במרתף הבית.

המעשיות האלה, העוסקות בגויים, שכני היהודים, מפרטיהן הנראים שוליים ובעלי
חשיבות משנית, אתה לומד על הווי החיים ועל המציאות באותם הימים, והוא הדין בכל
המעשיות כולן. עוד אסופת סיפורים היא האסופה על חכמי ישראל וגדוליו, שהיו
קשורים עם קהילת וורמיישא. ובבוא יוזפא לספר על חבורת החכמים התחיל בר' שלמה
יצחקי (רש"י), אשר היה תלמיד בישיבת וורמיישא, ולאחר שישב שנים לפני רבותיו
שם, חזר לעיר טרוייש; אבל יוזפא רואה בו תושב של קבע בוורמיישא, ועליו הוא מספר
ב'מעשה נסים', מעשה יז. אין יוזפא מדבר בשבחו של רש"י כגדול בתורה ובפרשנות
דווקא, אלא בשבחו של רש"י היודע להגיד עתידות. ולא בין היהודים לבדם הוא
מפורסם, אלא גם בין חשובי הגויים. הסיפור, כמעט במלואו, לקוח מספר 'שלשלת
הקבלה' לר' גדליה איבן יחייא, דפוס צילום ירושלים תשכ"ב, עמ' קיב–קיג.

הסיפור הזה קסם ליוזפא, ואף על פי שבזמנו כבר אפשר היה לדעת שאין 'שלשלת
הקבלה' מקור אמין כל-כך ורבה בו הערבוביה, ובכלל זה גם הסיפור על רש"י, העתיק
יוזפא את רוב הסיפור על רש"י מ'שלשלת הקבלה' והעבירו לוורמיישא, מבלי שבירר
את מקורותיו.[33] יוזפא התאים את הסיפור לטעמו ואף שם נתן לו: 'מעשה ברש"י ומניין

השתתפו גם העירונים השתתפות פעילה בפרעות יחד עם בעלי המלאכה והמון העם. ראה על כך:
H. Graetz, *Geschichte*, 10, 31 ff.; וכן ראה מעשה ט וב'מנהגים', כתב יד וורמיישא, עמ' 23.
33 רבות הן האגדות המובאות על רש"י, נוסף על הסיפור בספר 'שלשלת הקבלה'. במשך הדורות

ובעלי המלאכה, ואליהם חברו אנשים מופקרים, חסרי מעמד; ומשנגזרה גזירה קשה, היו ההמונים ראשוני המתנפלים על היהודים. ואולם נמצאו מי שהגנו על היהודים, בהם ראשי העיר וחברי מועצתה, הבישוף ושרים, דוגמת שרי משפחת דלבורג.

בסיפוריו של יוזפא באה ראייה זו שלו לידי ביטוי. כבר במעשים א ו־ב הוא מספר שהיהודים הגיעו לוורמיישא בעזרת שרי העיר, והיו רצויים להם, והשרים אף חסו עליהם בעת צרה.

סיפור היסטורי ידוע מימי מסע הצלב הראשון בשנת 1096 וגזירות תתנ״ו, תמצא את הדיו במעשה (כג) [כד], שעניינו הרעה הגדולה שבאה על קהילות הריינוס בכלל, ועל יהודי וורמיישא בפרט.

בכרוניקה שהעתיק יוזפא והביאה ב׳מעשה נסים׳, נמצא מסופר שמקצת היהודים ברחו אז מפני הצלבנים אל ארמון ההגמון, אך לבסוף גברו הצלבנים על שומרי הארמון והרגו את היהודים. כאמור לעיל יוזפא לא כתב את הכרוניקה, ורק העתיקה מרשומות שנמצאו בוורמיישא, אבל ברור שהכותב היה בדעתו לספר שההגמון ניסה להציל יהודים מתגרת ידם של האויבים שבאו להרגם, ואולם רשעים אלה גם על ההגמון גברו.

מעשה י — סיפור הפורענות שנתרגשה ובאה על היהודים בימי המגפה השחורה בשנת ק״ט (1349). בסיפור זה נתערבב לו ליוזפא סדר המאורעות. חלק מן המעשה הוא נוסח של סיפור שאינו ידוע ממקור אחר; והוא, שבשעה הרת אסון וסכנה נמצאו בוורמיישא עירונים שהחביאו יהודים בבתיהם להצילם מהמון העם, שהיו, לדברי יוזפא, מראשי הפורעים בזמן המגפה השחורה, וגם על ראשי העיר נפל פחדם עד שהוציאו משפט מוות על יהודי וורמיישא. יוזפא מספר שבעת ההיא היה בוורמיישא כומר אחד אשר הסתיר בכנסייה יהודי, מכרו ומיודעו, אורח חשוב ולמדן, שנזדמן במקרה לעיר, ובחכמתו הציל יהודי יהודים אחרים ממות. והואיל וכבר נודע שקהילת וורמיישא נשמדה ברובה בפרעות בשנת ק״ט, מביא יוזפא אגדה על אווזה מכושפת, שכישפוה רשעים מאנשי העיר,[31] ובכוח הכישוף ידעה היכן מסתתרים יהודים, והיתה עפה על גגות בתיהם של הנוצרים אשר הסתירו יהודים, ומצווחת בקול משונה. על פי הקול הזה ידעו הצוררים שבבית נמצאים יהודים. ונדמה כי הוא מנסה להטיל את האשם לא בעירונים שמסרו את היהודים להריגה, כי אם באווזה המכושפת, המרושעת.

גם מעשה ט שעניינו גירוש וורמיישא בשנת שע״ה (1615), מסמיך את סיפור הגזירות לסיפור על יחסם של הגויים אל היהודים בשעה קשה. אמנם במעשה הגירוש עצמו השתתפו גם עירונים, אבל לדעתו רוב המשתתפים בו היו נחותי דרגה.[32]

המצילים המיטיבים והמגינים היו הקיסר מאטיאס והדוכסים והגראפים מן הסביבה. הם נתנו מקלט ליהודי פרנקפורט וליהודי וורמיישא שגורשו על לא עוול בכפם, והחזירום לבתיהם בכבוד ובשמחה.

31 בכרוניקה של שלמה בר׳ שמשון על מסע הצלב הראשון, מסופר על גויה שבאה למגנצא והביאה עמה אווזה, והאווזה הלכה עמה בדרך שהלכו הצלבנים והבינה את דברי הגויה. ראה: ב״צ דינור, ישראל בגולה, כרך ב, ספר א, ירושלים תשכ״ח, עמ׳ 16.

32 הפרעות ביהודי פרנקפורט בשנים 1614–1615, בימי מרד הפועלים בהנהגתו של פטמילך, היו בעיקרן נגד המלכות והעירונים, משם התפשטו הפרעות בערי הסביבה ובעיקר בוורמיישא, ושם

מכאן ואילך אין קשר כרונולוגי ועניני של ממש בין המעשיות, וסידרן הוא סדר של
אין מוקדם ומאוחר. ואולם אף שחסר הרצף במעשיות גופן, אפשר לחלק אותן לפי
עניינים שיש בהם סמיכות דברים, ולסדרן באסופות על פי עיקר עניינן. כגון הסיפורים
הזורעים אור על היחסים עם הסביבה הנוכרית. בעיה זו של היחסים עם הגויים עוברת
כחוט השני בכל הספרות הדנה בקורות ימי הביניים, וגם בספרות הרבנית שכתבו חכמי
גרמניה בתקופתו של יוזפא נמצאים רמזים ברורים ליחסים האלה.

מסתבר שבשערי הריינוס במאה הי״ז עסקו היהודים בכל מיני פרקמטיה וגם בחקלאות
ובמלאכה. עסקי כספים, כגון הלוואות ממון, ירדו בגלל הריבית הנמוכה שהיתה
מקובלת אז, והרווח מן המסחר והרוכלות עלה בהרבה על הריבית מן הלוואות. על אלה
נוספה גם הסכנה שבהלוואות כספים לנוכרים. על פי העולה מרשימותיו, לא הירבה
יוזפא עצמו לבוא במגע עם הגויים. עסקי מסחר ומלאכה לא היו לו, ואת ענייני הקהילה
וקשריהם עם הרשות ניהלו הפרנסים אשר באותם הימים היו תקיפים וכוחם רב.

אחרי מלחמת שלושים השנה התפתחו קשרי מסחר מניחים את הדעת בין הסוחרים
היהודים ובין הסוחרים בוורמיישא ובסביבתה.[28] ואמנם היתה תחרות מחירים בין
הסוחרים היהודים ובין הנוצרים, בעיקר בענף הבגדים והתכשיטים, והעירונים קנו
ברצון אצל יהודים שמכרו בזול.[29]

יהודים סחרו גם בסוסים ובשאר בהמות עם איכרים ובעלי מלאכה נוצרים. הדבר
משתקף יפה בספרות של המאה הי״ז. אבל נראה שהיתה ליוזפא השקפה משלו בשאלת
היחס לנוצרים, והיא ברורה ומקפת, ויש לה הד בכמה סיפורים שיוזפא מספרם
בניחותא. יוזפא הכיר שאין היהודים אלא מיעוט זר בגלות, ובמצב שכזה עליהם לקבל
דינא דמלכותא, ולקיים מה שגזרה המלכות. הוא מזכיר כלאחר יד ימי חגאות ותהלוכות
של נוצרים שבהם נאסרה הכניסה לרחוב היהודים והיציאה ממנו. ועליהם נוספו שעות
קבועות שבהן פותחים וסוגרים את שערי רחוב היהודים המוליכים אל רחוב הנוצרים.
אבל לא תמצא אצלו סימן של קובלנא או של תרעומת; אלה היו חוקים שאין לערער
עליהם. עם זאת הוא מספר על יחסים נוחים שנרקמו בין יהודים ובין נוצרים, לרוב בין
ראשי הקהל, סוחרים עשירים ופרנסים, בינם ובין הגמונים ושרים, ובעיקר חברי מועצת
העיר וראשה.[30] אמנם הזכיר גם קשרים עם שכנים מן המעמד הנמוך, לרוב עם מי שגרו
בסמוך לרובע היהודי. לדעת יוזפא היו פורענויות יוצאות לרוב מן הפועלים הפשוטים

28		נביא כאן סימנים ממספר שו״ת הדנות בענייני שכנים נוצרים במאה הי״ז באשכנז. דוגמה מתאימה
		היא דברי חכמים שפעלו בוורמיישא ובסביבה בתקופתו של ר׳ יוזפא שמש או סמוך לה. שו״ת חוות
		יאיר לר׳ חיים בכרך, (דפוס צילום ניו יורק, ללא שנת ההדפסה) סימן א ובו תשובה מר׳ מאיר שטרן,
		שהיה רב בפולדא, לר׳ יאיר חיים בכרך בענייני משא ומתן עם ערלים. מן הדברים עולה שאין איסור
		בכך, והבעיה איננה דתית אלא ביטחונית, שמא יהרוג הערל את היהודי או יאנוס את היהודייה
		הבאים אל ביתו בענייני מסחר. התשובה (סימן קלו ב׳חוות יאיר׳), מעניינת ומשקפת את הקשרים
		בין רבה של מנהיים, גיסו של ר׳ יאיר חיים בכרך, לבין הדוכס קארל לודוויג שהיה מופלג בחכמה,
		שהיו משתעשעים בדברי חכמה. דברים על יחסים לסביבה הנוצרית ראה גם בספר ׳יוסף אומץ׳ לר׳
		יוסף יוזפא האן נוירלינגן, פראנקפורט ע״נ מיין תרפ״ח, עמ׳ 257—260.

29		ראה: אײדלברג, יוזפא, עמ׳ 11.

30		ראה ספר מעשה נסים, מעשיות ה,ט,יא.

שנלחמו בהם הרומאים בזמן המרד הגדול, והוא שהביא יהודים מירושלים לוורמיישא.
השר הזה עזר ליהודים וגם הושיב אותם על אדמתם של שרי דלבורג ונתן להם בהמות
במתנה. הם עסקו שם בחקלאות והתפרנסו בכבוד.[25] כאשר התגרו בהם שכנים רעים
העמיד השר דלבורג חיילים לשמור על היהודים. המשמר היה כמין משמר של כבוד,
ללוות יהודים לחתונות וגם ללוויות.

מעשה יב אף הוא מצטרף אל הסיפורים על קדמות היישוב היהודי, והוא מעשה בבית
הקברות שבוורמייישא. יוזפא מספר שבחודש תמוז תכ"ב הרסו בפקודת מועצת העיר
וורמייישא חלק מחומת בית הקברות היהודי, ובין אבניה מצאו אבן ועליה חקוק: 'איש
בחטאו מת'. והעולה מכאן, לדבריו, שלפנים דנו בוורמיישא דיני נפשות, והאבן היא
חלק ממצבה שנשברה במרוצת הזמן.[26] יוזפא ידע גם להוסיף שבוודאי דנו דין מוות
ברשות חכמים ועל פיהם. ועוד הוא מספר שהיו מראים על מקום בקצה בית הקברות,
הוא בית הסקילה, שהיו סוקלים שם את הנידונים למוות.[27]

25   בדבריו של יוזפא נשמע הד קלוש לסיפור האגדה הידוע על יהודי בשם קלונימוס, שהציל את אחד
המלכים הגרמניים ממוות באחת המלחמות, ולאות הוקרה על ההצלה ניתנו ליהודים זכויות
להתיישב על אדמת גרמניה. כן אפשר שהגיעו ליוזפא על הבישוף רודיגר שנתן זכויות
ליהודי עירו, שפיירא, בשנת 1084, וכן על זכויות הקיסר היינריך משנת 1090, ויוזפא ערבב את
הדברים ועשאם סיפור משלו. ראה: ש' איידלברג, תשובות רבנו גרשום מאור הגולה, ניו יורק
תשט"ז, עמ' 7—10, וכן השווה: א' גרוסמן, חכמי אשכנז הראשונים — קורותיהם, דרכם בהנהגת
הציבור, יצירתם הרוחנית מראשית יישובם ועד לגזירות תתנ"ו (1096)², ירושלים תשמ"ט, עמ' 10,
35—39.

26   טעויות בקריאה נכונה של תאריכים על שברי מצבות עתיקות, הביאו לשיבושי תאריכים עד כדי
גוזמא, וכן הם עברו מדור לדור. ראה על כך ליקוטי מהרי"ל (ר' יעקב הלוי מולין), בסוף ספר מנהגי
מהרי"ל, למברג 1860, עמ' קיז. עד היום יש המחזיקים בתאריכים שקשה להסתמך עליהם. וראה מ'
מנהיימר (לעיל, הערה 24), עמ' 5. וכן ראה גרמניה יודאיקה, א, עמ' XVII, 174—175.

27   תמוה הדבר שיוזפא סבר ובוודאי גם שמע שדנו דיני נפשות בוורמיישא הקדומה, כי במסכת
סנהדרין, מא ע"ב, נאמר שארבעים שנה לפני חורבן בית שני גלתה הסנהדרין ולא דנו דיני נפשות.
על דברי יוזפא ודברים קודמים שנזכר בהם שדנו דיני נפשות בימי הביניים (חוץ מאשר ספרד, שזה
עניין לעצמו), כותב פרופ' שמחה אסף שאינם אלא דברי אגדה. ראה: הנ"ל, העונשין אחרי חתימת
התלמוד, ירושלים תרפ"ב, עמ' 59. וראה על העניין הזה: M. Schloessinger, The Ritual of Eldad
‏;‎Ha-Dani, New York 1908, pp. 112–113 וכן ראה: מגילת אחימעץ (מהדורת בנימין קלאר),
ירושלים תש"ד, עמ' יז. גם עניין בית הסקילה שיוזפא מזכיר שהיה קיים, כביכול, בוורמיישא נראה
כאגדה. ראה המקורות המסומנים לעיל. לאגדות מסוג זה שייך מה שמובא בספר אבן-ספיר לר'
יעקב ספיר, ליק 1866, עמ' פח. ר' יעקב ספיר בביקורו בתימן בעיר סירי, שמע מחכם תימני שטען
כי היישוב היהודי בתימן קיים מזמן בית המקדש הראשון, וכן שבתימן היו קיימות ערי מקלט וכי
מצאו על אבן אחת בחומה חקוקה המלה מקלט. ולטענה שטען נגדו ר' יעקב ספיר שאין ערי מקלט
קיימות בחוץ לארץ, ענה החכם התימני שיהודים, בהגיעם לתימן לפני חורבן בית ראשון, הקימו
לעצמם ממלכה יהודית וקידשו ערי אחת כעיר שיש לה קדושת ארץ-ישראל, והפרישו בה מקום
להיות עיר מקלט. מתקבל על הדעת שהאגדה שהתהלכה בתימן מיוסדת על סיפור היסטורי לוט
בערפל מחוסר ידיעות מדוייקות, ועניינה מלך שמלך על חלק ארץ בתימן, שמו היה דו נאוס,
ובעברית יוסף. משפחתו עזבה את עבודת האלילים וקיבלה את דת ישראל, ולפי המסורת רצה יוסף
להנהיג בארצו חוקים ומצוות הכתובים בתורה. השבטים הערבים לחמו בו מלחמות אכזריות, ולפי
מקור אחד התאבד בשנת 530, כשראה את אויביו הורגים את חייליו המנוצחים. ראה על כך:
‏H. Graetz, Geschichte der Juden, 5, Leipzig 1871, p. 85

הגרמני רודולף הראשון מבית הבסבורג, ולעומתם — מאישיותו המוסרית הנעלה
ומאומץ לבו של מהר"ם, שלא הסכים לנצל את מעמדו ולהיפדות משביו בתקדים של
סחטנות גסה כל-כך.[23]

המעשיות שיוזפא מספר מקפלות בתוכן מסרים שונים שהוא החשיבם וביקש לחזור
עליהם ולהזכירם. במעשים א וב ביקש להוכיח שהיהודים יושבים בוורמיישא עוד מימי
בית ראשון. גם בקובץ מנהגיו הוא מרמז על כך, בבואו לעמוד על שורשיהם של מנהגים
שהיו מקובלים בקהילת וורשמייא, שמסורת המנהגים היא מימיהם של היהודים
הראשונים שבאו מארץ-ישראל (ראה כתב יד וורמיישא, עמ' 217). אכן, בקובץ
המנהגים שאסף יוזפא לא יכול להרחיב את הדיבור על כך בניחותא, כי הקובץ הזה
תכליתו רק להביא את מכלול המנהגים שהיו נהוגים בוורמיישא, ולכך, לספר מעשים
שהיו, מצא לו כר נרחב בספר 'מעשה נסים'. במעשה א הוא מביא מסורת שקיבל,
שראשוני היהודים הגיעו לוורמיישא עוד בימי בית ראשון, ואחר שהתיישבו בה לא נענו
לקריאת עזרא, ולא שבו לארץ-ישראל בימי שיבת ציון. ואפשר שרמז הוא מבקש לרמוז
כאן לגויים, שיהודי וורמיישא פטורים מן האשמה של צליבת ישו, שהרי הם לא היו
בארץ-ישראל באותו הזמן, ולא יכלו להיות שותפים במעשה, ולמה יענשו על כך.

במעשה ב יוזפא חוזר לעסוק בקדמות היישוב היהודי בוורמיישא. הוא גם מוסר,
ממה שידע מפי השמועה, איך הגיעו היהודים הראשונים לוורמיישא, וכאן הוא מערב
גם את הגויים הטובים, שאלמלא עזרתם לא יכלו היהודים להגיע לוורמיישא ולהתיישב
בה. שם מעשה ב הוא 'מעשה דלבורגר'.[24] יוזפא, ואפשר המעתיק, עירבבו במעשה ב
שני סיפורים. האחד מוסר על צעיר אחד ממשפחת דלבורג האצילה אשר השתוקק ללכת
לארצות רחוקות כדי ללמוד שם שפות שונות והגיע גם לארץ-ישראל, בה רצה ללמוד
לשון הישמעאלים. לפני שהספיק ללמוד אזל כל כספו וגם חלה במחלה והיה קרוב
למות. ללא כסף ובלי בית שכב ברחוב ואיש לא שם לב אליו, כי לא הבינו את שפתו —
לשון גרמנית. במקרה עבר שם יהודי שהבין את לשונו. הצעיר החולה סיפר שהוא בן
למשפחה עשירה ומפורסמת בגרמניה. היהודי הכניסו לביתו ותמך בו עד שהבריא וגם
כסף למחיה נתן לו. הצעיר כתב לאביו וסיפר על הטובות שעשה לו היהודי מירושלים,
ואלמלא הוא היה הצעיר מת מרעב. האב שלח כסף רב, והבן שילם ליהודי כפל כפליים
עבור הטוב שעשה לו. בשוב הצעיר לבית אביו סיפור בפרוטרוט למשפחתו על המאורע
שאירע לו בארץ-ישראל. כל הסיפור נכתב בספר דברי הימים של השרים לבית דלבורג,
ואבי הצעיר וכל השרים לבית דלבורג היטיבו עם היהודים שגרו במדינתם.

בחלק השני של מעשה ב נזכרת גרסה של אגדה אחרת — על דבר הקשר שהיה קיים
בין משפחות דלבורג עם יהודי וורמיישא והוא: ששר מבית דלבורג פגש יהודים בעת

---

23 לעיל מעשה יד.

24 משפחת האצילים דלבורג, דלבערג, טאלבורג — דלבורגר, ידועה בוורמיישא ובסביבתה עוד
מהמאה הי"ג. יש לשער שקשר המשפחה ליהודי וורמיישא היה קיים מאות בשנים, והדבר נזכר
במקורות שונים. לרוב המשפחה נזכרת כמיטיבה עם יהודי וורמיישא, ויוזפא מזכירים גם בספר
המנהגים. ראה על כך: F. Reuter, *Warmaisa*, Worms 1984, p. 59; M. Mannheimer, *Die*
Juden in Worms, Frankfurt a.M. 1842, p. 48

לשם ברוך, אין הוא בנמצא ברשימות ההרוגים והאנוסים של מסע הצלב הראשון, לא
בוורמיישא ולא במגנצה. מן הפואמה עולה המית לבו של המשורר ליהודים יושבי
הריינוס שהיו לבז ולמשיסה לפני נושאי הצלב. מסתבר שהפואמה נכתבה בהשפעת
מעשה כד.

מעשה כד שהוא סיפור מאורעות תתנ"ו (שהעתיקו יוזפא מרשימה ביידיש שתורגמה
מעברית לפי נוסח המיוחס לר' אלעזר בן נתן), שבאו על קהילות הריינוס.[21]

שתי הבלאדות — 'ציד ההגמון' ו'שני הקברים', אף להן יסוד בסיפורי יוזפא.
טשרניחובסקי לקח אותו ממעשה יד בספר 'מעשה נסים'.[22] את המעשה הזה שמע יוזפא
מפי רבו, ר' אליה לואנץ בוורמיישא, ובו מתוארת אישיותו הגדולה של ר' מאיר
מרוטנבורג (מהר"ם), הוא נולד בערך בשנת ד' תתקע"ה (1215) בעיר וורמיישא.
ובמחצית השנייה של המאה הי"ג הוא ממנהיגיה של יהדות גרמניה ושירת כרב וראש
ישיבה בעיר רוטנבורג.

באותם הימים נצרך הקיסר רודולף הראשון, שהיה מעורב בסכסוכים ובמלחמות,
לסכום כסף גדול, והוא הטיל מסים על היהודים. המס היה כבד ביותר ולא היה בידו
לשלמו בזמן. הקיסר ראה את מהר"ם אחראי לתשלום המסים, ומחמת הלחץ שלחצו
אותו השלטונות, החליט מהר"ם לקחת את משפחתו ולעלות לארץ-ישראל.

באותם הימים ביקשה קבוצת חכמים מצרפת ומאשכנז לעלות לארץ-ישראל, ויש
הסוברים שהמהר"ם רצה להצטרף אליהם. בדרכו לארץ הכיר אותו מומר אחד
בלומברדיה והלשין עליו. במצוות הקיסר תפסו את רבי מאיר וחבשוהו בבית האסורים
באנזיסהיים שבאלזס, ולשם פדיונו ביקשו כסף תועפות. ר' מאיר התנגד למעשה
הסחיטה ואסר על הקהל לפדות אותו בסכום שכזה. כעבור שבע שנים נפטר ר' מאיר
בכלא, בי"ט באייר ה' נ"ג (1293) (יוזפא מספר שהוא נפטר בי' באייר, ייתכן שלא הבחין
באות ט), אבל השלטונות לא התירו אף להביאו לקבורה, עד שישולמו דמי הפדיון.
ארבע-עשרה שנה אחרי פטירתו של המהר"ם עלה ביד נדיב אחד, ר' אלכסנדר וימפן
מפרנקפורט, לפדות את עצמותיו ולהביאן לקבר ישראל בוורמיישא עיר מולדתו, בד'
באדר ה' ס"ז (1307). ורק זאת ביקש ר' אלכסנדר, להיקבר בבוא יומו על יד קברו של
המהר"ם. המשורר התרשם עמוקות מן הסיפור, מאכזריות הגויים ובראשם הקיסר

21 יוזפא העתיק את מעשה תתנ"ו מאחד הכתבים שנפוצו בקהילות השונות, והוא דומה ברובו
לקונטרס גזירות תתנ"ו שרשם ר' אליעזר ב"ר נתן (ראב"ן), מחבר הספר 'אבן העזר' (צפנת פענח).
במעשה כד ליוזפא חסרות הקינות הנמצאות בנוסח הראב"ן, וכן חסרים שם פרטים שנכתבה על
חסידי קולוניא שנהרגו בגזירות תתנ"ו וכמה פרטים נוספים. ראה נוסחו של הראב"ן בשלמותו (עד
כמה שידוע עד היום), א"מ הברמן, גזירות אשכנז וצרפת, ירושלים תשל"א, עמ' עב–פב. יש לציין
שהתרגום ליידיש-גרמנית המצוי במעשה כד שבספר מעשה נסים, אינו התרגום הראשון ליידיש.
נראה שאלמוני תרגם את גזירות תתנ"ו ליידיש שנים רבות לפני יוזפא, כי הלשון בתרגום הזה
קדומה מן היידיש של יוזפא. ראה: י' זנה, 'לביקורת הטקסט של הסיפור על גזירות תתנ"ו וכו', ספר
היובל לפרופ' אברהם וייס, ניו יורק תשכ"ד, עמ' שפה–תה. וכן השווה:
S. Eidelberg, *The Jews*
and the Crusaders, Madison 1977, pp. 93–97

22 ראה ש' איידלברג, 'הבאלאדות "צייד ההגמון" ו"שני הקברים" לש' טשרניחובסקי' בצרון כרך כז,
חוברת ד (תשכ"ו), עמ' 197–199.

העתיקה שבהן, התרשם ביותר (ואף הקדיש לה את המחזור בלדות וירמיזא). אפשר
שראה את הספר אז, ואפשר — לאחר מכן.אבל רק את הפואמה 'ברוך ממגנצא' כתב
בשבתו בהיידלברג, בשנת 1901,[19] ואילו השירים האחרים, הקרובים בעניינים למעשיות
של יוזפא, נכתבו שנים רבות אחרי ששהה שם. את רובם כתב בשנת 1942, בעיצומה של
מלחמת העולם השנייה, על רקע המעשים שעשו הגרמנים הנאצים ביהודים. ואין תימה
שראה בהם את יורשיהם של הגרמנים מימי הביניים.

מעשה ג הוא 'מעשה שקרה בוורמיישא בשני אורחים'. שני אורחים זרים הגיעו
לוורמיישא בשעה שהעלילו על היהודים עלילת שווא, וסכנת מוות נשקפה להם. שני
האלמונים מסרו את עצמם בידי הגויים כדי להציל את חיי העדה כולה, ונהרגו על קידוש
השם. לזכרם קבעו בבית הכנסת של וורמיישא שני נרות שהיו דולקים תמיד לזכר
נשמותם. מסירות הנפש הנאצלת של שני האורחים הזרים הרטיטה את לבו של המשורר,
והוא הציב להם ציון בבלאדה 'נרות האלמונים'.[20] בבלאדה 'קיר הפלא אשר בוורמיישא'
מביא טשרניחובסקי את סיפור הקיר המופלא שברחוב היהודים שם.

פרש גוי ברחוב צר שברובע היהודים לקראת אישה יהודייה שעברה במקום.
מחמת שהיה הרחוב צר כל כך, לא מצאה האישה דרך לנטות ימינה או שמאלה. נעשה
לה נס ונבקע הקיר והיא באה בתוכו ומצאה מפלט. מי היא האישה? יש מייחסים את
הסיפור לאמו של רש"י, אבל יוזפא כותב בספרו 'מעשה נסים' על פי הספר 'שלשלת
הקבלה', מעשה ח, שבאמו של ר' יודא החסיד היה המעשה; אף כי גם אמו של רש"י וגם
אמו של ר' יודא החסיד לא גרו בוורמיישא.

מעשה י בספרו של יוזפא, הוא סיפור המגפה השחורה בשנת ק"ט (1349), שנה בה
העלילו על היהודים שהם מרעילי בארות המים. נתערבבו לו ליוזפא קורות המגפה
השחורה בסיפור נוסף על פרעות ביהודים בזמן אחר ואולי אף בעיר אחרת; אין יוזפא
מספר שיהודי וורמיישא העלו את בתיהם באש ונשרפו רובם על קידוש השם. נדמה כי
משום מה ביקש לרכך במקצת את הסיפורים על המגפה השחורה ונוראותיה. רק על
המיתות המשונות שנהרגו בהן יב הפרנסים של וורמיישא הוא מספר. אבל טשרניחובסקי
עשה זכר לייסורים הנוראים שנתייסרו בהם יהודי גרמניה בגזירות ק"ט, ובפואמה
'המתים הראשונים' נשמעת קריאתו המזעזעת: 'הוא בא, הוא בא המוות השחור, הוא
בא וקוצר את קצירו'.

הפואמה 'ברוך ממגנצה' שכתב טשרניחובסקי, עניינה אכזריות הצלבנים בעברם
בקהילות הריינוס במסעם הראשון בשנת תתנ"ו (1096). בוורמיישא נהרגו אז יהודים
רבים מאשר נהרגו בקהילות אחרות, ורבים טרפו את נפשם בכפם לבל יפלו בידי
הצלבנים שביקשו להעבירם על דתם באונס. המשורר בחר ביהודי ממגנצה ולא
מוורמיישא; אולי סבר שבממגנצה היו מי שעברו על דתם כדי להציל את נפשם. אשר

19   ראה מאמרי 'היסוד ההיסטורי בשירת טשרניחובסקי (עשרים שנה למות המשורר)', הדואר (42),
      גליון י (תשכ"ג), עמ' 161–163.

20   ראה מאמרי 'הבלאדה "נרות האלמונים" לש' טשרניחובסקי', בצרון כרך כה, חוברת ב (תשכ"ד),
      עמ' 115–116. וראה ספר מעשה נסים, מעשה ג.

יש לציין שוישנינצר וליסיצקי מזכירים את דמות הלוויתן כסמל לימות המשיח, אבל
אין הם מזהים במפורש את הלוויתן בין תמונותיו של סגל בבית הכנסת של מוהליב.
לדעתי, ידע סגל לא רק על הלוויתן ועל שלעתיד לבוא יאכלו הצדיקים מבשרו; הוא גם
ידע שבמקורות ישראל מופיע הלוויתן בדמויות שונות, מצד אחד הוא בעל חיים
שאלוהים יצר לשחק בו, ומצד אחר הוא מטיל מורא ופחד בעיניו האיומות ובגופו —
נחש בריח, נחש עקלתון.[17]

סגל צייר את הדרקון בדומה לתיאור שתיאר יוזפא את מראהו במעשה טו. אבל אצל
סגל הוא בא בכפל דמות, רמז לשניות שבו, שהוא משעשע וגם מפחיד ומאיים; בשרו
משומר לצדיקים, והוא נחש בריח שעיניו מזרות אימה. יצור זה מסכן את וורמיישא
כעונש ליהודים; ואף כי אין הם נזכרים בסיפור המעשה, קישר האמן בדמיונו היוצר את
המפלצת שהיא עונש ליהודים שלא עלו לארץ עם הלוויתן שהוא סמל משיחי, ואין
סתירה ביניהם.

בניגוד ליסוד המאיים שבציור, העמיד סגל את עץ החיים — אילן נושא פירות —
סמל לתשוקת החיים ולנצחיותו של עם ישראל, ואת עץ הדעת משמאלו, סמל לדעה
ולחכמה. הציפורים המעופפות למעלה והדגים השוחים במים למטה, סמלים הם לדרור
ולחופש שיבואו עם גאולת ישראל.[18] ליסיצקי מציין את העמל הרב שהשקיע הצייר
בעשותו את ציורי התקרה המקומרת ואת ציורי כותלי העץ של בית הכנסת מלאכת
מחשבת, וכן את אווירת הקדושה ששרתה בבית הכנסת כאשר ביקר בו שנים אחדות
לפני שנחרב. סגל, שראה ביצירתו ירושה רוחנית (שהרי לפי השמועה מת אחר שסיים
את עבודתו זו), לא שיער שככה יעלה לו לבית הכנסת.

נשוב ונזכיר את מעשה טו שהוא כחוליה המקשרת את הסיפורים, ואין עניינו
ביהודים דווקא, אלא בתולדות העיר וורמיישא, ואין הוא מסתיים בדברים של מוסר
ויראת שמים, כי אם בדברים על תמונת שלושת האחים הגיבורים, שאחד מהם נשא
לאישה מלכה שהציל מציפורני הלינדוורום. ציור כזה אכן היה על קיר בית המועצה
בוורמיישא עוד במאה הי"ז, בתקופתו של יוזפא שמש.

והנה לא באמנות הפלסטית לבדה ניכרת השפעתם של מוטיבים מתוך המעשיות
שליקט יוזפא. אפילו משורר כשאול טשרניחובסקי, במאה הכ', שיקע מוטיבים ופרטי
עלילה מן הסיפורים האלה בפואמות ובבלאדות.

באיזו דרך ומתי הגיע ספרו של יוזפא לידי טשרניחובסקי, תשובה ברורה לכך אין
בידינו, אבל קרוב הדבר שבהיותו סטודנט באוניברסיטת היידלברג בשנים 1899—1901,
ביקר המשורר בערי הריינוס, בקהילות שו"ם (שפייער וורמס ומגנצה), ומוורמיישא,

במסתרים גחלת של כת השבתאים עוד במחצית המאה הראשונה של המאה הי"ח, ואפשר שלפנינו
השראתה של האמונה הזאת. וראה: *Evreiskaja Entsiklopedia*, 1–16, Peterburg 1908–1913, II,
pp. 153–154

17 מסכת בבא בתרא, דף עד ע"ב–עה ע"א. וראה מ"ד קאסוטו, מאדם עד נח, ירושלים תש"ד, עמ' 25,
97, 99. והשווה י"ל זלוטניק, מאמרים, ירושלים תרצ"ט, עמ' 56.

18 על הסמלים של עץ החיים ועץ הדעת במדרש רבה, בראשית טו:ז. ובמשנת הזוהר, א (בעריכת פ'
לחובר וי' תשבי), ירושלים תשי"ז, עמ' כד–כו.

יצור זה מסכן את וורמיישא כעונש ליהודים; קישר האמן בדמיונו היוצר את המפלצת
שהיא עונש ליהודים שלא עלו לארץ — עם הלוויתן שהוא סמל משיחי, ואין סתירה
ביניהם.

את היסוד המאיים שבציור יש להבין גם באמצעות 'סיפורי עלילות הגבורה של עיר
וורמס', בספרו של חוקר המיתולוגיה של וורמיישא הקדומה — אויגן קראנצביהלר.[13]
קראנצביהלר מביא בספרו תרגום לגרמנית של מעשה טו מן הספר 'מעשה נסים',[14]
ורואה בו גרסה מעניינת וחשובה של אגדות וורמיישא. הוא טוען שסיפורו של יוזפא
מקורו במיתולוגיה הגרמנית. ומציין שבאפוס ניבֶּלוּנגֶן, נזכר הלינדוורם; גיבור האפוס
הזה, זיגפריד, המית אל הלינדוורם והציל מידיו את היפהפיה ונשאה לאישה.
האטימולוגיה הגרמנית ייחסה את שם העיר — וורמס — ללינדוורם, שעניינו נחש או
תולעת גדולה, או שניהם כאחד. ואולם גרסתו של יוזפא שונה מעט מן האגדות
הנוצריות על וורמס. קראנצביהלר מסתייע במעשה טו של יוזפא ומשלים על פיו את
האגדה העתיקה על וורמס; האגדה שהילכה עוד במאה הי"ז בין תושבי העיר, ומהם
הגיעה לרחוב היהודים.

מה ראה הצייר היהודי חיים סגל לעשות שימוש באגדה שכזאת, ולהביא את
יסודותיה בקישוטים שקישט את בית הכנסת? וישניצר משערת בצדק שהצייר ביקר
בוורמס וגם ידע על המעשיות שבספר 'מעשה נסים', ובתוכן את הסיפורים א, ב, טו. הוא
דלה מתוכן מוטיבים לציוריו, ובזה נתן ביטוי ויזואלי למסר אשר בהן.

יוזפא חוזר ומזכיר בסיפורים האלה את האגדה על ראשית היישוב היהודי בוורמיישא.
האגדה, שיהודי העיר הכירוה, מספרת שראשוני היהודים הגיעו למקום עוד בתקופת
חורבן בית ראשון, ומשקרא להם עזרא, אחרי הצהרת כורש, לשוב אל ארץ אבותם, לא
נענו לקריאתו, ואף השיבו את פני השליחים אשר שלח באניות להביאם, באמרם כי טוב
להם במקומם, וכי שלום בינם ובין הגויים שבתוכם הם יושבים. ועל כן באו עליהם, על
יהודי וורמיישא, רעות רבות וגזירות קשות, על שסירבו לעזוב את הגולה.[15] ובמכוון
הסמיך הצייר סיפור זה למעשה טו — המעשה במצור שצר הלינדוורם על העיר
החוטאת, הנדרשת בכל יום לקרבנות חדשים. וסגל, שרעיון המשיחיות והגאולה היה
קרוב ללבו, שאל ממעשה טו את המצור על וורמיישא ואת הדרקון המאיים, וראה בהם
סמל לעונש, לגזירות שנגזרו על יהודי וורמיישא על שלא שעו לקריאת עזרא לעזוב את
הגלות. ואולם מפרטים אחרים בציור עולה מסר של תקווה ושל תיקון: לעזוב את הגולה
ולהפליג באנייה המוכנה להחזירם לארצם הרחוקה ולירושלים המסומלת בארון. ואולי
בשל כך צייר ארון שהוא ספק ספינה מפליגה, ספק תיבה מיטלטלת על גלגלים, ואפשר
שכיוון למשכן שנשאו ישראל במדבר, כי אין מוקדם ומאוחר אצל האמן, זמנים
ומאורעות מתמזגים ובאים כאחד, וכולם — סמלים משיחיים.[16]

13   E. Kranzbühler, *Worms und die Heldensage*, Worms 1930, pp. 108–111
14   ראה להלן תרגום מעשה טו.
15   ש' איידלברג, 'קדמות היישוב היהודי בגרמניה', ידיעון האיגוד העולמי למדעי היהדות 17–18
       (תשמ"א), עמ' 9–25.
16   זיקתו של הצייר חיים סגל לסמלים משיחיים מרשימים, מקורה, אולי, בכך שבמוהליב לחשה

תולעת גדולה; במיתולוגיה הגרמנית היא נקראת לינדוורם. האטימולוגיה הגרמנית
העממית מצאה בשם הדרקון הזה רמז לשם העיר וורמס ("וורם" פירושו תולעת).
הדרקון צוייר כמפלצת גדולת שעיניה יורות זיקים ומזרות אימה, ונראה כאילו
הדרקון הנורא הזה בגופו הכבד שם מחסום על העיר וורמיישא, והיא כלכודה בידו.
מימין הלינדוורם שתול עץ ענף וכתוב עליו 'עץ החיים'. העץ הזה מסמל את ההימשכות
אחר החיים הגשמיים, המעכבת את עזיבת הגלות. ומשמאלו עץ תמיר הוא עץ הדעת.
מצד דרום — ספק ארון ספק סירה על גלגלים, קצותיהם טובלים במים רדודים ודגים
וברווזים שוחים בהם. ולמעלה עפות חסידות ועופות אחרים עמהן. מימין התמונה הזאת
צויירה אניית מפרשים ובה סולמות למלחים, ובמים בעלי חיים שונים.

ליסיצקי מתאר במאמרו את סגננונו האמנותי של הצייר סגל, שלא היה ידוע בין אמני
היהודים במערב אירופה.[11] הוא משבח את יפי הצבעים והגוונים שבחר הצייר סגל
לקשט בהם את בית הכנסת שבמוהליב, ואף עומד על תכניהם של הציורים, ובעיקר על
משמעותם המיוחדת של כמה מפרטיהם, ובתוכם על דמויות בעלי החיים. ליסיצקי
משער שאחת ממגמותיו של הצייר היתה להשאיר אחריו יצירה שיש בה כדי לעורר בלב
הרואים רעיונות לאומיות ומשיחיים; וכמה מן הציורים הוא אף מפרש בהתאם לכך.
וורמיישא הלכודה בידי הדרקון, עיר מקוללת היא. מה היה חטאה של וורמיישא ומדוע
נתקללה? על כך אינו עומד. הדרקון הזה, לאיזה בעל חיים הוא דומה בצורתו? סתם ולא
פירש. אבל הוא מזהה בין שאר הציורים את שור הבר, וכן את הלוויתן, ובארון אשר על
הגלגלים, הוא רואה סמל לירושלים. ליסיצקי לא פירש איזהו מקום הלוויתן, ולא הסביר
אם זהו הדרקון, הדומה גם לדג גדול. יש לומר שהוא לא העמיק כל כך במשמעות
הסמלים המשיחיים, ולא הרבה לעסוק בהם. ליסיצקי ביקש בעיקר להציג אמן חשוב
מרוסיה הלבנה, ולספר על אוצר הצורות שצייר מעשה חושב על תקרות בתי כנסת
וכותליהם, ובמיוחד בבית הכנסת העתיק של מוהליב על נהר דנייפר.

שנים רבות אחר שנתפרסם מאמרו של ליסיצקי, וכמעט שנשתכח עקב המאורעות
הגדולים שאירעו בעולם, כתבה רחל וישניצר את הספר על הארכיטקטורה של בתי כנסת
באירופה,[12] ושם הקצתה פרק קצר לבית הכנסת של מוהליב שנחרב. והיא עמדה על כמה
פרטים שהחסיר ליסיצקי במאמרו, וגם הוסיפה וטיפלה בדברים שליסיצקי אמנם נגע
בהם, אבל לדעתה לא פירשם כראוי. ליסיצקי משער שבהיותו בוורמיישא ביקר הצייר
בבית הכנסת והתרשם ממנו, וכששב לאוקראינה וצייר שם את בית הכנסת, בחר
בסמלים מסתוריים-משיחים. וישניצר עמדה במיוחד על הקשר שבין שני הסיפורים (א,
טו) שבספר 'מעשה נסים', ובזה זרעה אור חדש על התמונה שצייר האמן סגל בבית
הכנסת במוהליב. וישניצר גילתה את הקשר הזה — נחש בריח שעיניו מזרות אימה.

11   איתרע מזלו של הצייר וגם שאר בתי הכנסת שקישט ברוסיה נחרבו במלחמות.
12   ראה: וישניצר (לעיל, הערה 10), עמ' 141–144; וכן מאמרה: 'קישוטי בית הכנסת במוהליב ע"נ
      דנייפר', העבר טו (תשכ"ח), עמ' 251–253, והוא תרגום דבריה בתוספת
      פרטים אחדים. נעיר עוד, שליסיצקי סובר שסגל, בנדודיו באירופה כצייר צעיר, התעכב אף
      בוורמיישא. וראיה לדבר, שסגננונו הפנימי של בית הכנסת במוהליב דומה לסגנון בית הכנסת
      בוורמיישא, שעמד על תילו בתקופת נדודיו של הצייר.

דוגמה שכזאת למעשה אמנות שנודע לתהילה, ואשר ביסודו מוטיבים מסיפורי
ורמיישא, היא ציורי בית הכנסת בעיר מוהליב על נהר דנייפר ברוסיה הלבנה. שם עמד
לפני המהפכה הקומוניסטית בית כנסת בנוי עץ אשר נבנה במחצית הראשונה של המאה
הי״ז. בית כנסת זה נתפרסם במבננהו שדמה בפנים לבית הכנסת של ורמיישא העתיקה.
את ציורי הקיר בבית הכנסת צייר האמן חיים בן יצחק סגל, מן העיר סלוצק, שהיה ידוע
כמעטר בתי כנסיות, ובידיו האמונות פיאר את בית הכנסת בציורים מרהיבי עין,
המקפלים בהידורם גם רמזים משיחיים.

אין אנו יודעים מתי התחיל הצייר לעשות את מלאכתו במוהליב. ואולם מפענוח
השורות שכתב סגל באותיות מרובעות על לוח מחובר לתקרה במערבה, מתקבל
התאריך שבו השלים את עבודתו, היא שנת ת״ק (1740), ומסופר שהעבודה הזאת היתה
עבודתו האחרונה. מן הסתם עסק האמן בעשייתם של הקישוטים האלה, המרובים,
המהודרים והמדוייקים, שנים אחדות.[8]

בית כנסת זה נשרף אחרי שנת 1916. אבל למרבה המזל ביקר הצייר אליעזר ליסיצקי
במוהליב בשנת 1916, והתקין העתקים מציורי בית הכנסת שצייר האמן חיים סגל.[9]
ליסיצקי הביא את ההעתקים לברלין בראשית שנות העשרים, וכנראה נמצאו שם עד
החורבן שהביאו עליה הנאצים, ומאז לא נודע גורלם.

מעט ידוע על הציורים האלה מן האנציקלופדיה היהודית הרוסית, כרך יא, עמ'
153–154, ממאמרה של רחל וישניצר 'האמנות של היהודים בפולין ובליטא', שנדפס
בספר 'ההיסטוריה של היהודים ברוסיא', מוסקבה 1914, מעמ' 392 ואילך. על סגנונו
האמנותי של בית הכנסת במוהליב כתב אליעזר ליסיצקי. במאמרו הוא מספר על ביקורו
בבית הכנסת של מוהליב על נהר דנייפר, ומציע פרשנות משלו לסמלים המצויירים על
קירותיו, והוא סבור שכיוון בכך לדעתו של הצייר סגל, הנרמזת בציורים האלה.

בין ציורי התקרה וציורי הכתלים בבית הכנסת צדה עינו של ליסיצקי ציור מרשים על
קרש עץ משולש ששימש כעין מעבר מן הקיר אל כיפת התקרה שבצד מערב. בציור
טירה גדולה (ואולי עיר מוקפת חומה), ובין מגדליה מתנשא צריח ועליו כתב האמן את
המלה 'ורמש'; ואין ספק שהתכוון לעיר ורמיישא שבגרמניה (שהצייר אכן ביקר בה),
ואשר בה כנסיות מהודרות בסגנון רומאני וגותי.[10] סמוך אל חומת העיר צייר דרקון דמוי

---

8   על תיאור מעשה האמנות של בית הכנסת במוהליב, כתב האמן הצייר א' ליסיצקי, 'בית הכנסת
    במוהליב (זכרונות)', רמון ב (1923), עמ' 12–19. על ליסיצקי לא מצאתי פרטים ביוגרפים; מפי
    השמועה שמעתי שהיה המשורר אפרים א' ליסיצקי, שחי ופעל בארצות הברית שנים
    רבות.

9   על הצייר חיים בהר״ר יצחק סגל זצ״ל לא ידוע יותר ממה שכתב ליסיצקי במאמרו הנ״ל, עמ' 10.
    הגב' רחל וישניצר, חוקרת אמנות ידועה, עסקה בקישוטי בית הכנסת ובאמנות יהודית בכלל והיא
    סיפרה לי בשיחה לפני מספר שנים, שהצייר הידוע מארק שאגאל אמר לה לפני שנים רבות
    שברוסיה היה שמו סגל, ובצרפת שונה שמו לשאגאל, והוא מצאצאי הצייר חיים סגל מסלוצק,
    שקישט את בית הכנסת שהיה קיים במוהליב ע״נ דנייפר.

10 בית הכנסת העתיק של ורמיישא, שנשרף בליל הבדולח, היה בנוי בהשפעת הסגנון הרומני, ראה:
    R. Wischnitzer, *The Architecture of the European Synagogue*, Philadelphia 1964, pp.
    49–45. שיטות האיות של שם העיר וורמס–וורמיישא רבות הן ושונות. בגרמניה יודאיקה,
    טיבינגען 1963 עמ' 437, נזכרות 18 דרכי איות לשם הזה.

ואומר שבספרו 'מעשה נסים' קנה לו יוזפא מקום בין סופרי יידיש, ויש בספרו משום תרומה להתפתחותה של הסיפורת בזמנים המודרניים.[6]

מן הדין להעיר כאן שעריק נטה לשער ש'מעשה נסים' נכתב בידי יוזפא בעברית (ולדעתו אבד המקור הזה), ואילו אליעזר ליברמן, בנו, תרגמו ליידיש-גרמנית. המלה 'העתיק', לדעת עריק, פירושה כאן — 'תרגם'. מסתבר יותר שהמלה 'העתיק' בהקשר הזה, משמעה העתיק העתק מכתב יד. אליעזר, בנו של יוזפא, הביא לדפוס את הספר 'מעשה נסים' שכתב אביו (שכאמור, נאספו סיפוריו והועתקו מכתבים שונים), והוציא את הקובץ לאור כדי למלא חסרון פרנסתו. הוא העתיק מכתב היד כדי להקל את המלאכה על המדפיסים (ובכל זאת רבו בספר טעויות הדפוס). ייתכן שליברמן גם "תיקן" כמה שורות בספר. יוזפא, כמוהו כמחברי רוב ספרי המעשיות, כתב ביידיש-גרמנית. ספרים כאלה נכתבו להמון העם ואין מקום להשערה שספר שכזה ייכתב עברית. ביידיש-גרמנית דיברו יהודי גרמניה בימים ההם ובה אף נכתבה הספרות העממית.

את הקובץ ה'מנהגים' כתב יוזפא עברית, כי החיבור הזה נועד ליודעי ספר שהיה להם עניין במנהגים הקהילה. עם זאת גם באוסף המנהגים הוא מביא מלים וביטויים ביידיש-גרמנית, לקרב מושגים אלה לקוראים שלא הכירו אותם בלשון הקודש. מלים ביידיש-גרמנית נמצאות גם בפנקס הקהילה שנכתבה עברית. בפנקס הזה נרשמו עסקות בנכסי דניידי ודלא ניידי, ענייני ממון ומסחר, ויש שהיה צורך להעמיד דבר על דיוקו, וביידיש היה מובן וברור יותר.

הסופר השלישי העוסק בפולקלור של יהודי גרמניה בימי הביניים ומזכיר את יוזפא בחיבורו, הוא יעקב מייטליס. בספרו ביידיש 'די שבחים פון רבי שמואל און רבי יודא חסיד' (שבחי ר' שמואל ור' יודא חסיד).[7] מייטליס מביא דברים מ'מעשה נסים', לשם השוואתם עם מה שכתב בספרו על שבחי ר' שמואל. מקום רחב לא הקצה ל'מעשה נסים', ורק בקיצור נמרץ הוא מזכירו, ומציין כי בצד ההזיות והאמונות התפלות אשר שם יוזפא לפני קוראיו, נמצאים באוסף רעיונות מקוריים ותיאורים רחבים. מייטליס לא פירט את דבריו.

עד כמה שידיעתנו מגעת, לא נדפס הספר 'מעשה נסים' בארצות מזרח אירופה, אבל קרוב הדבר שהספר, או לפחות שמועות על מעשיותיו, הגיעו גם לשם, ויסודות מתוך הסיפורים האלה אף שימשו מוטיבים ביצירות אמנות, וכלי לביטוי רעיונות בספרות.

---

6   עיין: עריק, געשיכטע, עמ' 62. על חפזונו של עריק תעיד העובדה שצירף לסיפורי יוזפא גם מעשה
     כה, אף שנראה בעליל שהסיפור נכתב אחרי מותו של יוזפא בידי אליעזר ליברמן, בנו של יוזפא;
     ובו מסופר על חורבן וורמיישא על ידי הצבא הצרפתי בשנים 1689-1688. הוא תלה את סיפורו
     באילו הסיפורים של אביו בשביל ההזדמנות לפרסמו בספר מעשה נסים. עריק גם טעה כשכתב
     שיוזפא חיבר ספר קטן ביידיש ובעברית על ארגון קהילת וורמיישא. את הידיעה המוטעית הזאת
     לקח עריק מתוך האנציקלופדיה היהודית הגדולה שנכתבה באנגלית (ניו-יורק-לונדון 1905), כרך
     12, ערך 'וורמיישא', עמ' 564. כמו כן טעה עריק בספרו, שם, עמ' 62; הוא מייחס את דוד אופנהיים
     הנזכר במעשה ט לסבו של הרב המפורסם ר' דוד אופנהיים מפראג, ואין זה נכון. לדוד (יהושע)
     אופנהיים לא היו ילדים, ויוזפא, שהכיר אותו, מספר על כך במעשה ט. וראה על כך: עריק,
     געשיכטע; צינברג, די געשיכטע.

7   הספר יצא לאור בהוצאת קדם, לונדון 1961. ולעניין זה ראה שם, עמ' 77, 78, 94, 141.

בספר, וראו בו אחד המקורות המאוחרים המלמד על ספרות ייידש בראשיתה. להלן
יובאו דבריהם של שלושה חוקרי ספרות ייידש, אשר עמדו על ערכו של הספר 'מעשה
נסים', ואף ראו בו ציון בדרך התפתחותה של הנובילה בייידיש המאוחרת, ואשר
הושפע גם הסיפור העברי. יש לציין את שלושת החוקרים שעסקו בספר 'מעשה נסים'
בעיקר לצרכי מחקר הספרות המשווה, ונגעו רק בשולי החומר ההיסטורי המשוקע
בסיפורים האלה. ועוד, נראה להם שחלק מן הסיפורים בעלי אופי של פולקלור, ולכן לא
נדרשו לריאליה שבסיפורים ולא הרחיבו על כך את הדיבור.

בראשונה יש להזכיר את דברי ישראל צינברג המובאים בספרו הגדול בלשון ייידש
'די געשיכטע פון דער ליטעראטור ביי ייידן' (ההיסטוריה של ספרות היהודים).[4] אף ששם
הספר מעיד עליו שנכתב לשם תולדות הספרות של עם ישראל, הרי לעתים הוא נוטה מן
הדרך שקבע לו, ונכנס לתחום ההיסטוריה והפולקלור, וכאשר הוא מגיע לספרות
שנכתבה בייידיש הגרמנית של המאה הי"ז, הוא מדבר בשבחו של יוזפא הסופר ובשבח
ספרו 'מעשה נסים', ואף מצטט קטעים מן הספר. צינברג משער שיוזפא קרא מעשיות
שונות שהיו נפוצות בזמנו וגם ספרים שנכתבו במאה הט"ז, וביניהם ה'מעשה בוך'
שהופיע בבאזל בשנת 1602. גם הוא, כמו מ' עריק לפניו, מרמז שלרחובות היהודים
נתגלגלו סיפורים שמקורם, בין השאר, ב'דקמרון' לבוקאצ'יו האיטלקי, אבל הובאו
בלבוש יהודי כשר; ודוגמה לכך תמצא בסיפורי העגבים (מעשה ד), הוא מעשה בריקא
אחד מוורמיישא שטימא בת יחידה מבית מבית יהודי, ומעשה כא, מעשה במלכת שבא
שפיתתה יהודי חשוב ועני שגר בבית צור דער זונן. מסתבר שצינברג ראה את הספר
'מעשה נסים' במקורו ברוסיה, באחת הספריות שעבד בהן.

אגב, צינברג מזכיר את הספר 'מנהגים דק"ק וירמישא' (וורמיישא) שחיבר יוזפא,
אבל את הנוסח המקורי שהיה אז בכתב יד לא ראה, וקטעים ממנו הביא רק מכלי שני,
ממאמרו של א' אפשטיין ומספרו של משה גידמן; בעיקר הקטעים העוסקים בפולקלור
ובהווי החברה בוורמיישא, שבה חי יוזפא ופעל.[5]

גם מקס עריק היקצה ליוזפא מקום בספרו 'די געשיכטע פון דער ייידישער
ליטעראטור'. עריק היה סופר ומבקר רב גוני, רחב אופקים, אבל אצה לו הדרך, והוא
עבר בחופזה על סיפורי 'מעשה נסים', ציין מה שיש בו לעורר
סקרנות, והעמיד את הקורא על ערכו הספרותי. לדעתו של עריק משך יוזפא והעלה את
סיפוריו מן הרחוב הנוצרי שבוורמיישא, והעטה עליהם לבוש יהודי, ובכשרון הפכם
לחומר קריאה שהיה מקובל אז על ההמון היהודי שבגיטו. אמנם עריק מנסה להביא סדר
במעשיות, והוא אף מחלקן לכמה קטגוריות, אבל הואיל ולא העמיק לבדק ולחקרן,
נמצאת ההפרדה שהפרידן שטחית, ולדבריו ערך שולי בלבד. עריק מסיים את דבריו

4 ראה: י' צינברג, די געשיכטע פון דער ליטעראטור ביי ייידן, א–י, ווילנא 1928–1936, ה, עמ'
89–93, ו, עמ' 226–232 (להלן: צינברג, די געשיכטע). וראה את מאמרו של ש' ורסס, 'ישראל
צינברג ההיסטוריון של ספרותנו', העבר כ (תשל"ג), עמ' 80–100.

5 השווה מאמרו של א' אפשטיין (אפשטיין, מנהגים), וכן, M. Güdemann, *Die Geschichte des*
Erziehungswesens und der Cultur der abendländischen Juden während des Mittelalters und
der neueren Zeit, 3, Wien 1882, pp. 96 ff.

וורמיישא בשנים שלאחר פטירתו של יוזפא (הוא נפטר בשנת 1678), לא נרחיב עליו את הדיבור.

יוזפא לא היה המלקט הראשון של מעשיות וורמיישא וקורותיה הראשונות, אבל הוא היה הראשון שכינס לקובץ מעשיות שקרא ושמע ואף הוסיף סיפור מיתולוגי (מעשה טו), שעניינו קדמות העיר הנוצרית וורמיישא, שראשיתה עטופה מסתורין עד היום הזה. כאמור, רוב הסיפורים שקיבץ יוזפא אל ספרו היו נפוצים בין יהודי הריינוס, וביותר — בוורמיישא. אין תימה שדווקא יוזפא עסק באוסף שכזה, שכן תפקידו ועניינו בקהילה הביאוהו להתקרב אל חבריה, ולהיות מעורב עמהם. וכך הכיר את זקני העדה, ושמע מפיהם מסורות-סיפורים על הקהילה הוותיקה. סופר הקהילה הזה ידע על בוודאי על כתבי יד ישנים שהיו מונחים בבית הקהילה, ופנקסים שונים שהיו מונחים בחדר מיוחד של בית הקהל היו בהישג ידו. בבית הכנסת ראה ספרי תפילה ומחזורים, ובקולופונים שלהם מצא ידיעות חשובות על קורות הקהילה. עמדו לו ליוזפא טביעת עינו המיוחדת וכשרון הכתיבה אשר לו, לגלות במקורות האלה גם מעשי הנסים והנפלאות שקסמו לו, ולהביאם לקוראיו, שאף הם היו נמשכים אחריהם.

בספר 'מעשה נסים' לא הביא יוזפא פרטים רבים מתולדות חייו, חוץ ממעשים א וממעשים יב–יג, שנמסרו בהם דרך אגב כמה פרטים אישיים לשם הסיפורים עצמם, להסבירם. ואולם באוסף ה'מנהגים' שאסף יוזפא, נמצא עובדות שונות המרמזות גם על מעשים שהוא עצמו היה מעורב בהם. בדרך כלל דבק יוזפא בעניין שרצה לספרו, ואין הוא סוטה מן המאורעות שרצה לכתוב עליהם.

גופי המעשיות שבספר המעשים אינם קשורים בקשר ענייני זה לזה (חוץ ממעשים א, ב, ו, ז; ב, יג), אבל חוט מקשר ביניהם, הוא העיר וורמיישא הנזכרת בכל המעשיות, כי הלא לשמה של העיר שגר בה רוב ימי ימיו כתב את ספרו 'מעשה נסים'. מקורות לסיפוריו לא ציין. הוא נהג כרוב מחברי ימי הביניים שהזכירו מעט את שמות החיבורים והמחברים שמהם לקחו דברים או שמהם הושפעו. מעשה ח בספר 'מעשה נסים', סומן בשוליו שנלקח מספר הנודע בסיפורי גוזמאות, זה הספר 'שלשלת הקבלה' לגדליה אבן יחיא. לא ברור אם יוזפא עצמו כתב את ההערה, או שמא המעתיק (בנו של יוזפא) או המדפיס הוסיפו אותה בסוף הסיפור; אבל קרוב הדבר שיוזפא ראה את הספר הזה, כי במעשה ז ובמעשים יד, יז, הוא מביא דברים המסופרים ב'שלשלת הקבלה'. מכל זה מסתבר שיוזפא לא היה סופר מקורי ועצמאי; אבל ניחן בכשרון כתיבה וכוח גדול לספר סיפורים. עם זאת, הקורא את סיפוריו אפשר שישאל, שמא לא כתבם יוזפא אלא בשביל להאחז בנסים ובנפלאות, בכישוף ובהשבעות, ואין הדבר כך. עיקר עניינו היה קהילת וורמיישא וקורותיה.

מחבר שלספר נמצאו בזמנו קוראים רבים והוא זכה לתפוצה גדולה. עד שנת 1777 נדפס הספר כשש פעמים.[3] הקוראים הראשונים היו האשכנזים שבהולנד ובאיטליה; מהולנד עבר עד מהרה לגרמניה ושם נדפסו רוב המהדורות. מגרמניה הגיע הספר לקהילות מזרח אירופה. במאה העשרים התחילו חוקרי ספרות יידיש לעשות שימוש

3   על כך ראה: ח״ד פרידברג, בית עקד ספרים, תל-אביב תשי״ב, מס. 3057.

מבוא

הבא לעיין בקובץ המעשיות אשר אסף יוזפא, שמש דק״ק וורמיישא, יימצא לפניו ספר
קטן, שממדיו הצנועים ושמו, וכן הכותרות בראשי המעשיות המקובצות בו, אין בהם
כדי להעיד על חשיבותו האמיתית. הספר הזה יש בו מעשי נסים עתירי דמיון ועשירים
ביסודות של מסתורין ופלאות, כמקובל בספרי מעשיות בימים ההם; וגם דברים של
בדיחות הדעת ושעשוע, שהיו חביבים על הקוראים העממיים.

יוזפא קרא ושמע מעשיות שכאלה, שהילכו בציבור בוורמיישא, וליקטן אל ספרו.
אבל בתוך המעשים של כישוף והשבעות וצירופי שמות, פזורים גם מעשים שהיו,
אמיתות היסטוריות. יוזפא היה בעל כשרון מיוחד לספר סיפורים, ודמיון ובדיה יחד עם
מציאות היסטורית משמשים בערבוביה בספריו. ובשל כך נחשב ספרו לאחת מיצירות
הספרות היפות שנכתבו ביידיש הגרמנית של המאה הי״ז.

בנו של יוזפא, אליעזר ליברמן, אשר התגורר באמסטרדם בסוף המאה הי״ז, העתיק
את הספר והביאו לדפוס. בשער הספר חסר שם המחבר, אבל יש בו משפטים המעמידים
את הקוראים על חשיבותו של הספר, ומזרזים אותם לקנותו. גם בהסכמת הרבנים בפתח
הספר, נכתבו דברים דומים.[1]

אליעזר ליברמן עזב את וורמיישא כאשר חרבה העיר במלחמת צרפת ואשכנז בשנים
1688–1689, וחי כפליט באמסטרדם. גם לליברמן היתה נטייה לכתיבה, והוא שכתב את
מעשה כה: זה הסיפור על החורבן שהביא הצבא הצרפתי על קהילות הריינוס ובייחוד
על וורמיישא, וצירפו לספר 'מעשה נסים', ואף כי מפורש שם שהדברים נכתבו אחרי
מותו של יוזפא, טען כמה סופרים וכתבו שכל עשרים וחמישה הסיפורים נכתבו בידי
יוזפא. ועוד צירף ליברמן אל הספר בסופו קינה על חורבן וורמיישא, אשר כתב זעקיל,
בנו. מעשה כה הוא אף הוא בעל ערך היסטורי,[2] אך הואיל ואין אנו עוסקים כאן בקורות

1   ספר מעשה נסים, אמשטרדם תנ״ו נדפס 'בבית השותפים אשר אנשיל בן הר״ר אליעזר חזן שליט[א]
     שוחט דמתא [ו]יששכר בער בלא״א אברהם אליעזר. בהקדמה [בעמ' ב] מזכיר אליעזר ליברמן, בנו
     של ר' יוזפא, את שם אביו — ר' יוזפא שמש זצ״ל. אין הוא מזכיר את אביו כמחבר ספר מנהגים.
     המסכימים הם: 'הרב משה יהודה בן לא״א קלונימוס הכהן ז״ל, רב קהל האשכנזים באמשטילדרם,
     ביום ב' ט״ו אדר ראשון, תנ״ו לפ״ק, והרב מאיר מרוידניק, אב״ד ור״ם בק״ק וויזל במדינת
     קליווא, נכתב ביום ו', כ״ה אדר, ות״ן ברכה לפ״ק. שני המסכימים משבחים את הספר ומבקשים לא
     להשיג גבולו של ר' אליעזר ליברמן. שני הרבנים אינם מזכירים את שמו של ר' יוזפא. מדבריהם גם
     משתמע שאליעזר ליברמן הוא שנתן לקובץ את שמו 'מעשה נסים'.
2   ראה: י' שאצקי, 'דאס קלאגליד אויף דעם חורבן פון ווארמס', פילאלאגישע שריפטן ג, ווילנה 1929,
     עמ' 44–49; וראה גם: מ' עריק, די געשיכטע פון דער יידישער ליטעראטור, ווארשה 1928, עמ'
     56–65 (להלן: עריק, געשיכטע).

חלק שני

ספר 'מעשה נסים'

אוקספורד 119, ובתוכם 3 עמודים ריקים, ואילו מספר העמודים של כתב יד וורמיישא הדנים במנהגים הם 229, ובהמשכם 16 עמודים בכתב יד מאוחר בהם מדובר על תשמישי קדושה שהיו מצויים בבית הכנסת. אחרי הרשימה הזאת באים אם 37 עמודים בכתב יד הדומה לצורת האותיות שב׳ספר המנהגים׳. והם כוללים את סדר הפרשיות של קריאת התורה לימות חול ולימי שבת ומועדים. אפשר שיוזפא, באמרו ׳ארוכים׳ הדעת נותנת שכוונתו למידות דפי הספר בכתב היד, ואם כי בכתב יד אוקספורד מספר הדפים קטן מאשר בכתב יד וורמיישא, מידות דפיו גדולות יותר: אורכו של הספר 9½ ס״מ, ורוחבו 5¾ ס״מ. ואילו כתב יד וורמיישא אורכו 6⁴/₅ ס״מ, ורוחבו 4 ס״מ.

ניכר שהקובץ אשר לפנינו, נכתב בידי איש נבון, שידע להתהלך עם הבורא ועם הבריות. הוא הכיר בכישרונו לתאר את מעשיו ואת כל הסובב אותו בקהילת וורמיישא בימי שהותו בה. ואכן, הצליח להעלות על הכתב לא דינים ומנהגים בלבד, כי אם גם מאורעות חשובים שיש בהם משום עדויות היסטוריות חשובות לתולדות יהודי הריינוס במאה הי״ז; מאה שנה לפני המאורעות הגדולים של המהפכה הצרפתית אשר שינתה את פני הקהילה הקדושה וורמיישא.

והטעם לדבר משום שהוא הקדום בין השנים. ועדות לכך הם דברי יוזפא בסוף הלכות
שמחות, כתב יד וורמיישא, עמ' 174:

בימי חרפי בשנת ת"ח כתבתי מנהגים ארוכים וכתבתי שם כל הדינים ואם ירצה
יראה במנהגים ארוכים וימצא מבוקשו... ועוד כתבתי בהם [בארוכים] עניינים
שהם שלא לצורך כלל והארכתי ביותר על כן עלה מחשבה לפני להעתיקם בדרך
קצרה... כי הקיצור אני אהב.

ונראה שבדבריו 'בעניינים שלא לצורך' הוא מתכוון לכתב יד אוקספורד, שכתב בו
עניינים שאין קשר בינם ובין המנהגים, כגון תיאורים של שטפונות, מלחמות וכיוצא
בהם.[53] אין יוזפא מציין תאריכים, מתי התחיל לכתוב את הנוסחים ומתי סיים את
כתיבתם. מדבריו אלה שהזכרנו עולה שהנוסח של כתב יד וורמיישא נכתב אחר שנת
ת"ח (כי בשנת ת"ח התחיל, ואולי אף השלים, את הנוסח של כתב יד אוקספורד).[54]
אמנם בכתב יד וורמיישא נזכרים שלושה תאריכים מתקופת מלחמת שלושים השנה.
בעמ' 143 נזכרות השנים: שצ"ד (1634),[55] שצ"ח (1638) ושנת ת"ב (1642); התאריך
המאוחר ביותר שנמצא בכתב יד זה הוא שנת תל"ו (1676), בעמ' 135 בשוליים.

על פי עדותו שלו כתב יוזפא את הנוסח הארוך — שהוא כתב יד אוקספורד —
בשנת ת"ח. (1648) התאריך של שנת ת"ד (1644), עניין של גט, רשום בשולי עמ' 74ב.
בגוף העמוד נזכרים גם התאריכים שצ"ד ושצ"ח (1634, 1638), וההקשר שבו הם
מופיעים בעמודים האלה דומה למובא בכתב יד וורמיישא בעמ' 143. ויושם אל לב
שהתאריך האחרון הנזכר בכתב יד אוקספורד הוא שנת תל"ו (1676), והוא רשום בעמ'
39ב בשוליים.[56] אותו רישום נמצא בכתב יד וורמיישא, בעמ' 68, וגם שם — בשוליים.
ועוד מופיע התאריך תל"ו בכתב יד וורמיישא, בשולי עמ' 135, אבל פה הוא נזכר
בהקשר אחר לגמרי.[57] מכל אלה עולה שיוזפא חזר ותיקן את שני הנוסחים, והיה עסוק
בכתיבתם ובתיקונם, במשך שנים רבות עד שנת תל"ו, שנתיים לפני פטירתו.[58] אכן,
בתיקונים והערות מדובר, ולא בכתיבה מחדש.

יוזפא כינה את אחד הנוסחים (הוא כתב יד אוקספורד), 'מנהגים ארוכים'. במה אפוא
אמורים דבריו, שכן ניתן לקבל אותם כפשוטם ולומר שכוונתו לאורך הספר, למספר
דפיו. אף לא נכון לקרוא לכתב יד וורמיישא 'מנהגים קצרים'. מספר העמודים בנוסח

53 איידלברג, יוזפא, עמ' 10–11, 16–19.

54 בנוסח וורמיישא, עמ' 27 כתב יוזפא: 'ומזכירין נשמות, ונשמות הקדושים ק"ק וורמיישא...
ונשמות גזירות הרוגי מדינות פולין'. הכוונה להרוגי גזירות ת"ח ות"ט. בנוסח אוקספורד במנהגי
הזכרות נשמות, עמ' 25א–ב לא נזכרים הרוגי פולין.

55 ייתכן שיוזפא התחיל את תפקידו כשמש קרוב לשנת 1634, במה עסק יוזפא משנת 1623, שנת בואו
לוורמיישא עד שנת 1634 לא ידוע.

56 נזכר מעשה שקרה בשנת תל"ו: 'מעשה בכהן שחלל את השבת וקנה דבר מאכל בשר במקולין של
ערילים' (הבשר היה מיועד ללא יהודי) ולא נתנו לכהן לעלות לדוכן לברך, והרב היה בעת ההיא ר'
אהרן תאומים.

57 שם מסופר על מנהג ברית מילה שנהגו בשלושה ילדים שנולדו ביום אחד.

58 ראה י' זימר (לעיל, הערה 44).

א' אפשטיין נפטר בשנת 1918 בווינה, וספרייתו עברה לידי הקהילה שם, ובתוך הספרים וכתבי היד היה גם כתב היד של המנהגים שהוא מזכיר במאמרו. בימי מלחמת־העולם השנייה נחרבה הספרייה עם חורבנה של הקהילה כולה, ואוצרות הספרים וכתבי היד נבוזו. מאז נעלם כתב היד של המנהגים ליוזפא, זה כתב היד שאפשטיין מזכיר במאמרו, ועד היום לא נודע מה עלה לו לקובץ הזה.

אחרי מלחמת־העולם השנייה רכשה ספריית שוקן בירושלים העתק מצולם של מנהגי יוזפא, ומישהו רשם ברשומות הספרייה שהצילום נעשה מכתב היד שהיה שייך לאברהם אפשטיין, אבל לא הביא הוכחות לדבר. ואולם, המעיין בטקסט המצולם ומשווה אותו לכתבי היד של אוקספורד ושל וורמיישא, יבחין מיד שהאותיות בצילום אחרות הן; בעוד נוסח אוקספורד ונוסח וורמיישא דומים זה לזה ונראה שאיש אחד כתבם, הרי הכתב שבצילום מאוחר יותר ודומה לכתיבה של המאה הי״ח. גם בעריכת הדברים ניכרים שינויים: בעותק אשר הצילום שלו נמצא בספריית שוקן נוספו הוספות שאינן בכתבי היד של אוקספורד ושל וורמיישא. ומצד אחר, חסרים בטקסט המצולם דברים המצויים בשני כתבי היד האחרים. ועוד: בשני הנוסחים הידועים כתובות הערות השוליים בכתב ידו של יוזפא, ואילו בעותק המצולם כתובות כמה הערות בכתב יד אחר, כלומר, כאן עריכה אחרת. וקשה הדבר שאחרי שיוזפא רשם עוד בשנת תל״ו (1676) הערות שוליים בכתב יד אוקספורד, עמ׳ 39ב ובכתב יד וורמיישא, עמ׳ 135 יבוא יוזפא, איש זקן וחלש, שנתיים לפני פטירתו (הוא נפטר בשנת 1678), ויכתוב למנהגים גרסה חדשה ונקייה, באותיות ברורות מאירות עיניים.

ויש משערים שהעותק שממנו נעשה הצילום, מעשה ידיו של אליעזר ליברמן, בנו של יוזפא שמש, הוא; ותומכים השערתם זו בהערה שכתב יוזפא בנוסח אוקספורד בשולי עמ׳ 12א. וכך כתב: 'במנהגים אשר נכתבו ע״י בני...', ואולם המלים האלה אין בהן כדי להוכיח שהבן העתיק את מנהגיו של אביו, יוזפא. אילו עשה כן, היה יוזפא כותב זאת. ועוד, אם נאמר שהעותק הזה העתיקו אליעזר ליברמן, לא סביר שאליעזר לא היה מודיע על כך בשער הקובץ, שכן הוא לא היה מן הענווים ולא היה נמנע מלהזכיר את שמו על הספר. זה ניתן לראות ממה שכתב בשער הספר 'מעשה נסים', שחיבר אביו יוזפא, והוא אליעזר, הביאו לדפוס.

וכאן מקום לשאלה האם אפשטיין, שהיה בזמנו חוקר ידוע בעל שם וגם אספן שהתמצא בכתבי יד,[52] לא יבחין ולא יראה שהעותק שרכש מיורשי לעהרן כתוב בכתב שונה מכתב יד וורמיישא, אשר אפשטיין ראה אותו בלא ספק (כתב יד אוקספורד, נראה שאפשטיין לא ראה אותו אבל שמע וקרא עליו). מכאן אנו באים להטיל ספק בקביעתם של חוקרים, כי הצילום הזה הוא צילום הכתב שהיה ביד לעהרן ולאחר מכן ביד אפשטיין. ואפשר ששגו גם שניהם ונדמה להם שבידיהם הכתב שנכתב ביד יוזפא עצמו. פתרון שכזה קשה לקבלו. מהדורתנו זאת יסודה, כאמור, בכתב יד אוקספורד,

52　עיין: כתבי ר׳ אברהם עפשטיין, ירושלים תש״י, עמ׳ 7–13.

וורמיישא. במרוצת השנים אבדו ונעלמו השרידים מבית הקהילה, שבו היו מונחים.
ר׳ יעקב ריישר ששימש ברבנות בקהילת וורמיישא בין השנים 1718–1715 (והיה
גיסו של ר׳ דוד אופנהיים), מזכיר בספרו ׳שבות יעקב׳, לבוב תרכ״א (חלק ב, סימן קכח)
את ׳מנהגי וורמיישא׳, סתם, ולא ברור אם כוונתו היתה למנהגי יוזפא שמש. ר׳ יעקב ידע
בוודאי על יוזפא, ובוודאי היה מזכיר את שמו כמחבר ה׳מנהגים׳, ולא היה מסתפק
בלשון ׳מנהגי וורמיישא׳ סתם, בלא שיזכיר את בעל הספר. והוא הדין ב׳המנהגים׳ סתם,
שנזכר בספר ׳מקור חיים׳ לר׳ יאיר חיים בכרך, סימן תו.[44] אביו של ר׳ יאיר חיים בכרך,
ר׳ שמשון, מדבר על יוזפא הסופר ושמש הקהל ומזכירו בשמו, בשו״ת ׳חוט השני׳,
סדילקאוו תקצ״ג, סימן עג. ואילו נתכוון ר׳ יאיר חיים בכרך לקובץ של יוזפא, היה כותב
זאת במפורש. הידיעות על הספר של יוזפא שמש הגיעו לדורשי חכמת ישראל רק קרוב
לסוף המאה הי״ט ובעיקר, לאחר שאדולף נויבאור, חוקר וביבליוגרף ידוע, פרסם בשנת
1886 קטלוג לספרים ולכתבי היד אשר בספריית בודלי באוקספורד.[45] את כתב היד של
מנהגי יוזפא רכשה ספריית בודלי יחד עם עוד ספרים וכתבי יד מעזבונו של הרב דוד
אופנהיים, שנולד בוורמיישא בשנת 1664 ונפטר בשנת 1736, בהיותו רבה של פראג.[46]
רבה של וינה, מ׳ גידמאן, היה מראשוני החוקרים שנעזרו בקטעים מחיבורו של יוזפא.
הוא השתמש בהם לצורך ספרו על חינוך יהודי המערב ותרבותם.[47] גם דוד קאופמאן,
בספרו על ר׳ יאיר חיים בכרך ואבותיו,[48] נעזר בקטעים מ׳מנהגי וורמיישא׳ של יוזפא
שמש. החוקר השלישי היה אברהם אפשטיין,[49] במאמרו על ספרי המנהגים של קהילת
וורמיישא. גם שמחה אסף עשה שימוש בקטעים מ׳מנהגי וורמיישא׳ שעניינם חינוך,
בספרו ׳מקורות לתולדות החינוך בישראל׳.[50]

כאן יש לתת את הדעת על מאמרו של א׳ אפשטיין, במיוחד דבריו על נוסח שלישי
של כתב ידו של יוזפא, שהיה בידו. אפשטיין כותב, שנוסף על שני כתבי היד הידועים,
נמצא בידו כתב יד שלישי שקנה במכירה פומבית באמסטרדם בשנת 1899. לפי דברי
אפשטיין היה כתב יד זה ברשותו של אברהם משה לעהרן, אספן מאסטרדם, ואפשטיין
רכש את כתב היד מיורשיו של לעהרן. במאמרו זה ציין אפשטיין שהעותק הנמצא
ברשותו הוא המלא והמושלם בשלוש הנוסחאות.[51]

44 אחרי שסיימתי את הפרקים שבכתב, בא לידי ספר המנהגים, חלק ראשון, שיצא לאור על ידי מכון
ירושלים (תשמ״ח), עם מקורות וביאורים מאת ב״ש המבורגר ומבוא היסטורי מאת י׳ זימר. פרופ׳
זימר סובר (שם, עמ׳ 66), שהכתוב ב׳שבות יעקב׳ וב׳מקור חיים׳ מתכוון למנהגי יוזפא שמש (כתב
היד של ׳מקור חיים׳ נמצא בספריית הסמינר ע״ש שכטר שבניו־יורק).

45 A. Neubauer, *Catalogue of the Hebrew Manuscripts in the Bodleian Library*, Oxford 1886,
no. 909

46 ביוגרפיה קצרה ועדכנית על ר׳ דוד אופנהיים: א׳ מונלש, כתובות מבית העלמין היהודי העתיק
בפראג, ירושלים תשמ״ח, עמ׳ 352–351.

47 M. Güdemann, *Quellenschriften zur Geschichte des Unterrichts und der Erziehung bei den
deutschen Juden*, 2, Berlin 1891, p. 218

48 D. Kaufmann, *Jair Chajim Bachrach und seine Ahnen*, Trier 1894, pp. 36, 37

49 ראה: אפשטיין, מנהגים, הערה 1.

50 ש׳ אסף, מקורות לתולדות החינוך בישראל, א, תל אביב תרפ״ח, עמ׳ 118–117.

51 ראה אפשטיין, מנהגים, עמ׳ 21.

בכתיבת קובץ המנהגים. וכאמור המטרה אשר לפניו היתה להעביר מסורות חשובות
לדורות הבאים. כמו כן נמצא בקובצו של ר' ליווא מאורעות ידועים, שהתרחשו
בוורמיישא. אבל רובם יש להם זיקה לעניינים של תפילה ופיוט, ומשום כך הכניסם. גם
אפשר, שהעורך סיני לואנץ הוא שהוסיף לחיבורו של ליווא מעשיות שהיו מהלכות
בוורמיישא במשך דורות.

ר' יוזפא ממעט להביא בספרו מקורות, ומזכיר בעיקר את שמות הרבנים ששימשו
בוורמיישא בשנות כהונתו כשמש, ורק לעתים רחוקות הוא נדרש לפוסקים אחרים. יש
מקום להשערה שיוזפא שמע את שמע של ליווא קירכהיים, וגם על קובץ מנהגיו שהיו
בוודאי ידועים בקהילה. אבל בספריו אין הוא מזכיר לא את ליווא ולא את אוסף
המנהגים שלו. אם כי לפי דבריו מטרתו הגלויה היתה להנציח את מנהגי וורמיישא
לדורות הבאים, יש לשער שתפקידו כשמש הקהילה המריץ אותו לחבר ספר זה לטובת
עצמו לשמש לו כספר עזר. בקובצו של יוזפא אין חידושים רבים, לרוב כל מנהג שנזכר
אצלו יש לו שורשים בספריהם של קודמיו. מנהגים אלה נובעים לא רק ממקורות יהודי
גרמניה אלא בחלקם הם ממקורות יהודי המזרח.[41] אין לתמוה כל כך על תופעה זו משום
שאפשר שלכולם היה מקור קדום אחד שלא ידוע לנו עליו. נחתום ונאמר שיוזפא ניחן
בכישרון ספרותי שליווא לא הצטיין בו כמוהו. סקרנות של סופר ושל מלקט ידיעות
היתה טבועה באופיו. היה לו צורך לגלות דברים ולספר עליהם גם אם לא תמיד היו
הדברים קשורים ישירות אל נושא חיבורו. קובצו זה של יוזפא, שהוא קובץ מנהגים
שאליו יש לצרף את ספר 'מעשה נסים' ועמו את פנקס הקהילה, מעלים לפני הקורא
דברים בעלי חשיבות על אופייה של הקהילה ועל אורחות חייה בכל עושרם הרבגוני.
כתביו מייצגים פרקים חשובים בהיסטוריה ובפולקלור המשמשים עד ימינו חומר מרתק
למחקר. לסיום יש להוסיף כמה פרטים ביבליוגרפיים הנוגעים לשני כתבי היד של
המנהגים: (א) כתב יד אוקספורד (OPP.909) [OPP.751]; (ב) כתב יד וורמיישא. כתב
יד וורמיישא היה שמור שם בבית הקהל במשך כל הדורות עד מלחמת־העולם השנייה.
בתקופת המלחמה היה כתב היד בידי רבה האחרון של קהילת וורמיישא, אשר היגר
לאמריקה. אחר המלחמה החזיר הרב את כתב היד לוורמיישא.[42] מהדורתנו זו מבוססת
בעיקר על כתב יד אוקספורד הבא בכרך זה בצורת פקסימילה. כתב יד זה עדיף על כתב
יד וורמיישא, יש בכתב היד הזה רשימות וסיפורי מאורעות שאינם נמצאים בשני, והיה
הראשון שיצא מתחת ידי יוזפא.

כאן יש להעיר ולהזכיר דברי א' אפשטיין (אשר ביקר בוורמיישא בשנת 1900 ועיין
בכתבי היד שהיו מונחים בקהילת וורמיישא).[43] מדבריו מסתבר שבגנזי קהילת וורמיישא
היו מונחים שרידים של קובצי מנהגים שנכתבו בימי הביניים, שנים רבות לפני זמנם של
ליווא ויוזפא. קטעים אלה נזכרים בשם, 'מנהגים דק"ק וורמיישא' ו'מנהגים של קהל'.
אין ספק ששניהם, ליווא ויוזפא השתמשו בהם לצורך חיבוריהם על המנהגים של

---

41 ראה י' ברגמן, היהדות, ירושלים תרצ"ה, עמ' 94–121; ואיידלברג, יוזפא, עמ' 5 הערה 12.

42 ראה על כך: איידלברג, יוזפא, עמ' 12.

43 ראה: אפשטיין, מנהגים, עמ' 3–6.

המנהגים, לכן לא אצו המדפיסים לפרסם ספרי מנהגים אחרים. ועוד יש לומר שבמאה הי״ז החלה מסתמנת ירידה בכתיבת מנהגים בארצות המערב בגלל תפוצתו של הספר 'ארבעה טורים', שכתב ר' יעקב בן הרא״ש, חכם ממוצא גרמני שחי בספרד. ואף על פי שהספר הזה הוא ספר הלכה, הוא כולל מנהגים שנהגו בכל בית ישראל.

כמאתיים שנה אחר שנכתב ספר הטורים, פרסם ר' יוסף קארו את ספרו 'בית יוסף', ולאחריו את ה'שולחן ערוך'. מתחילה התנגדו חכמי פולין לעבודתו הגדולה של ר' יוסף קארו, משום שלא כלל בספרו גם את דעתם של גדולי הרבנים באשכנז, אבל כעבור זמן רפתה התנגדותם, משהופיע ה'שולחן ערוך' עם הערותיו והגהותיו של ר' משה איסרליש (הרמ״א מקראקא). בהערותיו הוסיף לו ר' משה את פסקי הלכות ומנהגים של חכמי אשכנז, ומאז הפך ה'שולחן ערוך' לספר ההלכות והמנהגים המקובל בכל בית ישראל. כתוצאה מכך נתמעטה כתיבתם של ספרי מנהגים, והמעטים שנכתבו בגרמניה במאה הי״ז, נועדו לקהילות הוותיקות אשר הקפידו על המנהגים מיוחדים שלהם. לסוג קבצים שכאלה שייכים אוספי המנהגים של ר' ליווא בן קירכהיים ושל יוזפא שמש. שניהם חיו בוורמישא; ליווא הגיע לכלל זקנה, ונפטר בשנת 1632, ויוזפא זכה לשיבה ונפטר בשנת 1678. אין אנו יודעים אם הכירו זה את זה פנים אל פנים.

כתב יד המנהגים, הנקרא על שמו של ר' ליווא קירכהיים נמצא אחר מלחמת־העולם השנייה בפולין, באוסף החברה ההיסטורית היהודית של וארשה, והיה מסומן ZIH 32, ועתה הוא בידי אספן פרטי בני־יורק. מדברי המעתיק, ר' סיני, עולה שידו לא היתה רק בהעתקת הקובץ מכתב 'ישן ומיושן ומטושטש', אלא שנטל רשות לעצמו להוסיף על הספר ולערוך אותו, והוא עצמו מספר על כך בהקדמתו. מכאן שכתב היד אשר לפנינו איננו כתב ידו המקורי של ר' ליווא. לא כן הדבר בספרו של ר' יוזפא 'מנהגים דק״ק וורמישא', שהוא כולו של המחבר, ואפילו ההקדמה לקובץ אף היא בכתב ידו של יוזפא. בשל כך נבדלים הספרים האלה באמינותם הבדל של ממש. ומה שר' סיני, העורך, עשה עבודתו כמאה שנה לאחר פטירתו של ר' ליווא, ואפשר — אף למעלה מזה.⁴⁰ מן הקובץ המיוחס לר' ליווא עולה שהוא היה גדול מר' יוזפא בתורתו ובידיעותיו. עם זאת לא שימש ר' ליווא ברבנות ולא היה ראש ישיבה בוורמישא.

נראה שר' ליווא, בן למשפחה ותיקה בוורמישא, היה נחשב כתלמיד חכם בקהילה. בספרו הוא מעמידנו על כך שכבר בימיו נבעו פרצות בחומת המנהגות, ולכבוד התורה ולכבוד מנהגי ישראל, שמסורתם מסורת מקודשת, ביקש לאסוף אותם בקובץ מיוחד שיהיה לפני הציבור, כדי לעודדו לקיים ולשמור אותם. ר' ליווא הביא בחיבורו בעיקר את מנהגי בית הכנסת, דהיינו את נוסחי התפילות של ימות החול וימי שבת ומועד. אף הדגיש את ההקפדה על סדר אמירתם של הפיוטים שקיבלו במסורת מדורות קדומים. וכדרכם של תלמידי חכמים, הביא מקורות לא משל חכמי גרמניה בלבד, כי אם גם משאר גדולי ישראל, ביניהם הרמב״ם ור' יוסף קארו, וגם מהרמ״א ובעל הלבוש מחכמי פולין. ר' ליווא, שעלה על יוזפא בלמדנותו ובבקיאותו, היה שונה ממנו גם במגמתו

40 י״ל קירכהיים, מנהגות וורמייזא, עם הערות ומראי מקומות, נספחים ומפתחות על ידי ישראל מרדכי פלס. מכון ירושלים, ירושלים תשמ״ח, עמ' 37–44.

שהביאום בשם מורו, וכתבם בספר. החיבור ידוע בשם 'ספר מהרי"ל', ונדפס לראשונה
בשנת שט"ז (1556), בסביוניטה שבאיטליה. זלמן אלעזר מספר בהקדמתו לספר,
שהמהרי"ל הנהיג מנהגים שקיבלם מרבותיו ר' אברהם ור' שלום. רוב המנהגים עניינם
תפילה וחגים. וכן הוא מספר על הלחנים שר' יעקב מולין היה מזמר כאשר עבר לפני
התיבה. בסוף האוסף נספח קצר הנקרא ליקוטים, שבחלקם הם שיחות חולין שנמסרו
בשמו של המהרי"ל. במקום אחד שם מצויים גם דברים המיוחסים לר' שלום
מנוישטאט. מנהגי מהרי"ל כמו פסקיו בספר השו"ת, נתקבלו ונתקיימו בין יהודי
גרמניה,[38] והמנהגים נשמרים עד היום באדיקות אצל שארית הפליטה של החרדים יוצאי
גרמניה בכל ארצות פזוריהם.

בידינו קובץ מנהגים אחר, מן המאה הט"ו מבית מדרשו של ר' ישראל איסרליין, בן
דורו הצעיר של המהרי"ל. יש סוברים שהיה בן למשפחה של יוצאי גרמניה שהתיישבו
באוסטריה. מוריו של ר' איסרליין היו ר' נתן מאיגר (בוהמיה), ר' עוזר משוויידניץ
(שלזיה) ודודו ר' אהרן בלומלין מווינה, שנהרג שם על קידוש השם בגזירות קפ"א
.(1421)

החכמים האלה לא השאירו אחריהם דברים בכתובים, אבל תלמידיהם מעידים
עליהם שהיו גדולים בתורה (בעיקר ר' נתן מאיגרא), וקרוב הדבר שששימשו לפני מורים
מבית מדרשם של חכמי אשכנז אשר פעלו שם לפני גזירות ק"ט. באמצעות רבותיו למד
איסרליין את תורתם של חכמי גרמניה הקדמונים וסיגל לו את שיטתם. איסרליין הניח
אחריו ספרים שכתב הוא עצמו, ושכתבו תלמידיו משמו. ייתכן שאת החלק הראשון
מספרו 'שו"ת תרומת הדשן' הוא סידר במו ידי, אך החלק השני — 'פסקים וכתבים'
נסדר בידי תלמידיו של ר' איסרליין. שניהם יצאו לאור בכרך אחד ונדפסו לראשונה
בוונציה בשנת רע"ט (1519). תיכף להופעתו נתפרסם הספר בין הלמדנים שהחשיבו את
פסקי ההלכה שלו. מנהגיו והליכותיו נאספו בספר בידי תלמידו של הרב איסרליין —
יוסף בר' משה מהכשטאט, והוא קרא לאוסף המנהגים בשם 'לקט יושר' וגם הקדים
לחיבור הקדמה רבת תוכן. כתב היד 'לקט יושר' היה מונח בספריית האוניברסיטה של
מינכן מאות בשנים, ורק בשנת 1903 יצא לאור בברלין על ידי חברת מקיצי נרדמים, עם
הערות והגהות שהוסיף יעקב פריימאן. הספר 'לקט יושר' עולה בחשיבותו על אוספי
המנהגים שקדמו לו.[39] פרסומו של הספר נתאחר, ולא רק משום 'הכל תלוי במזל, אפילו
ספר תורה שבהיכל', כי אם גם מטעמים אחרים. המדפיסים במאה הט"ז בחרו להדפיס
ספרי הלכה ומנהג אשר סברו שיתקבלו ברצון בקהל הלומדים. כאשר בחרו מתוך כתבי
היד את אשר בחרו, היו שיקוליהם גם שיקולים של תפוצה, והעדיפו מה שהניחו שיהיה
לו ביקוש בקהל ישראל. והואיל ואחרי פטירתו של ר' ישראל איסרליין הלך ונדרדר
לימוד התורה באוסטריה, ובגרמניה כבר נחשב ספר מנהגי המהרי"ל ספר מוסמך בתורת

---

38 מסתבר שהשפעת פעולותיו של מהרי"ל על יהדות גרמניה הביאה לכך שאף שהן ליווא קירכהיים
והן יוזפא שמש מזכירים את ר' יעקב הלוי מולין (מהרי"ל), ואין הם מזכירים אפילו פעם אחת את
מנהגי ר' יצחק אייזיק מטירנא.

39 המעיין בשתי ההקדמות ובהערותיהם של זלמן אלעזר מסנקט־גואר ושל יוסף מהכשטאט בא לידי
מסקנה שתלמידו של איסרליין עולה בתכונותיו ומתבלט בידע ובניסיון על תלמידו של המהרי"ל.

שמותיהם נזכרים בחיבורים של חכמי הדורות שפעלו אחריהם. מכל חבורת החכמים האלה, ר' אברהם קלאוזנר לבדו זכה שחיבור מנהגיו נשמר בידי תלמידיו, ועבר מיד ליד עד שנדפס בשנת שי"ט (1559), בריוּוא־די־טרינטו שבאיטליה. עד כמה שידיעתנו מגעת, לא נערך הספר בידי ר' אברהם עצמו, וגם לא זכה לפרסום רב. לעומתו זכה ספר מנהגים אחר ונתפרסם; זה ספרו של ר' יצחק אייזיק מטירנא (הונגריה), תלמידם של ר' אברהם ור' שלום הנזכרים. נראה שר' יצחק ישב שנים מספר בישיבות אוסטריה, בעיקר בווינה ובנוישטאט, ולמד תורה ומנהג אצל רבותיו אלה. ר' יצחק שב למולדתו, להונגריה, ושם שימש ברבנות, וכתב ספר מנהגים. והואיל ור' יצחק עצמו עסק בסידור קובץ מנהגיו, ואף הקדים הקדמה לספר, יצא החיבור מתחת ידו מתוקן ומסודר יותר מאשר הספר של מורו.

ספר מנהגי ר' יצחק אייזיק מטירנא הופיע לראשונה בוונציה בשנת שכ"ו (1566), ועם הופעתו נתקבל בהערכה וברצון אצל הלומדים. ר' יצחק, אף שהוא מהלל בהקדמתו את רבו ר' אברהם וקורא לו רבי המובהק, לא חסך ממנו דברי ביקורת, ובין השאר כתב שר' אברהם קלאוזנר 'הרבה בראיות חמורות וטעמים שאין בהם רצון'. ר' יצחק גם מתנצל בהקדמתו על שהוסיף 'ספר מנהגים חדש', אבל לא לכבודו עשה את הדבר הזה, אלא למען הצורך לבני אדם, 'שיהיה להם ספר מנהגים מקוצר ובלשון שירוץ בהם הקורא'. ואמנם חיבורו זה, שקנה לו מקום חשוב בספרות המנהגים,[36] זכה למהדורות מרובות וגם נתרגם לשפת ייִדיש. יש לציין שר' יצחק נזהר מלעבור מעניין לעניין, ונמנע מלהביא סיפורים ומעשיות.

שני ספרי המנהגים האלה יש בהם כדי ללמד עד כמה התפשטו המנהגים בכל מקום, ועד כמה רבו וגם נתגוונו. ספרו של ר' יצחק נפוץ לא במערב לבדו, כי אם גם במזרח. אבל בגרמניה לא היתה הבכורה לספרו של ר' יצחק מטירנא, כי אם לספרו של ר' יעקב ב"ר משה הלוי מולין מארץ הריינוס, הוא המהרי"ל.[37]

ר' יעקב נדד בנעוריו מגרמניה לאוסטריה ויצק שם מים על ידיהם של חכמים. מורו המובהק היה ר' שלום מנוישטאט, וקרוב הדבר ששמע לקח גם מפיו של ר' אברהם קלאוזנר. כמה שנים ישב המהרי"ל באוסטריה, לא נתברר. בשובו לגרמניה הביא עמו גם תורה שלמד וגם מנהגי המקום שאימץ, ואחר כך צירף אותם עם מנהגי גרמניה. המהרי"ל שימש ברבנות והיה גם ראש ישיבה בעל שם, ותלמידים רבים נהרו לישיבתו. עם התורה שלימד לא זנח אף את הוראת המנהגים, ויהודי גרמניה ראו בו גדול בהוראה ובר סמכא בתחום המנהגים, ורבים פנו אליו הן בשאלות של הלכה והן בשאלות של מנהג. הוא נפטר בשנת קפ"ז (1427) בווֹרמיישא ושם נקבר.

אחר שנפטר המהרי"ל התפשטו בגרמניה מנהגים שייחסו לשמו, כאילו הוא שחידש אותם, אבל לאמיתו של דבר היו אלה מנהגים ששמע ואסף בהיותו תלמיד בישיבות אוסטריה. אחד מתלמידיו של המהרי"ל, זלמן אלעזר בן יעקב מסנקט־גוֹאר (שוֹטגוֹוערא) שבסביבת הריינוס, אסף מנהגים ששמע מפי מורו ומפי חכמים אחרים

36   ראה: א"ה וייס (לעיל, הערה 34).
37   השווה: מ' גרינוואלד, מהרי"ל וזמנו, ניו יורק תש"ד, עמ' 43–67.

תוקפם של המנהגים גבר בשנים שלאחר המגפה השחורה הקרויה במקורות גזירות
ק״ט (1349). הדברים אמורים בקהילות מרכז אירופה ובמיוחד בגרמניה, שהעלילות
שבאו על היהודים המיטו הרס וחורבן על רוב קהילותיה. רבנים מפורסמים נהרגו,
ישיבות נשרפו ובהן ספרים לאין מספר. ואחר ששככו הפרעות רבתה העזובה בחיי יהודי
גרמניה, לימוד התורה נידרדר, ובהעדר סמכות של רבנים גדולי תורה עלה חשיבותו של
המנהג; ולא אחת תפס את מקום ההלכה. יש שתלמידי חכמים אשר נשאלו שאלות לא
פנו לפסוק בהן מתוך עיון בהלכה ובמקורותיה, והסתמכו בתשובתם על מנהגים שאספו
בעצמם, או ששאלו אותם מבעלי המנהגים ומפי זקנים למדנים שזכרו את המנהגים
שהיו נוהגים בקהילות שונות לפני גזירות ק״ט.[34] חיי הרוח בגרמניה החלו להתאושש
בסוף המאה הי״ד ובתחילת המאה הט״ו, הרבה בזכותו של מרכז תורה שהתפתח
באוסטריה.

כיהודי גרמניה, נפגעו אף יהודי אוסטריה מגזירות ק״ט, משום ששליט הארץ,
ההרצוג לבית האבסבורג, אלברכט השני היה תמיד זקוק לכספים, וראה ביהודים מקור
לא אכזב להכנסות מן המסים שהטיל עליהם. הוא עמד לימינם ועצר בעד הפורעים אשר
ביקשו לפרוע בהם פרעות. כתוצאה מכך מצאו יהודי גרמניה באוסטריה מחסה מגזירות
ק״ט. ביניהם היו גם תלמידי חכמים וגם צעירים אשר חשקה נפשם בתורה.

בין החכמים שפעלו בווינה בשלהי המאה הי״ד היה ר׳ מאיר ב״ר ברוך הלוי מפולדה,
שלמד בצעירותו באחת הישיבות בערי הריינוס. מתי הגיע לווינה לא נתברר, אבל נזכר
שבסוף המאה הי״ד כבר היה בגיל הזקנה. מן המקורות עולה שהיה רב בווינה ומנהיג
של כלל יהדות אוסטריה,[35] והיה מומחה בתולדות המנהגים ורבים פנו אליו בשאלות
בענייני הלכה ומנהג. ר׳ מאיר ב״ר ברוך מפולדה לא השאיר אחריו לא ספר ולא קונטרס,
אבל שמו נזכר בחיבורים שהשאירו תלמידיו ותלמידי תלמידיו.

בן דורו הצעיר של ר׳ מאיר, ר׳ אברהם קלאוזנר היה רב מרביץ תורה בווינה בימים
ההם, ומתורתו נשאר קובץ מנהגים אשר אספו תלמידיו. המקורות מלמדים גם שר׳
אברהם החשיב מאוד את המנהג, כנראה שהיו בידיו קונטרסי מנהגים מגרמניה ששרדו
מימים שלפני גזירות ק״ט, ונכללו בתוך קונטרס מנהגיו, וזה הביא לידי חוסר אחידות
בהרצאת הדברים.

מתחילת המאה הט״ו ידועים עוד חכמים שהיו, כנראה, צעירים מר׳ אברהם קלאוזנר.
אף הם התגוררו באוסטריה והיו מרביצי תורה, ידעו את המנהגים ועשו להפצתם. מן
הגדולים שבהם, הידועים לנו, ר׳ שלום מנוישטאט, ר׳ פסח מקרימז ור׳ יעקל ור׳ אהרן
מווינה. גם חכמים אלה החשיבו את המנהגים כגורם בעל משקל בהכרעות ההלכתיות.

34 ראה דברים על המנהגים, בעיקר לאחר המגפה השחורה: א״ה וייס, דור דור ודורשיו, ה, וילנא
תרע״א, עמ׳ 239 ואילך. וכן עיין מ׳ גידמן, התורה והחיים בארצות המערב בימי הביניים, ג (תרגם
מגרמנית א״ש פריעדבערג), ווארשא תרנ״ט, המבוא ועמ׳ 3–20.

35 ראה עליו מ׳ גידמן, שם, וכן ראה: י״י יובל, חכמים בדורם — המנהיגות הרוחנית של יהודי גרמניה
בשלהי ימי הביניים, ירושלים תשמ״ט, עמ׳ 464, בערך ׳מנהגים׳ ועמ׳ 474 בערך ׳מאיר סג״ל בן
ברוך׳.

היו מקובלים מנהגים בענייני דת ונימוסים בחיי יום־יום של העברים הראשונים. ואולם,
מחמת מיעוט הידיעות בדבר הקבעותו והשתרשותו באומה, רבו הדיונים על מהותו של
המנהג. מעמדם של מנהגים שונים היה לשאלה מחריפה והולכת ככל שהלכו היהודים
והתפזרו בארצות הגולה. הפולמוס על המנהג מופיע בספרות חכמי ספרד הראשונים,
וגם בספרות חכמי אשכנז, שהתווכחו בשאלה זו בינם לבין עצמם. הוויכוחים נסבו
בעיקר על כוחו ותוקפו של המנהג ועל מעמדו במסגרת ההלכה, כי לא תמיד עלה המנהג
עם ההלכה בקנה אחד.[33]

לא כאן המקום להיכנס לסבך הבעיות שנתלבטו בהן חכמים שבאו לקבוע את מעמדו
של המנהג; ומה גם שלא נתברר איזה מנהג לידתו במשפט ובדין או נתפתח מתוך אורח
חיים מסוים, שהיה קשור בהווי של העם, או שבא מכוח תקנות שגרמו הזמן והמקום.
הדבר תלוי בטיבו של המנהג הנידון. סדרי הקדימות של מנהגים והלכות משתנים: יש
שחכמים ופוסקים תומכים במנהג את החלטתם המשפטית; אף יש כאלה שעל פי המנהג
מכריעים בפסיקה לאסור או להתיר, לחייב או לזכות. וההיסטוריון יש שהוא מוצא
במנהג חידוש לחזק בו את הנחתו, ויש שהוא משתמש במנהג כדי לדחות הנחתו של
חוקר מסוים. המנהג משמש כאבן בניין בתורת הפולקלור. לימוד ידע העם קנה לו מקום
בעולם המדע רק במאה הי״ט, ולא מעט בזכותו של מוסד המנהג.

אם כי קובץ המנהגים ליוזפא שמש נכתב במאה הי״ז בקהילת וורמיישא שעל הריין,
הרי הרבה מדבריו מגיעים לימים קדומים. ולכן מן הראוי שנדון בקצרה על ראשיתו
ותפוצתו של 'מנהג אשכנז'. השם הזה נקרא תחילה על קיבוץ יהודי אשר ישב לפנים
בגרמניה ובצפון צרפת. ואולם במרוצת השנים נפוץ היישוב האשכנזי לכל קצווי
אירופה, ולמנהגיו נצטרפו מנהגים שונים, וכולם נקראו בשם 'מנהג אשכנז'. ההגירה
ממקום למקום אפילו היו סיבותיה חיצוניות בלבד, הביאה שינויים במנהגים הן אצל
המתיישבים הוותיקים, הן אצל מי שמקרוב באו. פעמים בא מנהג חדש ונתערב, אגב
שינויים, במנהג ישן. אבל לא אחת התנגדו הוותיקים למנהגים של החדשים ודחו אותם,
וכתוצאה מכך התפתחו בקהילות קבועות שהחזיקו במנהג אשר סתר מנהג קודם, ולשתי
הגישות נמצאו תומכים בקהילה. היו גם מקומות שנשתכחו מנהגים ישנים ולבסוף
נתבטלו, וחדשים באו במקומם. כל אלה גרמו שכבר בימי הביניים נוצרו בגרמניה הבדלי
מנהגים בין איזור לאיזור, ואפילו בתוך הקהילות עצמן לא היו המנהגים אחידים תמיד.
מכאן שאין לייחס משקל של ממש לרמזי יוזפא על קדמותם המיוחדת של מנהגי
וורמיישא, ולא לגוזמאותיו בדבר מנהגי תפילה שהגיעו לוורמיישא בימי בית המקדש.
בתמימותו לא הבחין יוזפא בניתוק הרצף של מסורת המנהגים עם חילופי האוכלוסיה
בוורמיישא שגרמו המאורעות שבאו על העיר במשך הדורות מימי המתיישבים
הראשונים ועד המאה הי״ז, שבשנותיה פעל יוזפא בקהילה.

---

33 הספרות העשירה שנכתבה על מוסד המנהג מפורסמת היא, והקורא ימצא את הדברים. ראה,
לדוגמה: י׳ תא שמע, 'הלכה מנהג ומסורת ביהדות אשכנז במאות הי״א–הי״ב (עיונים ראשונים)',
סידרא ג (תשמ״ז), עמ׳ 86–167. על תקופה מאוחרת יותר, ראה י״א דינרי, חכמי אשכנז בשלהי ימי
הביניים, ירושלים תשמ״ד, עמ׳ 443, ערך 'מנהג — מנהגים'; וראה גם: י׳ ברגמן, הפולקלור
היהודי, ירושלים תשי״ג, בהקדמה ובמבוא, ותוכן הפרקים בעמ׳ 7.

שמקומות הישיבה של הרב והפרנסים היו במזרח בית הכנסת סמוך לקיר. חשובי הקהל
ישבו על כיסאות, נשענים על המגדל, והחשובים פחות ישבו על הספסלים מאחור.
האורחים הנודדים ישבו קרוב לפתח היציאה מבית הכנסת, על יד המקום שנועד
לאבלים. גם הסטנדר נזכר. לחשובים היה סטנדר, הוא מעמד עץ מוגבה, להישען עליו
ולהניח עליו את החומש או את הסידור, ובו כמין מגירה, מקום לטלית ולתפילין.[29] יוזפא
מזכיר גם את השולחן אשר עליו הונח ספר התורה בשעת הקריאה. השולחן היה עשוי
עץ מפותח פיתוחים אמנותיים בצורות פרחים.[30] גם לבושם של באי בית הכנסת נזכר
ב'מנהגים' של יוזפא. בגד לימי חול ובגד לשבתות וחגים, מלבושי החשובים ובגדיהם
של הבינוניים.[31]

דבר לא נעלם מעיניו של יוזפא השמש הנאמן, ואם כי הכל נמסר בשפה פשוטה
ונעימה, משתמעת מדבריו ההכרה בחשיבות המנהגים, וההוראה להקפיד בשמירתם.
בדבריו של יוזפא על המנהגים נשמעת כעין נימה של סמכות, אפילו כשמדובר בנימוס
ודרך ארץ המקובלים אצל אומות העולם; גם בסדרים האלה ראה יוזפא מנהג ישראל, על
כל החובות הכרוכים בכך.

העיון הזה במנהגים דק"ק וורמיישא, מצריך להידרש קצת לשאלת המנהג ולספרי
המנהגים והתפתחותם.[32] בסקירה הזאת נבהיר בקצרה את תולדותיו של מוסד המנהג,
אשר מקום נכבד וחשוב לו בתולדות הרוח והחיים של העם היהודי.

ראשית הופעתו של המנהג, אין אנו יודעים עליו מדברי חכמים. מסתבר שמוסד
המנהג שרשיו נעוצים עוד בנעורי העם היהודי, וקרוב הדבר שכבר לפני מעמד הר סיני

---

29 כתב יד אוקספורד, עמ' 17א: 'הוא עצמו [הפרנס] הולך אל הרב למקומו המיוחד לישיבתו בבית
הכנסת ומכבדו'. השטענדיר נזכר בפנקס הקהילה, טור 38. מסופר גם שהשטענדיר היה בשימוש
הרב ר' חיים, ומתכוון לר' יאיר חיים בכרך, לפני שקיבל את הרבנות בוורמיישא. ועיין: אלבוגן
(לעיל, הערה 23), עמ' 356–357; קרויס (לעיל, הערה 26), עמ' 252–253.

30 ראה רישום של שולחן לקריאת התורה מהמאה הי"ז בוורמיישא הנמצא בספרו של פראוברגר:
H. Frauberger, *Über alte Kultusgegenstände in Synagoge und Haus*, Frankfurt a.M. 1903,
p. 31

31 לבוש הגברים והנשים מתואר בקשר עם בית הכנסת, לבוש לימות החול ולשבתות. על החזן ללבוש
מעיל עשוי משי (כתב יד אוקספורד, עמ' 9ב). אבל גם על המתפללים לבוא לבושים מעיל עליון
(כתב יד אוקספורד, עמ' 11א). ראה גם כתב יד אוקספורד, עמ' 17ב, על בגדי חול המועד: 'שחרית
חול המועד לובשין אנשים ונשים סרבל של שבת גם טלית של שבת אבל בערבית לובשין אנשים
ונשים סרביל של חול'. ראוי לציין שיוזפא מזכיר לבושי נשים בראשי חדשים, כתב יד אוקספורד,
עמ' 18א: 'יש נשים [ש]יש להם סרבילי" מיוחדים לר"ח בבית הכנסת ורובם יש להם צעיפים של
ר"ח'. במיוחד הוא מתאר לבושי נשים בפרק שעניינו טקס הנישואין, כתב יד אוקספורד, עמ' 58א
ואילך. עם זאת מזהיר יוזפא על מלבושים של גאווה ופריצות, ראה כתב יד וורמיישא, עמ' 155. אין
יוזפא מתאר את מלבושי הרב, אבל הוא מרמז על בגדים חשובים שהיו הפרנסים לובשים במיוחד
כשהיו צריכים להיפגש עם הגמון העיר. ראה בפרק על מנהג הפרנסים, כתב יד אוקספורד, עמ'
19א; כתב יד וורמיישא, עמ' 22–25. על לבושם של יהודים בגרמניה בשלהי ימי הביניים ראה:
H. Pollak, *Jewish Folkways in Germanic Lands (1806–1848)*, Cambridge, Mass. 1971, pp.
159ff.

32 כוונת הדברים הבאים להבהיר את מקומם של כותבי מנהגים בקהילת וורמיישא במאה הי"ז,
ובמיוחד את ערכו של קובץ מנהגים שאסף יוזפא, אשר נידון בחיבור הזה.

לעולם. כאמור, אין הדברים מפורשים בכתביו, אבל אפשר להעלותם מרמזיו כגון שאי
אמירת 'אדון עולם' בתפילת שחרית בוורמיישא מתפרש לפי דעתו משום שהוא שיר
שנתחבר לאחר ייסוד קהילת וורמיישא שנוסדה אחרי חורבן הבית הראשון, שאז הגיעו
ראשוני היהודים לוורמיישא.[25]

בכללם של סדרי בית הכנסת, הוא מזכיר גם מנהגים שנהגו בתשמישי קדושה,
בתקנתם ובסידורם לפי המנהגים הקבועים בקהילה. וכן הוא מספר על הרכוש שהיה
שייך לבית הכנסת. מסתבר שלמרות כל הפורענויות שעברו על הקהילה, נמצאו בבית
הכנסת בוורמיישא תשמישי קדושה ותכשיטים בעלי ערך רב. ואגב אורחא הוא מתאר
את מעשה האמנות של הפרוכות אשר על ארון הקודש ואת המפות שעל הבימה ועל
עמוד החזן. גוני הפרוכות והמפות היו בהם משום סימנים לעונה: בימי הפסח, בשבועות
ובסוכות היו הצבעים מרהיבי עין; בימים הנוראים היו הפרוכת והמפה על הבימה
לבנות, ומרוקמות באותיות של זהב;[26] ואילו בימי האבלות של שלושת השבועות בין
שבעה-עשר בתמוז לתשעה באב, היה השמש מחליף את הפרוכת הצבעונית בפרוכת
שחורה.

יוזפא מתאר בקובץ הזה את הדלקת האורות בבית הכנסת של וורמיישא. ההדלקה
הזאת, אף היא נעשתה על פי תכנית וסגנון, ואלה נקבעו לא על פי הצורך בתאורה בלבד;
להדלקת הנרות והמנורות היתה חשיבות של מצווה ושל טקס. מתיאורו של יוזפא
מסתבר שבשעת התפילה והלימוד דלקו אורות בבית הכנסת כולו, בכל פינותיו ובצדי
הספסלים שישבו שם המתפללים והלומדים. בכניסה לבית הכנסת היתה תלויה מנורת
שמן עשויה פליז ושרשרותיה מהודקות לתקרה. מעל ארון הקודש היתה תלויה 'מנורת
תמיד' שפתיליה הפיצו אור נוגה על ההיכל. על עמודו של החזן היו פמוטי נרות להאיר
את ספר התפילות. רהיט מרשים היה המגדל (הבימה); משני צדיו דלקו נרות, ומעליו
היתה תלויה מנורת נחושת בעלת שבעה קנים. לכבוד שבת ויום טוב הואר בית הכנסת
באור יקרות, ואילו בימי צום ואבל נתמעטו האורות. בהדלקה נעזר השמש בגבאים אשר
בין שאר תפקידיהם היה גם התפקיד הזה. החלונות בבית הכנסת, אף עליהם נתן יוזפא
את דעתו. אבל איננו מזכיר שהיו שם שנים-עשר חלונות.[27]

המתפללים בני העדה ישבו במקומות קבועים אשר קנו מאת ועד הקהילה.[28] מסתבר

25   ראה: איידלברג, יוזפא, עמ' 2; ומעשה נסים, מעשיות א,ב.

26   קישוטים ותשמישי קדושה כמו אלה שיוזפא מזכירם במנהגי וורמיישא, היו מקובלים גם בבתי
      כנסיות אחרים בגרמניה באותו הזמן. ראה: ש' קרויס, קורות בתי התפילה בישראל, ניו יורק
      תשט"ו, עמ' 128 ואילך; אלבוגן (לעיל, הערה 23), עמ' 353 ואילך; כמו כן ראה כתב יד אוקספורד,
      עמ' 12ב—13א.

27   איזכור החלונות נמצא בכתב יד אוקספורד, עמ' 25ב וזה לשונו: 'פותחין חלונות בית הכנסת בר"ח
      סיון והמה ישארו כך פתוחים עד יום לקודם שאומרין סליחות לפני ראש השנה ואז מחזירין
      החלונות שיהיו סתומים כל ימי החורף עד ר"ח סיון'. על חלונות בית הכנסת ראה בספרו של קרויס
      (לעיל, הערה 26), עמ' 236—237. יוזפא מוסר גם פרטים על הדלקת האורות בבית הכנסת, על
      מקומם ועל השימוש בהם. ראה כתב יד וורמיישא, עמ' 157—158.

28   על המסחר במקומות ישיבה בבית הכנסת לאנשים ולנשים בוורמיישא במאה הי"ז ראה להלן בחלק
      השלישי, טורים: 3, 5, 14, 35, 38; וכן בכתב יד אוקספורד, עמ' 83.

ראיתי נוהגין ומה ששמעתי מאנשי סגולה, שהיו נוהגין כן והוא מנהג ישן נושן כי בו יוסד המנהג מתחילה... ובזכות זה יזכה [המוצא שגיאות בספר ויסלח על כך], לעלות מעלה מעלה עד עת הגאולה, ויראה בבנין ירושלים עיר המהוללה אשר יהיה במהרה בימנו אמן סלה, וכן דברי הטרוד בהבלי הזמן הכלה, יפתח יוסף יוזפא שמש לבני הקהילה, בן לאדוני אבי נפתלי הירץ סג"ל מנצפך ממשפחה מעולה, נכתב בשנת תי"ו חי"ת, הוא מנהג לגרמיזא [ת"ח — 1648] (כתב יד אוקספורד, עמ' 7א, ב).

יוזפא קבע מקום נכבד בקובצו לנוסחי התפילות והפיוטים שהיו נוהגים לאומרם בוורמיישא דורות רבים קודם שבא יוזפא לשם. אמירתם הייתה חשובה לציבור כולו, והקפידו לא לשנות מן המנהג. בקיאותו של המחבר ניכרת לא רק בידיעותיו על נוסחי התפילות והפיוטים אלא גם במה שהוא מוסר לנו על ניגונים שנהגו לזמרם בבית הכנסת דק"ק וורמיישא. כל תפילה היה לה ניגון משלה, החל בשחרית של ימות החול, וכלה במערביות וביוצרות שנאמרו בשבתות המיוחדות ובמועדים. ניגוני התפילות התאימו באופיים לייחודו של יום: ביום טוב היתה השירה עליזה ומעודדת, בימי אבלות וצום היו הניגונים נוגים ובימים הנוראים שוררו ניגונים מלאי רגש, שמילאו את הלב רעדה. רבות מן המנגינות היו מיוחסים למסורות שקיבלו, ואשר נזכרות גם במנהגי ר' יעקב מולין (המהרי"ל), שנתפרסמו לאחר מותו.[23] יוזפא נדרש רק לעתים רחוקות לשאלת ייחוסן של מסורות הפיוטים והמנגינות. ואף כי אין הוא מדבר על כך מפורשות, יש להניח שבתקופת פעילותו שמע מסורת מהלכת, שרבים מן הניגונים מסיני ניתנו; כלומר, היו ניגוני תפילה שנוצרו עוד בימי מתן תורה. אפשר שהם השוו את ניגוני התפילה לטעמי המקרא, מה אלה מזמן מתן תורה, אף מנגינות של כמה תפילות שנהגו לשיר, מימות סיני הן.[24] ואפשר שהרעיון שניתנו מסיני נוצר מן הרצון שיהיו ניגוני התפילות נשמרים

---

23 ראה י"מ אלבוגן, התפילה בישראל בהתפתחותה ההיסטורית, תל אביב 1972 (בעיקר על הזמרה בבית הכנסת), עמ' 375 ואילך, וכן A.Z. Idelson, *Jewish Music*, VIII, N.Y. 1929, pp. 129ff.
24 E. Werner, *A Voice Still Heard... The Sacred Songs of the Ashkenazic Jews*, University Park, Pennsylvania 1976, pp. 26ff., ושם בעמ' 117 על הניגונים באשכנז במאה הי"ז. בפרק זה המחבר חוזר גם על מקורות למנגינות מסיני, ומסמיך לכך את דברי רש"י בפירושו למסכת ברכות סב ע"א ד"ה 'טעמי תורה': 'נגינות טעמי מקרא של תורה נביאים וכתובים... ובצלצול נעימות הנגינה... מוליך ידו לפי טעם הנגינה ראיתי בקוראים הבאים מארץ-ישראל'. אידלסון וורנר נוטים להסיק מכאן (אם כי אין הדבר ברור), שמנגינות הגיעו לטריויש, שבצפון צרפת, מארץ-ישראל וגם מתימן, וכן מסיקים מרמזים שהם מצאו בספר חסידים, סימן תתיז (הוצאת וויסטינעצקי ופריימאן, פרנקפורט תרפ"ד, עמ' 207), וזו לשונו: 'לא תסיג גבול רעך אשר גבלו ראשונים שתיקנו הנגונים שלא יאמר ניגון של תורה לנביאים וכתובים ושל נביאים לתורה ולכתובים ושל כתובים לתורה ולנביאים אלא כל ניגון כמו שהוא מתוקן שהכל הלכה למשה מסיני שנאמר [שמות יט:טז] יעננו בקול'. ושם בהערה לסימן זה תתיז מובא הכתוב בתוספות ב"ק יד ע"ב ד"ה 'בפורענות', 'וניגון אחד דבמיהם [בימי חכמי התלמוד] היה נגון כדאמרינן [מגילה ד:ב] ויקראו בספר תורת אלהים מפורש ושום שכל מאי, ושום שכל פסוקי טעמין[ם]'. אידלסון וכן ורנר מפליגים עוד (שם) ומרמזים שגם לר' יעקב הלוי מולין היו ניגונים עתיקים (ספר מהר"יל, אמסטרדם 1720, 'הלכות יום כיפור', מז ע"ב), אבל אין הם מעירים שמדובר שם בניגונים מסיני. לאחר עיון בדברים יש למחברים רק מקור אחד, ובו רמז לקדמות הניגון הן בטעמי המקרא והן בכל ניגון המתוקן כקבוע, זה ספר חסידים סימן תתיז. בשאר המקורות הנזכרים, כגון ברש"י ובתוספות, מדובר בטעמי המקרא ולא בניגוני תפילה.

חיתוכי פירות וכרוב כבוש וכדומה ומזהיר אזהרה חמורה לבל יקרבו ערל וערלית אל
האוכל ואל עשייתו.

הקפדה יתירה הקפידו על היין שתהיה עשייתו בידי יהודים ובבתי יהודים, שלא יהיה
בו כל חשש 'יינם'; וגם כדי להבטיח את יכולת מכירתו בשוק. וכך הוא מוסר ב'מנהגים':

עושין היין ברחוב יודים דווקא, לא בבתי הערילים. וקונים מן הערילים חביות
מלאות רייזן, ענבים כתושים עם החרצנים, וכך מביאין הערילים לרחוב היהודים,
ואח"כ נעשה היין בגיתות ובתי הבד שבבתי היהודים על ידי יהודים. וכבר
נתפשט בכל תפוצות ישראל איזו יחידי סגולה שמינן שותין... אותו יין הנעשה
ע"י עצמו או בני ביתו. מ"מ שוה היין הבא מהכא, ק"ק וורמיישא, להתם, כי היין
של קהילתינו הוא בחזקת כשרות בכל מקום (כתב יד אוקספורד, עמ' 77א–78ב).

אחר שעסק בעניני כשרות והזהיר על שמירתה, הוא מתאר כיצד היו ממונים נושאי
תפקידים בקהילה: השוחט ובחירתו ונאמנותו,[19] שומר הלילה,[20] גובה המסים וגבאים
לעניינים שונים,[21] וכן כיצד קובעים את המסים. להלן מזכיר יוזפא בתוכן העניינים —
מנהג בר מצווה, מנהג הרב ובני הישיבה. שלושת בתי הדין — הרב, הדיינים, והבוררים,
ואת מנהג הקונה ס"ת חדש ואיך ישאנה לבית הכנסת בכבוד ובגדולה. ומסיים בנטילת
ידיים, ומנהג הסעודה וברכת המזון.[22] יוזפא מסיים הקדמתו בדברי התנצלות אלה:

ובטרם אסיים אבקש מכל הקורא במנהגים האילו הן איש או איש[ה] בחור
ובתולה, לא יעשו אותם [את המנהגים] עטרה לראשי להגדילה, או לעלות עלי
בעבורם מעלה, כי כל מה שכתבתי במנהגים איננו חכמה או תחבולה, רק היא
מלאכה ככל פועל העושה פעולה, וכל אחד יכול לכתוב כמוני דבר שהוא לעין כל
נגלה, ואפילו קטן ואפילו אשה יכולה, על כן אינני ראוי להחזיק לי טובה על
דברים האלה, אשר כתבתי רק לזכרון כי יראתי השכחה כאשר רגילה... הלא לא
כתבתי מלבי דבר קטנ[ה] או גדול[ה] או על דעתי הקלושה השפלה, רק כאשר

---

19   ראה כתב יד אוקספורד, עמ' 79א.

20   על סדר השמירה ברחוב היהודי מוסר יוזפא פרטים הדומים לשמירת העיר כולה: 'מנהג שמירת
     הלילה, ממנין שומרי לילה ונותנין שכר קצוב להעיר כל הלילה, זה קודם חצות וזה לאחר חצות,
     וילכו ברחוב כל הלילה ויפקחו עיניהם שלא יארע ח"ו תקלה או מקרה לילה בלתי טהור, ובכל שעה
     מכריזין ויקראון בקול גדול ויודיעו לכל שהוא בשעה פלונית... וכן בכל לילי השנה אפילו לילי
     שבת וי"ט בכלל, ואם השעה צריכה מוסיפין עליהם איזה ב"ב להיות עמהם במשמרתם, ורגילין
     לעמוד עליהם ממונים שקורין ווכטמיינשטר, ויש להם שכר קצוב מהפרנסים' (כתב יד אוקספורד,
     עמ' 79א).

21   יוזפא מזכיר ב'מנהגים' את גבאי בית הכנסת ומכנה אותם בשם סגן–סגנים, כתב יד אוקספורד, עמ'
     12א ועוד, שם בעמ' 81א–83א הוא מפרט את התפקידים שמלאו גבאי ההקדש וגבאי הצדקה וכן
     את מעשה הגבאים שדאגו לאיכסונם של בחורי הישיבה שבאו מחוץ לעיר. בכתב יד וורמיישא, עמ'
     159 כתב יוזפא בחיבה מיוחדת על מינוי גבאי ארץ־ישראל שעסקו באיסוף כספים לעזרת היישוב
     האשכנזי בארץ־ישראל. מסתבר מדבריו שהיה לקהילה פנקס מיוחד לרישום המעות ששלחו
     לארץ־ישראל, והיה נבדק על ידי הפרנסים.

22   ראה כתב יד אוקספורד, עמ' 86ב–90א, 107א–109א.

סיום מסכתא וסדר הסעודה. אחרי אלה באים הלכות קידוש לבנה כמנהג המקום, קידוש
החמה ודיני גיטין וחליצה.[16] בדיני גיטין יוזפא מרחיב את הדיבור על תקנה קדומה
וחשובה:

ותקנת רבותינו נוחי הנפש הקדמונים שלא ליתן שום גט אם לא ישלחו מקודם
לק״ק שפייאר וק״ק מענץ. ואותם הפרנסים להסכים עמנו ליתן גט זה, ואפילו אם
הוא יום הוועד ופרנסים דשפייאר ומענץ פה בקהילה, וגם מסכימים על נתינת
הגט, אינו ניתן על הסכמתם, רק מחוייבים לשלוח שליח עד שפייאר וועד מענץ
והשליח צריך להביא ההסכמה מהפרנסים שהפרנסים חתומים מתחתיו, ועם
השליח מחוייב המגרש [לשלוח] לכל קהילה ג׳ אלט״י טורני״ש לפרנסים ויחלקו
הפרנסים הזקנים שבהם בשפייאר ובמענץ וביום הגט מחוייב ליתן גם ג׳ אלט״י
טורני״ש לפרנסים שבקהילה פה, להסכים גם המה לתת הגט וגם יחלקו הג׳
טורני״ש לג׳ פרנסים זקנים פה. אני [יוזפא שמש] הייתי סופר לגט עגונה לאישה
שהיה בעלה בעל המלחמה ומעגן אותה שמונה שנים,[17] ופתאום בא הבעל עם
שיירה לכאן והתרצה לגרש את אשתו ולא היה לבעל זמן להמתין על השלוחים כי
היתה שיירה עוברת ובלאו הכי לא היה אפשר לשלוח למענץ כי היתה במצור
וניתן הגט ולא נשלחו השליחים, [כי] בעגונה הקילו, מכל מקום נשלחו ג׳
טורני״ש לג׳ פרנסים בקהילה. עוד כתבתי גט לבעל מלחמה שהיה מעגן את
אשתו כמה שנים ועשה עליו חתיכא דאיסורא, כי אמר שזינתה תחתיו. לזה לא
נשלחו שלוחים כמו בגט הנ״ל מאפס הזמן... והיה זה ו׳ כ׳ טבת ת״ב [1642]
(כתב יד אוקספורד, עמ׳ 74ב, וביתר פירוט בכתב יד וורמישא, עמ׳ 142–143).[18]

יוזפא נוגע גם בעניני כשרות המצרכים שגויים מעורבים בעשייתם, כגון יין, חמאה,

---

16 בדיני ברכה על חידוש החמה שמברכים אחת בכל עשרים ושמונה שנים, מוסר יוזפא לתומו פרטים
    הנוגעים בתולדות חייו. בכתב יד אוקספורד, עמ׳ 76ב, מספר יוזפא שזכה לראות שלושה מחזורי
    חמה. בתחילת מחזור קצג הוא היה צעיר לימים בעיר מולדתו פולדה, שנים מספר לפני שעזב את
    עיר מולדתו והלך לוורמיישא. בברכת מחזור קצד, יוזפא השמש הכריז ברחובות השכונה היהודית
    שיש להתאסף מאחורי בית הכנסת לפני ה׳בריית הויד׳ (אולם החתונות) כדי לקדש את החמה. בעת
    ברכת החמה של מחזור קצה היה כבר יוזפא זקן, בא בימים, וההכרזה ׳חמה מקדש זיין׳ נעשתה על
    ידי שמש אחר, ובשולי עמ׳ 76א רשם יוזפא: ׳וכן היה נוהג מורי האלוף העתיק הותיק האב ב״ד מוהרר
    אהרן [תאומים] נרו פה ק״ק וורמישא, בתחילת מחזור קצה שהכריז ע״י השמש׳.
17 מעשה הגט קרה בטבת ת״ב (1642), שש שנים לפני סיום מלחמת שלושים השנה. לפי דברי יוזפא
    השתתף הבעל במלחמה, מסתבר שהכוונה ללוחם לצד הגרמנים. לא ידוע לנו ממקורות אחרים
    שחיילים יהודים השתתפו בגייסות הגרמנים במלחמת שלושים השנה, כנראה שהמדובר ביהודים
    בודדים שהצטרפו כמתנדבים נגד הצבאות הזרים שלחמו על אדמת גרמניה. יוזפא מציין גם שהעיר
    מגנצא היתה בזמן נתינת הגט שרויה במצור, ולא ניתן היה לשלוח את הגט לשם כדי לקבל את
    הסכמת הפרנסים.
18 תקנה זאת הנזכרת בדברי יוזפא מובאת בספר מהר״יל, אמסטרדם 1720, עמ׳ סא. מהדברים
    הנאמרים בשם המהר״יל מסתבר שהתקנה היתה קיימת בקהילות שו״ם מזמנים קדמונים, ועל טעם
    התקנה נאמר שם: ׳כי עיקר התקנה לא נתקנה מעיקרא רק להחמיר על הזוג להרבות הוצאה אולי רע
    בעיניהם להוציא ויבטל הגט׳. טורניש הוא מטבע עתיק שנטבע לראשונה בעיר טור שבצרפת.

גם ההווי של יום־יום ועסקי החולין באו לידי מידה של ביטוי בקשר לסדרי התפילה כגון, שקיצרו בסתיו באמירת תהילים ושיר הייחוד מפני דוחק הזמן בתקופת הבציר:

מה שאין אומרים פה לא תהילים ולא שיר הייחוד מיום א' בשבוע שלפני יום כיפור עד יום א' הראשון של חודש חשון, הטעם לפי שבימים האלו הוא הבציר ואיסוף הענבים מן הכרם, ורבים מאנשי קהילתנו סובבים במדינה בכפרים כדי לקבל פרעון מה שחייבו להם הכפרים מן היין של בציר, ומאחר שמקצרין בבית הכנסת ואין אומרים תהילים ושיר הייחוד באין לב״ה להתפלל טרם יצאו, אבל אם הם אומרים תהילים ושיר הייחוד והיו מאריכין בבית הכנסת לא באו לב״ה כלל, כי אדם בהול על ממונו ויראו אם יעכב זמן ארוך ימצא הכפרי אמתלא שלא יתן לו היין. על כן טוב הוא שלא לאמרן בימים האלו, מ״מ פורעין אמירת תהילים ושיר היחוד בליל כל נדרי שאומרים אותם מראשו לסוף. גם בהושענא רבה שחרית. ואומרים תהילים בצבור קודם או הבוקר מראשו, וזה בא לפרעון על זמן שלא אמרו אותן (כתב יד וורמישא, עמ' 221).

וכך הוא ממשיך עד שמגיע לחודש אדר ובו הוא מסיים את מחזור השנה. מעתה הוא פונה לעסוק במנהגי אירוסין ונישואין,[13] מילה,[14] פדיון הבן, הלכות אבלות,[15] מנהגי

וורמיישא ושאר קהילות ישראל ובינהם גזירות פראג. יוזפא הוסיף גם גזירות 'הרוגי פולין', הכוונה לגזירות ת״ח ות״ט שאירעו בימי חייו. ראה כתב יד וורמיישא, עמ' 27.

13 על מנהגים וטקסי אירוסין ונישואין שבספרי המנהגים נכתב הרבה; וראה: איידלברג, יוזפא, עמ' 4 הערה 9; י' זימר, 'מנהגי נישואין בוורמיישא', סיני כרך פו, חוברת א–ב (תש״מ), עמ' יד–נד.

14 על הלידה והיולדת נמצא ב'מנהגים', כתב יד אוקספורד, עמ' 84–85 ובכתב יד וורמיישא, עמ' 160. יוזפא מוסר שם על קביעת קמיעות והשבעות בחדר האם והילד, כסגולות להברחת שדים ומלאכים רעים האורבים לאישה וליולד וילד כדי להזיקם. טקס ברית המילה נערך בבוקר בבית הכנסת בנוכחות חברי העדה ואורחי המשפחה. סעודת המצווה נערכה מאוחר יותר בבית הורי הנימול. בשולי עמ' 65א רשם יוזפא פרט מעניין, שבשבתא פרשת חוקת שנת תי״ז (1657) ביקר הדוכס מהיידלברג בבית הכנסת של וורמיישא, כדי לראות טקס ברית מילה שהתקיים בשבת ההיא. בכתב יד אוקספורד, עמ' 84ב מוסר יוזפא על מנהג הווימפיל או ויינדל, זהו החיתול שחבשו בו את המילה אחרי הברית. על הווימפיל הזה כתבו את שם הילד, שם אביו, ותאריך הלידה. גם היו מציירים על הווימפיל את 'מזל החודש' שבו נולד הילד. ביום ההולדת הראשון של הילד היו מביאים אותו ואת החיתול לבית הכנסת שם גזרו את הווימפיל ועשו ממנו אזור לכרוך בו את ספר התורה אחרי שגוללים אותו בסיום הקריאה. ראה, J. Gutmann, 'Die Mappe Schuletragen', Visible Religion, 2 (1983), pp. 167–170

15 הלכות ומנהגי אבלות מקומם ב'מנהגים' אחרי 'ברכת חולים'. יוזפא מכנה את מנהגי האבלות, בשם הלכות שמחות. ובהם כלולים: פטירה, לוויה, טהרה, קבורה ודיני אבלות השמחה. ראה: י' ברגמן, הפולקלור המשפחה הקרובה לנפטר. יש לציין שלעניין עשיית ארון המת מוסיף יוזפא מנהג נדיר והוא: 'לרב התופס ישיבה לוקחין דף אחד משולחן הישיבה ועושה אותו בארון... ומצניעין בקברו, למעלה בראשו [לשם כך], עושה מן הצד נקב חלל ולוקח קדירה חדשה ומשים בתוכה ס״ת ותפילין בלוויה ופסולים' (אוקספורד, 69ב). רובם של המנהגים שהביא יוזפא בהלכות אבלות, קדומים הם בבית ישראל שבתפוצות הגולה, נזכרים שם גם מנהגים שיש בהם מן האמונה בכוחות המגיה, שמבצעים אותם מלאכי חבלה ורוחות רעות הרוצים להזיק את החיים ואת המתים. ראה: י' ברגמן, הפולקלור היהודי, ירושלים תשי״ג, עמ' 37–45.

הידועות,[5] ומודיעים תיכף להגמון [העיר]: פרנס פלוני נבחר... אז ההגמון יר"ה
עצמו, או יעמיד אחר תחתיו לפלטין של ההגמון, ומצוה ע"י משרתו שכל
הפרנסים כולם יתקבצו יחד מחר או באיזו יום שרוצה בו ההגמון ויבואו בשעה
פלונית מחר קודם חצות בחצר ההגמון ויבא השמש עם החומש. ובעת
שילכו הפרנסים לחצר ההגמון, כל מי שירצה להכנס ולראות בבחירתו ובכבודו
שיש לו בחצר ההגמון, הרשות בידו, אפילו לנשים ובחורים ובתולות. וההגמון
מכניס איזו פרנסים אצלו, או כולם, ושואל אם הוא ראוי כך מצד מעשיו ומצד
יכולתו ומצד משפחתו. ושואל אותם אם אינו מן השלושה משפחות שאין בוחרין
מהן פרנס...[6] ואח"כ כשיוצאין הפרנסים מפלטרין של ההגמון יר"ה מסדרין
ועומדין בעיגול, והשמש בתוך העיגול, ואז המלומד של ההגמון בא גם לתוך
אותו עיגול של הפרנסים, והשמש צריך לעמוד עם החומש בצדו, והחומש פתוח
ביד השמש בדף השבועה על עשרת הדברות, והפרנס הנבחר מניח ידו על העשרת הדברות
והמלומד מקרא לו השבועה מתוך ספרו של גלחות[7] והפרנס אומר אחריו מלה
במלה עד גמר השבועה, והיא שבועה ארוכה. והפרנס השובע עם כל הפרנסים
ועם השמש, כולם מכסים את ראשם בכובע שלהם בשעת השבועה אפילו אם
ההגמון עצמו שם.[8] והפרנס הנבחר עתה לובש כותנת ובית-צוואר לבן והולך
במלבושי שבת וי"ט החשובים שיש לו טרם שהולך לחצר ההגמון, ומחוייב
לעשות סעודה חשובה לפרנסים... ויכלו לכופו על ככה (כתב יד אוקספורד, עמ'
18ב–19א וכן כתב יד וורמישא, עמ' 13–14).[9]

בעקבות קודמיו בעלי ספרי המנהגים פותח יוזפא את "מנהגי החדשים" לא בחודש
תשרי כי אם בחודש ניסן,[10] כאן באים דיני חג הפסח, ובתוכם דיני אפיית מצות. ואחריו
נותן לפנינו יוזפא דינים ומנהגים של ימי חג וצום[11] השייכים לכל חודש וחודש. בתוך כך
הוא משלב סדר שמירתם של התפילות המיוחדות וכן קינות וסליחות שנתחברו לזכר
מאורעות החודש.[12]

---

5   בנוגע להשערות זיהוי שלוש המשפחות שאסור לבחור מהן פרנסים. ראה: איידלברג, יוזפא, עמ'
    8–9.

6   G. Wolf, *Zur Geschichte der Juden in Worms*, Breslau 1862, pp. 4–5

7   'המלומד' היה מזכירו של בישוף וורמישא, הוא ניהל את טקס השבועה. על הפרנס היה לשלם
    מטבע אחד להגמון, וכן מטבע למזכיר, שהיה מקבל גם בקבוק יין נאפוליאני משובח. כתב יד
    אוקספורד, עמ' 19ב.

8   מסתבר מדברי יוזפא שלכבוד ההגמון עמדו, בעת הטקס, הפרנסים גלויי ראש, אבל בשעת אמירת
    השבועה כיסו את ראשם.

9   בפרק על הפרנסים מוסר יוזפא על הפעולות המגוונות אשר אותן ביצעו הפרנסים לטובת הקהילה.
    ראה גם כתב יד וורמישא, עמ' 159–160.

10 ראה כתב יד אוקספורד, עמ' 20א, 'ועתה אתחיל ואכתוב מנהג החדשים ואתחיל בראש חודש ניסן',
    בשוליים רשומה הערה, 'ר"ח ניסן חל לעולם בימי א,ג,ה,ז ולא בד,ר, והוא לעולם חד יום'.

11 בין המנהגים שנהגו בווורמישא בימי צום מזכיר יוזפא את סדרי בית הכנסת המיוחדים כגון:
    החלפת הפרוכות והמפות לצבע שחור סימן לאבל, וכן המעטת האורות שבבית הכנסת. כתב יד
    אוקספורד, עמ' 24ב–29א.

12 ממנהגי אמירת תחינות מיוחדות בימי תענית עולים זכר עלילות ימי הרג וחורבן שבאו על יהודי

'מנהגים דק"ק וורמיישא', הוא ספר אשר כתב יוזפא שמש, נאמן הקהל, ובו תיאר את מנהגי הקהילה וארחותיה, שבאו לכלל ביטוי בחיי יום-יום ומועדים, הן בחיי הכלל, והן בחיי הפרט. בפתח דברי ההקדמה שלו ל'מנהגים' הוא מודיע מה טעם כתב את החיבור הזה, ואלה דבריו: יראתי פן תשכח חוקים ישרים וטובים סדר פיוטים המיוחדים לבני וורמיישא יצ"ו, שמתי מנהגים שנוהגים פה בקהילה לזכרון על מגילה'. ושם, בהקדמתו הוא נותן לפני הקורא תוכן עניינים של הקובץ.[1] יוזפא סידר את המנהגים לפי סדר התפילות ואגב זאת תיאר את האירועים בבית הכנסת, כפי שהיה נהוג בוורמיישא משנים קדמוניות. לפעמים יבואו שינויים בנוסח וורמיישא.[2]

יוזפא פותח את קובצו במנהגי הימים, כלומר, בסדר התפילות לימי החול, לשבתות ולמועדים, ובהם מנהגי קריאת התורה. בתוך עיסוקו בסדר התפילות הוא מתאר גם את רהיטי בית הכנסת ושאר תשמישי הקדושה ושימושיהם. אחריהם הוא מביא מנהגי ראש חודש ועומד על ייחודו של כל אחד מן החודשים. בדבריו, על חודש חודש ומנהגיו,[3] הוא מדבר גם על מנהג פרנס החודש ובחירתו: ובתוך כך הוא מוסר על טקס בחירתו של פרנס חדש, ואלה דבריו:

אם מת אחד הפרנסים מתאספים לבחור פרנס אחר במקומו. הבחירה היא של פרנסים לבד ואין שום ב"ב או אויסר קהל,[4] או רב עמהם, רב נבחר ע"פ רוב דיעות הפרנסים... והרשות בידי הפרנסים לבחור מי שירצו, חוץ משלוש המשפחות

---

1   ראה כתב יד אוקספורד, עמ' א6–א8.
2   למשל על המנהג שלא לומר את הפיוט 'אדון עולם' בתפילת שחרית בבית הכנסת בוורמיישא כותב יוזפא: 'מה ששמעתי שאין אומרים אדון עולם פה ק"ק [וורמיזא], יש בזה שני טעמים, האחד, לפי הנשמע, נתיישבה הקהילה מימות חורבן בית ראשון והיה נוהגין כמו שהיה נוהגים במקדש, כי גם שם היו מתחילין בבוקר בברכת באי"י וכו' ולא עם אדון עולם, ועוד טעם אחר, השיר של אדון עולם התיסד כמה שנים אחרי שנתיישבה קהילתנו... ולא רצו אנשי קהילת וורמיישא לשנות מנהגים' (כתב יד וורמישא, עמ' 217). יוזפא לא ידע שהפזמון 'אדון עולם' מיוחס למשורר שלמה אבן גבירול שחי בספרד. ראה: י"מ אלבוגן, התפילה בישראל בהתפתחותה ההיסטורית, תל-אביב 1972, עמ' 69. ועל אי אמירת פיוט אקדמות בוורמיישא בחג השבועות כותב יוזפא: 'אין אומרים אקדמות פה וורמיישא' (כתב יד וורמישא, עמ' 30) ואינו מנמק את המנהג, מאידך נזכר במנהגים של ליווא קירכהיים שאין אומרים אקדמות, 'כי פעם אחת היה פה ק"ק גרמיזא חזן אחד ואמר אקדמות בקול נעים וכוונה גדולה, לאחר שסיים לקח אותו אלהים ועל כן אין אומרים אותו', ובמקום אחר כותב קירכהיים שלא ידוע טעם המנהג לא לאמר אקדמות בוורמיישא, ראה אפשטיין,מנהגים, עמ' 24. וכן ראה כתבי הרב ד"ר יוסף זליגר, ירושלים תר"ץ, עמ' קד. במנהגים של יוזפא חסר סדר קבלת שבת וכן אינו מזכיר את הפזמון 'לכה דודי' בתפילות של ליל שבת. ראה כתב יד אוקספורד, עמ' 113.
3   ראה כתב יד אוקספורד, עמ' 9ב–18בב.
4   הכוונה כאן לחברי ועדה נבחרת שפעלה על ידי הפרנסים בקהילות שונות בגרמניה. ראה: איידלברג, יוזפא, עמ' 8.

חלק ראשון

ספר 'מנהגים בקהילה קדושה וורמיישא' —
ייחודו וחשיבותו

פיתח יוזפא שיטה של קבלה פשוטה: כך נהגו אבותינו ואבות אבותינו וכן המנהג עד
היום. אסמכתא חשובה בעיניו היא האגדה שמנהגי וורמיישא מוצאם מסדר העבודה
בבית המקדש. ובזה קידש כמה וכמה ממנהגי הקהילה שלא ידע את מקורם. בתמימותו
לא הרגיש יוזפא בסבך שסיבך את החוקרים העתידים לבוא ולחקור את דבריו מאות
שנים מאוחר יותר, ולהתחקות על עקבות המנהגים ועל שורשי הסיפורים שהוא רשם
בקבציו.

לברית מילה ולשאר שמחות. שמחות הפרט היו לשמחות הקהילה כולה.[12] אף הוא היה
מכריז על הלוויית המת וניחום אבלים, שהרי צער היחיד היה צער הרבים, וכולם ראו
חובה לעצמם להשתתף עמו.[13] כל אלה עשה יוזפא גם בימי גשם וקור ובימי שלג
וסערה.

אפשר שהההשכמה הזאת באביב ובקיץ, וההליכה בטרם שחר ברחובות העיר
השוקטת, העירו מידה של ריגושים בנפשו, ומשכו חוט דק של פיוט על המנהגים
והמעשיות שכתב, שכולם קשורים בעיר עתיקה, בעלת מגדלים זקופים ורמים, שׁשיוו
לה הדר של מטרופולין.

מספר 'מנהגים' ומפנקס ההסכמים המסחריים עולה שיוזפא, שהיה שמש דמתא, היה
גם ספרא דדיינא. בתפקידו זה היה כותב גם שטרי כתובה, גטין ושטרות חליצה, וכן היה
גם מוהל ושוחט לעת מצוא.[14] תפקידים שכאלה, רק על שמש כערכוּ של יוזפא, שהיה
בקיא ורגיל, אפשר היה לתתם. הוא מזכיר גם נער עוזר, שעיקר עיסוקו היו שירותים לא
מכובדים, כגון ניקוי בית הכנסת והחצר, חימום התנור ועוד שליחויות לא חשובות.
סידור בית הכנסת, עריכת המפות, החלפת הפרוכת והכנת תשמישי הקדושה לשבתות
ולימים טובים, ועמם הכרזות שונות בבית הכנסת, כל זה עשה יוזפא עצמו.

במבוא ל'מנהגים' ימצא הקורא שאין יוזפא מביא מובאות מן התלמוד, ולא מן
הגאונים, ולעתים נדירות הוא מזכיר ראשונים ואחרונים. כן אין הוא מביא אגדות
ומדרשים בספר 'מעשה נסים'. אפשר ששני טעמים לדבר: ראשון, הדברים לא נכתבו
ללמדנים ולידענים. ה'מנהגים' היה לו, ליוזפא ספר כיס לעיין בו במנהגים המקובלים
שטיפל בהם יום־יום, וספר 'מעשה נסים' נכתב להמון הפשוט, שמצא עניין בספרות
עממית מתובלת בדמיונות ובהזיות ונהנה ממנה. וטעם אחר: יוזפא, אף שעשה שנים
בישיבות לא הגיע, כאמור, לכלל בקיאות בתלמוד ובפוסקים, ובגלל עבודתו המרובה
בקהילה לא נפנה ללמוד תורה. וכאשר הוא נזקק להלכה למעשה, רק לעתים נדירות הוא
מבקש להישען על מקורות שבכתב, ועל דברים שהיו ידועים אז בין החכמים שחיו
בוורמיישא; יש והוא מזכיר הלכות ומנהגים שקיבל מרב העיר, או מביאם בשם רבני
וורמיישא שכיהנו בה לפני בואו לשם. רוב המנהגים אין הוא מביא להם אסמכתות
ממקורות. וכן אין הוא מוצאים אצל יוזפא רצון לחקור מהו מקורם של המנהגים השונים
שנשתרשו בוורמיישא, ואיך הגיעו אליה; מי היו המתיישבים הראשונים, ומניין באו,
ומאיזו ארץ הביאו את מורשתם. בשל מיעוט כוחו לחקור ולדרוש כתלמיד חכם מובהק,

12   על מנהגי וטקסי הנישואין נכתב הרבה; וראה: איידלברג, יוזפא, עמ' 4, יש להוסיף י' זימר,
      'מנהגי נישואין בוורמיישא', סיני כרך פו, חוברת א–ב (תש"מ), עמ' לא. המשורר ש' טשרניחובסקי
      דלה את תיאורי החתונה בדרום־רוסיה ממנהגי חתונה שנהגו בגרמניה הקדומה. ראה האידיליה
      "חתונתה של אלקה" והמבוא שכתב שם המשורר. ש' טשרניחובסקי, שירים, ב, תל־אביב תשכ"ו,
      עמ' 619 ואילך.

13   ראה כתב יד אוקספורד, עמ' 269 ואילך, לא רק המשפחה וחברא קדישא השתתפו בלוויית המת אלא
      כמעט כל הציבור שבקהילה. הלוויה והקבורה מתוארים אצל יוזפא על כל הדרכים והמנהגים. ראה
      על כך גם בכתב יד ווֹרמיישא, עמ' 166 ואילך.

14   ראה: אפשטיין, מנהגים, עמ' 17.

עד מהרה התחבב יוזפא על אנשי הקהילה ועשה את עבודתו בנאמנות, לשביעות
רצונם של הפרנסים ובעלי הבתים. נראה שיוזפא נתמנה לתפקידו בלא הגבלת זמן, והוא
החזיק בו למעלה משלושים שנה. מסתבר שהיה לו כדי פרנסתו ופרנסת ביתו, הגם שיש
והביע תרעומת על גורלו כשמש הקהל לא נמצאו קובלנות של אחרים עליו, ונראה
מכתביו שחיי המשפחה שלו התנהלו על מי מנוחות. בכתביו הוא מספר על עבודתו
ומפרט את תפקידי השמש. יוזפא מילא גם תפקידים שלא הוטלו על שמשים בקהילות
אחרות.

ב'מנהגים' יוזפא מספר על תפקידי שמש הקהילה ובית הכנסת; יש שהוא מזכיר את
שמו עליהם, בלשון אני יוזפא שמש עשיתי כזאת וכזאת.[10] ופעמים שהוא מדבר על
דברים שהיה השמש עושה, וכוונתו לומר שהוא עשאם.

השמש עבד כל היום כולו. בעלות השחר היה קם וחוזר על הבתים ברחוב היהודים,
דופק על הדלתות או על אדני החלונות, ומעורר ישנים לקום לעבודת הבורא. התפקיד
הזה אף הוא נעשה על פי סדר קבוע, ויוזפא מספר על כך:

שחרית דופק השמש לב״ה: בימות החמה מר״ח אייר עד ר״ח אלול חצי שעה ה'
אויער [שעה], ובימות הגשמים, מר״ח חשון עד אדר, תיכף כשהרגיש שהתחיל
להאיר היום. ומאלול עד חשון, ומאדר עד אייר מקדים קצת ומאחר קצת, הכל
לפי שהימים ארוכים וקצרים כך מנהג הדפיקה. בראשון דופק בביתו, בבית
השמש, תיכף בצאתו ובא לבית חיצון בבית הכנסת של נשים ודופק שנית. ובא
ואומר מה טובו ויושב במקומו ואומר אשרי, ואח״כ יוצא והולך עד בית אב
בית-דין ודופק. ואח״כ עד שער התחתון, לצד מזרחי של הרחוב, ופותח השער
הגדול ופותח הקטן שבתוכו, והולך ובא עד שער העליון, לצד מערבי של הרחוב,
ודרך הילוכו דופק בבתים ובמקומות המיחדים לדפוק ... ופותח גם שער העליון
(כתב יד אוקספורד, עמ' 9ב; כתב יד וורמיישא, עמ' 1).[11]

גם בשבתות ובמועדים עורר את האנשים לתפילה, אך בלא דפיקות, כי אם בהרמת קולו
בלבד. שמש הקהל היה גם כרוז, הוא היה מזמין את הקהל לאסיפות על עסקי ציבור,
ואף היה שלוחם של בעלי שמחות, להזמין את הקהל לשמחה של מצווה, לנישואין,

---

10 ראה, לדוגמה: כתב יד אוקספורד, עמ' 116א. יוזפא מספר שסיכן את עצמו בעת מגפת הדבר בשנת
תכ״ו (1666), ומל ילד בבית שפשתה שם המגפה: 'ואני יוזפא שמש אמרתי בלבי... מצווה זו [ברית
מילה] החביבה ושקולה כנגד כל המצוות... בכן בשמחה שלמה אמרתי אני אהיה המוהל'. והשווה
גם כתב יד וורמיישא, עמ' 136. באשר לטקס של ברית מילה שהיה נערך בוורמיישא ברוב פאר,
מספר יוזפא באריכות ב'מנהגים'. ראה נוסח אוקספורד, עמ' 365–366א ונוסח וורמיישא, עמ'
124–138.

11 תפקידו של השמש לעורר בבוקר לתפילת שחרית מתואר בכתב יד וורמיישא, 'מנהג ימי חול', סימן
א ובכתב יד אוקספורד, עמ' 9ב. בטופס וורמיישא חסרים עשרת הדפים הראשונים. בשנת 1900
ביקר א' אפשטיין בוורמיישא והשלים את החסר והשווה ש' איידלברג, 'ר' יפתח יוסף יוזפא הלוי
מנצפך מוורמיישא', דברי האקדמיה למדעי היהדות 51, ניו יורק 1984, עמ' 5 (להלן: איידלברג,
יוזפא).

מה אפוא הניע את הצעיר מפולדה לצאת לוורמיישא בימים שכאלה. מסתבר שהיו לו
ליוזפא שני טעמים לדבר. קהילת וורמיישא היתה קהילה רבת ייחוס, מפוארת ומהוללת
ושמה הלך לפניה כעיר של תורה גם בימי המלחמה. באותם הימים היו בוורמיישא
רבנים גדולים וחכמים בעלי שם, ואף בין בעלי הבתים נמצאו יודעי תורה מפורסמים,
וכמו רבים מבני גילו ביקש אף הוא לגלות למקום תורה. ואף שהיתה גרמניה נתונה
במלחמת שלושים השנה, שיער יוזפא שייפתחו לפניו גם אפשרויות כלכליות. ועוד היה
בה בוורמיישא מענה לציפיותיו האישיות, כגון שימצא זיווג טוב.

מלחמה וגייסות אמנם פגעים רעים הם, אבל צורכיהם של הלוחמים משני הצדדים
מרובים, וגם בימי הקרבות היה צורך לספק את הצרכים האלה הן לתושבים והן
לחיילים. ומסתבר שיהודי וורמיישא היו בהם שהחזיקו מעמד בעיסוקים שונים ומצאו
כדי מחייתם. וכעבור חמש שנות מלחמה, נמצאו בוורמיישא משפחות עשירות ונדיבות.

למעשה היתה השפעתה הכלכלית של המלחמה כפולת פנים. מצד אחד גרמה
המלחמה סבל ומצוקה, ומצד אחר היתה בה הזדמנות לשגשוג כלכלי. היהודים לא היו
צד מן הצדדים, ולא נמנעו מעסקות הן עם הקתולים, הן עם הפרוטסטנטים. אמנם
העסקות נעשו בעיקר עם צבאות הגרמנים, אבל גם עם צבאות ספרד, צרפת וצבאות
אחרים שעברו במקום, עשו היהודים מסחר. וכך התפתחה שכבה של יהודים אמידים,
אשר השקיעו את רווחיהם בהלוואות שנתנו לצורך המלחמה המתמשכת.[7]

למשפחות האמידות היתה השפעה פוליטית על השלטונות, ונעזרו בהן גם יהודים מן
המעמד הבינוני, וגם נצרכים ונזקקים.

בסיפוריו ובאוסף המנהגים שלו מתגלה יוזפא בתמימות רבה; אבל מסתבר שבצדה
היתה גם מעשיות טבועה באופיו; מכוחה הכיר את המציאות, והיא שהביאה אותו
להעדיף את החיים בוורמיישא על החיים בפולדה הקטנה, אף כי פולדה נחשבה גם היא
קהילה נכבדה.

יוזפא בא לוורמיישא, ותיכף לבואו התקרב אל הרב ר' אליה לואנץ שהיה גם ראש
הישיבה, תלמיד חכם ומקובל מפורסם, שידיו רב לו גם בחוכמות חיצוניות. כן הזמן,
כפי שהוא עצמו מספר, אל בית הפרנס העשיר, הנדיב המפורסם דוד יהושע בן יוסף
אופנהיים.

נועם הליכותיו של יוזפא הביא אנשים לקרבו אליהם, וכשנתיים אחר שבא לוורמיישא,
נשא לאישה את העלמה פיירכען, בת טובים בקהילה.[8] ואף כי לא ידוע שהיתה משפחתה
עתירת נכסים, קרוב הדבר שעזר השידוך, והוא נתמנה 'כלי קודש', שמש דמתא וסופר,
נאמן הקהל. אבל רק עד כאן הגיע; ואף שלמד בישיבות בפולדה ובוורמיישא, לכלל
למדנות לא הגיע.[9]

---

7   ראה על כך: ש' דובנוב, דברי ימי עולם, ו, תל אביב תשי"ח, עמ' 126 ואילך; שם, ז, עמ' 146; וראה
      גם: S. Stern, The Court Jew, Philadelphia 1950, pp. 18–19, 40–41

8   ראה: אפשטיין, מנהגים, עמ' 17.

9   אם כי יוזפא מזכיר במעשה נסים א וב ישיבת פולדה וישיבת וורמיישא, ראה כתב יד אוקספורד, עמ'
      90א–ב, וכן נזכרים 'בני הישיבה' פעמים רבות, ראה כתב יד אוקספורד, עמ' 17א, 88א, 89א, וכתב יד
      וורמיישא, עמ' 143 ועוד, אין הוא מוסר פרטים על סדר הלימוד וגם לא על שיטות ההוראה ודרכיה
      בישיבות.

לאשכנז כבר בימי בית ראשון. וכך, במרומז, ובלא שיזכיר את המעשה עצמו, הוא מנתק
את יהודי אשכנז, ובעיקר את יהודי וורמיישא, מן המעשה הביש של צליבת ישו; שהרי
הם לא היו שם באותו זמן ולא השתתפו באותו מעשה אשר בגללו עמדו חיי היהודים
בסכנת תמיד באירופה הנוצרית של ימי הביניים.[2]

בשנת 1623 נדד יוזפא בגפו ובא לוורמיישא. מכתביו עולה שהוא לא חזר לעיר
מולדתו, ונשאר בוורמיישא עד סוף ימיו. הוא נפטר שם בשנת 1678 ונקבר בה, בבית
החיים המפורסם. את השתקעותו בוורמיישא הוא מנמק באומרו שהשתוקק להימצא
בישיבה במחיצתו של הרב הגדול והמקובל הנודע ר' אליה לואנץ.[3] המתעניין בקורותיו
של יוזפא יתמה וישאל מה ראה לנדוד כל כך דווקא בימי הרת עולם, בעיצומה של
מלחמת שלושים השנה הארוכה והעקובה מדם (1618–1648). קרבות קשים התנהלו אז
על אדמת גרמניה,[4] ואלפי גרמנים נהרגו בהם. קרבות עזים במיוחד נערכו בערי הריינוס
ובסביבותיהן, ותושביהן סבלו סבל גדול.[5] בהן היתה גם וורמיישא, שסבלה מתגרת ידם
של הגייסות אשר עברו בה וזרעו פחד סביבותיהם. הרס רב בא על העיר, והימים היו ימי
צרה ומצוקה. ואז בא יוזפא לוורמיישא, ללמוד בישיבתה.

בספר ה'מנהגים' (כתב יד אוקספורד, עמ' 2א–2ב), וגם בספר ה'מעשיות' שליקט
(מעשה יג), נתן יוזפא ביטוי למצוקה הזאת, וגם על הישיבה סיפר, שתלמידים עזבוה
מחמת הקרבות בעיר ובסביבותיה, ולא רבים נשארו.[6]

2 ש' איידלברג, 'קדמות היישוב היהודי בגרמניה', ידיעון האיגוד העולמי למדעי היהדות 17–18
(תשמ"א), עמ' 19–25.

3 ראה: מעשה נסים ליוזפא שמש, מעשיות א–ב. ועל משפחת לואנץ, עיין במאמרו של י' תשבי,
'תעודות מכתב ידו של ר' משה לואנץ בנו של ר' יוזלמן מרוזהיים', ספר אסף (לכבוד פרופ' ש'
אסף), ירושלים תשי"ג, עמ' 515–528 ; והשווה: כתבי ר' אברהם עפשטיין, א, ירושלים תש"ו, עמ'
שמ–שמט.

4 R.S. Dunn, The Age of Religious Wars 1559-1689, New York 1970, pp. 69-78

5 נוסף על הידיעות הנמצאות בטקסט המנהגים שייזכר להלן, ראה מקור נאמן על קורות יהודי
וורמיישא, על סבלם ומצוקתם במלחמת שלושים השנה, ובמיוחד על גזירת שנת שצ"ו (1636),
'צרות וורמיישא' שהעתיק י"י לאוונשטיין בקובץ על יד, ח, שנה יד (תרנ"ח), עמ' 1–12. גם ר'
יוסף יוזפא האן, בספרו, יוסף אומץ, ירושלים תשכ"ה, עמ' 292, מספר על הקורות בפרנקפורט ע"נ
מיין ובסביבתה בימי מלחמת שלושים השנה; הוא מציין שבחכמה מקרים עזרו נוכרים מאנשי
המקום ליהודים בעת שחיילים פרעו ביהודים. עוד מקור נאמן שנמסר מפי עד ראייה, הוא מאמרו
של פ' בלוך, ובו תיאר את הכתוב בכתב היד של הספר שבות יהודה, שכתבו ר' יהודה מעהלער
רויטלינגנגן, שחי בגרמניה בתקופת מלחמת שלושים השנה. ראה ספר היובל למארטין פיליפסון,
לייפציג 1916, עמ' 124–134. יוזפא מספר על מלחמת שלושים השנה בקובץ המנהגים, כתב יד
וורמיישא, עמ' 143. פרטים רבים יותר על תוצאות מלחמת שלושים השנה בסביבות וורמיישא,
מצויים בכתב יד אוקספורד, עמ' 1–2. השו"ת בספר פני יהושע, ב, לבוב תש"ך, סימן סג–סד,
ושו"ת הב"ח החדשות, ירושלים תשי"ט, סימן סט, אינן מעידות בבהירות שמדובר בפגיעות הצבא
בימי מלחמת שלושים השנה. המלחמה לא נזכרה בהן במפורש, ונראה בעיקר בתשובה סט בב"ח
החדשות, שמדובר בפגיעות שפגעו חיילים נוכרים ביהודים, ולאו דווקא בימי מלחמת שלושים
השנה.

6 ראה כתב יד וורמיישא, עמ' 146 : 'כן היה המנהג בשעת שלום כי באו לכאן בחורים ונערים רבים,
חמשים נערים ולפעמים יותר, ומעתה מעת שגברה המלחמה אין באים בחורים ונערים כל כך רק
אחד מעיר ושנים ממשפחה'. ובכתב יד אוקספורד, עמ' 82א : 'ועתה מעת שגברה המלחמה
והפרוטה אזל[ה] מכיס'.

מבוא

תולדות חייו של יוזפא, אין בידינו עליהן אלא מעט מאוד, ואין בכך כדי להעמיד תמונה
מלאה של אישיותו. על נעוריו בבית אביו, על לימודיו בישיבה בבחרותו — על כך איננו
יודעים אלא רמזי דברים קצרים, העולים מכתביו; כגון, שלמד בנעוריו בישיבה בפולדה,
ושמילא כמה תפקידים בקהילת וורמיישא.

יוזפא לא ראה עצמו מושך בעט סופרים, ולא החשיב את כתיבתו כל־כך. את פעולתו
מילא בנאמנות ובמסירות, ואינו מרבה לספר בשבח עצמו. אבל המבקש ללמוד על
תקופתו ימצא ברשימותיו פרקים רבי חיים ורבי עניין.[1] המנהגים המקיפים את חיי
היום־יום של יהודי וורמיישא, אשר הביאם בקובץ המנהגים שאסף בימי פעולתו בתוך
העדה, והמעשיות אשר ליקט מכתבי יד ישנים ומסיפורי זקני הקהילה, וכן ענייני
העסקות שנרשמו בפנקס הקהילה במשך שנתיים ומעלה, בעת שירותו כסופר הקהל, כל
הרשומות האלה יחד, ערכן ההיסטורי חשוב ועניינן רב. כתבים אלה משקפים את מלוא
עושרם המרשים של החיים הרוחניים והגשמיים בוורמיישא, שהיתה עיר ואם בישראל
בימים ההם.

מדבריו של יוזפא ניכר שהיה בן למשפחה מן המעמד הבינוני בקהילת פולדה
שבמדינת הסן, קהילה נכבדה ועתיקת יומין בגרמניה. וקרוב הדבר שלו היה מצאצאי
המעמד הגבוה בקהילתו, היה יוזפא מרמז על ייחוסו זה ועל כבוד משפחתו ותוארה,
כדרך שעשו בני טובים בימים ההם. עד שמלאו לו תשע־עשרה שנה, ישב יוזפא בעיר
מולדתו פולדה, וכמו צעירים רבים בקהילה למד גם הוא בישיבה בעירו.

במעשיות א,ב,יג,יד בספר ׳מעשה נסים׳, יימצא הקורא כמה יסודות אוטוביוגרפיים;
כגון שהסתתופף בישיבה במחיצתם של החכמים, שהיו למדנים ידועים, שהיטה אוזן
לשיחות על קדמותן של הקהילות היהודיות בגרמניה, והירבה להתעניין במאורעות
שאירעו ליהודים שם. דברי תורה ששמע מפי רבותיו אין הוא מביא, לא כאן ולא בשום
מקום אחר בכתביו. אפשר שידע שכוחו יפה בתחום אחר.

בעניין רב עקב יוזפא אחרי ידיעות על קשר קדום של יהודי אשכנז הראשונים,
ובעיקר יהודי וורמיישא, עם ארץ־ישראל. בצנעה ובדברים מעטים רקם לו, על סמך
מנהגים ומעשיות, את הרעיון שמוצאם של יהודים אלה מארץ־ישראל, וממנה הגיעו
הישר אל גרמניה. ובדמיונו העז הוא מניח לאמת ההיסטורית, ומוסיף ואומר שהם הגיעו

See: A. Epstein, 'Die Wormser Minhagbücher', in: M. Brann & F. Rosenthal (eds.),   1
(להלן: *Gedenkbuch zur Erinnerung an David Kaufmann*, Breslau 1900, pp. 288–317
אפשטיין, מנהגים). ההפניות למאמר זה תהינה למספרי העמודים שבתדפיס [1–30]); וכן ראה:
נפשות הצדיקים L. Lewynsohn, Frankfurt a.M. 1855, pp. 59, 69.

היברו יוניון קולג׳ בניו יורק ובסנסינטי. תודתי נתונה לארכיון המרכזי לתולדות העם
היהודי בירושלים על הרשות להעתיק בספר את פנקס הקהילה. אני אסיר תודה למר
פרנץ רויטר, ראש הארכיון של עיריית וורמיישא ומנהל בית רש״י בוורמיישא, על
הרשות להשתמש בצילומים והעזרה החשובה שהגיש לי.

אני מציב פה יד לקרובי וידידי שהלכו לעולמם: עורך־הדין נתן נחום מריין והרב
אליהו חיים בלום שהיו לי לאחיעזר ולאחיסמך, תנצב״ה.

שלמה איידלברג

משל שכניהם, כפי שדרשו ודורשים חוקרים שונים בחכמת ישראל. מסתבר שבתוך אלה היו מנהגים שהובאו לוורמיישא ממקומות אחרים על ידי מתיישבים קדומים.

החלק השני של חיבור זה עוסק בספר 'מעשה נסים' שכתב יוזפא, ואין אנו יודעים מתי בדיוק נכתב. כתב היד המקורי של קובץ המעשיות אינו בנמצא, ויש לסמוך רק על הטקסט שנדפס במהדורות רבות בלי שינויים. יש לציין כאן שהשם 'מעשה נסים' אין בו כדי להעיד על תוכנו של הספר, ואין הוא מרמז על המטרה שלשמה נאספו הסיפורים. הספר קטן מידות, ואף ממנו, בדומה לקובץ המנהגים, ניתן ללמוד על עולמם של יהודי וורמיישא במאה הי״ז, שהקהילה היתה שרויה עדיין בתרדמת ימי הביניים.

בספר הזה הדים למאורעות היסטוריים ולהשפעתם על קורותיה של הקהילה. לכמה מן המעשיות אופי של סיפור עממי, ויסודות של דמיון והזיה שזורים בהן, לקרבן אל הקורא של הימים ההם ולחבבן עליו. ספר 'מעשה נסים' זכה שיוקירוהו חוקרי ספרות יידיש, הרואים בו גורם שהשפיע על התפתחות הסיפור ביידיש ובעברית.

החלק השלישי דן בקטע מפנקס הקהל של וורמיישא אשר נכתב במאה הי״ז, בין השנים 1656–1659. מסתבר שאלה הם דפים שנשארו לפליטה מפנקס גדול יותר. אף על פי ששמו של יוזפא לא נזכר בגוף הטקסט במפורש, נראה שהסופר עלום השם, הנזכר פעמים מספר בפנקס, הוא יוזפא השמש, סופר הקהל של וורמיישא. להלן נמצא דיון בזיהויו של הסופר על פי כתב היד ועל פי התאריכים והשמות. לפנקס קטוע זה ערך רב בעיקר בגלל שפע המידע על המצב הכלכלי בוורמיישא ובסביבתה לאחר מלחמת שלושים השנה. מתגלות לפנינו תופעות מעניינות בחיי המסחר והחברה, כגון ענייני משפחה, סכסוכים מסחריים, צוואות וירושות, רכישות בתים, עסקים וחנויות. כמה פעמים נזכרת קניית המקומות בבית הכנסת, בעקבות פטירות של תושבים, ומסתבר, גם בעקבות הגירה למקומות אחרים. כן הוא מלמד על נוהלי התאזרחות, על שווקים וירידים ועל מיני פרקמטיה שעסקו בהם יהודים בוורמיישא.

* * *

כאן יעמדו על הברכה מי שהואילו ותמכוני בעצה ובתושייה בשלבים שונים בהכנתו של הספר הזה, ידידי פרופ' חיים ביינארט ופרופ' אהרן מירסקי. תודתי נתונה גם לפרופ' נחום ברונזניק על הערותיו המועילות שהעיר לחלק מן הפרק הראשון; לגברת נעה כהן שסייעה בעצתה הנבונה בעריכת החלק העברי ובסגנונו, ולבנותי עליזה-שושנה ודניאלה-דפנה שבעזרתן המסורה סייעו בידי במלאכת הכתיבה, ולמר דן בנוביץ, מנהל הוצאת מאגנס, על מסירותו הרבה ועל עזרתו הנדיבה שהושיט לי בכל עת שנתבקש.

תודה כפולה ומכופלת לכל מי שנתנו ידם וסייעו בהכנת הספר ובהוצאתו לאור: לקרן לודוויג ואריקה ג'סלזון, לקרן מרטין ורוז רומרובסקי, לקרן לואיס ומינה אפשטיין שליד האקדמיה האמריקנית לחקר היהדות ולאגודת רש״י בני יורק ולראשיה פרופ' יוסף מאיר ופרופ' אריה ליאון פלדמן. ייזכרו לטוב הספריות השונות שנעזרתי באוצרותיהן, ביניהן ספריית בודלי שבאוקספורד, המחלקה לשפות שמיות שליד המוזיאון הבריטי בלונדון, ספריית הישיבה-אוניברסיטה, ספריית הסמינר התיאולוגי בני יורק וספריית

פתח־דבר

החיבור הזה אשר לפנינו הוא המשך לחיבורי הקודמים שעניינם תולדות יהדות אשכנז,
ואשר במחקרן אני עוסק שנים רבות. שלושה חלקים בספר, ואף על פי שענייניהם שונים
ושמותיהם שונים, צד שווה יש בהם, שכולם משקפים את אורחות חייהן הדתיים,
החברתיים והכלכליים של קהילות הריינוס בימי הביניים, ובמיוחד את סדרי החיים של
יהודי וורמיישא, הקהילה הוותיקה והחשובה בין קהילות הקודש בגרמניה בימים ההם.
הקבצים העומדים במרכזם של שלושת חלקי הספר, הם מקור לא אכזב ללמוד ממנו על
ההיסטוריה של יהודי גרמניה ועל הפולקלור שלהם, בעיקר בשלהי ימי הביניים.

החלק הראשון דן בקובץ המנהגים, המקיף במלואו את סדר חייו של היהודי, מיום
היוולדו ועד יום מותו. המנהגים ליוו את היהודי משחר ועד לילה, והיו חלק מחייו
יום־יום. הקובץ משקף כאספקלריה את חייו לכל גוניהם, ביחוד בשנות פעולתו של
יוזפא בתוכה. יוזפא הסופר שנתכנה יוזפא השמש הנאמן, לא היה רב ולא למדן גדול,
אבל היה אדם מוכשר ואת תפקידו מילא במסירות. הוא היה בעל טביעת עין ועטו עט
שנון, ובזכות אוסף המנהגים שרשם בשתי מהדורות, נשמרו מנהגי וורמיישא עד היום
הזה. בחיבור זה ניתנה לראשונה פקסימילה של כתב יד המנהגים נוסח אוקספורד. אף
על פי שקצת כתובות בשולי הדפים וקצת שורות בגוף העמודים נפגמו ברבות הימים הן
באש והן במים, הרי בעיקרו כתב היד קריא וברור, רובו ככולו. במקום שניתן להשוות,
השוויתי קטעים עם הנוסח של כתב יד וורמיישא.

יוזפא מתייחס בחיבה ובאהבה לכל מנהג ומנהג; ואפילו הקלוש שבהם, שלא היה לו
כל סמך בדברי חכמים קודמים, אם הוא מנהג שהיה מקובל בקהילת וורמיישא, עומד
יוזפא על ייחודו. עם זאת יש לציין שמערכת המנהגים שרשם, ברובה היתה ידועה בשאר
תפוצות ישראל. מכל מקום חשיבותו המיוחדת של האוסף הזה, בשילוב ששילב בו
המחבר את אורחות חייה של הקהילה בתוך מעגל המנהגים. הוא שקד להתחקות גם
אחר פירורי הווי הווי נידחים, ומביא אף שרידי מנהגים שבזמננו בוורמיישא כבר לא ידעו את
מקורם ואת פשרם. בין המנהגים מזכיר יוזפא גם כאלה ששם לועזי להם, וקרוב הדבר
שאת השמות האלה סיגלו להם היהודים מן הסביבה הגרמנית, והם נזכרים כבר בספרי
המנהגים שקדמו לימי יוזפא שנים רבות. יוזפא, כדרכו, בתמימות, אומר שאינו יודע
משמעם של כל שמות הלעז שדבקו במנהגים (אף כי הוא מנסה להסבירם). נראה שטעם
הדבר שקראו למנהגיהם שמות לעז, שכבר אוספי המנהגים מאות בשנים לפני יוזפא, לא
היתה בפיהם מלה עברית שתבטא כראוי את עניינו של המנהג ואת אופיו, ונתנו לו שם
לועזי שהיה מקובל על העם בסביבתם, ולא שביקשו במכוון לאמץ להם מנהג טבטוני

תוכן העניינים

הספר יצא לאור בסיוע

קרן לודוויג ואריקה ג'סלזון

קרן מרטין ורח רומרובסקי

אגודת רש"י, ניו־יורק

קרן לואיס ומינה אפשטיין שליד
האקדמיה האמריקנית לחקר היהדות

ההפצה: הוצאת מאגנס, ת"ד 7695, ירושלים 91076

מסת"ב 0—762—223—965 ISBN
נדפס בישראל
בדפוס 'גרף־חן' בע"מ, ירושלים

שלמה איידלברג

ר׳ יוזפא שַמָש דקהילת וורמיישא
עולם יהודיה במאה הי״ז

הוצאת ספרים ע״ש י״ל מאגנס, האוניברסיטה העברית, ירושלים

ר׳ יוזפא שַׁמָשׁ דקהילת ווְרמיישא
עולם יהודיה במאה הי״ז